교직실무·실습의 길잡이

최신교사론

강기수·김희규 공저

Teacher Education

동문사

머리말

교육은 다양하게 정의되지만, 전통적으로 인간행동의 계획적인 변화라고 정의되어 왔다. 이처럼 교육을 인간행동의 계획적인 변화라고 정의할 때, 인간 변화를 가능하게 하는 가장 핵심이 되는 요소는 무엇일까? 그것은 바로 교사 요인이라고 할 수 있다.

이러한 교사 요인을 달리 표현하면 교사의 질적 수준, 즉 교사의 자질과 전문성이라고 할 수 있다. 흔히 교육의 질은 교사의 질에 달려 있다고 하는데, 이때의 교사의 질 역시 교사의 자질과 전문성을 의미한다고 할 수 있다. 그러므로 현대사회가 요구하는 질 높은 교사를 양성하고 그 수준을 유지하기 위해서는 수준 높은 교사양성교육과 현직교사교육이 요구되는 것이다.

이 책은 장차 교사로서의 기본적 지식과 소양을 갖추려는 학생들과 교육현장에서 직면하는 여러 문제들을 해결하려는 현장 교사들을 대상으로 하여 가급적 자세하고, 쉽게 이해할 수 있도록 집필한 교사교육 전반에 대한 기본적인 지침서이다.

지금까지 교사교육에 관한 많은 책들이 출판되었으나, 지나치게 이론적이고 어렵다 보니 예비 교사들이나 현장 교사들에게 크게 도움이 되지 못하는 경우가 많았다. 이런 점에 착안하여, 교사를 꿈꾸는 예비 교사들과 현장 교사들이 필요할 때마다 쉽게 찾아보고 적용할 수 있도록 가능한 한 현장 중심으로 쉽게 쓰려고 노력하였다.

또한 예비 교사들에게는 교육현장을 이해하고 학습한 교직이론을 현장에 적용해보는 안내서로, 그리고 현직 교원들에게는 자기 이해와 전문성을 심화시킬 수 있는 참고도서로 활용할 수 있도록 하였다. 또 기존의 교사교육에 대한 이론이나 학설을 토대로 하여, 최근 이슈가 되고 있는 내용 중심의 '초·중등 학교교육에의 적용'이라는 실제적인 관점에서 집필하였다.

같은 맥락에서 앞부분에서는 교사의 신념체계와 관계있는 교육의 본질과 교직관, 교사의 전문성에 관한 내용을 주로 다루었으며, 중간 부분에서는 교원의 인사, 교원의 자질과 역할, 교원의 권리와 의무 등을 다루었고, 뒷부분에서는 학교 현장과 관계있는 교원단체와 윤리, 수업과 교육실습, 그리고 수업지도안 작성 등을 중심으로 다루었다.

'훌륭한 교사는 태어나는 것이 아니라 만들어진다'는 말처럼 이 책이 예비 교사들과 현장 교사들이 직면하는 문제들을 해결하고 전문성을 심화·발전시키는 데 도움이 되리라 믿는다. 또 교직실무나 교육실습을 위한 교재로도 충분히 활용 가능할 것이다. 물론 본래의 의도와는 달리 여러 면에서 미흡한 것도 사실이다. 그러나 부족한 부분은 앞으로 계속 수정 보완하여 보다 나은 책이 될 수 있도록 독자 여러분의 질정(叱正)을 기대하는 바이다.

부족한 책이지만 이 책이 나오기까지 많은 분들의 도움이 있었다. 수업지도안을 제공해 주신 학교 현장의 선생님과 바쁜 시간 중에도 교정에 정성을 다해 준 동아대학교 박사과정 백승화, 강가람 양, 그리고 이 책의 출판을 쾌히 허락하시고 좋은 책이 될 수 있도록 애써 주신 동문사 직원 여러분께도 진심으로 감사드린다.

2012년 3월

저자 씀

{ 차 례

Contents · 5

제4장 교원의 권리와 의무

제5장 교원의 인사제도

제6장 교원능력개발 평가

제7장 교직윤리 및 교직단체

제8장 학교 및 학급경영

제9장 교사의 근무 환경

제10장 교육실습

제1장 교육과 교직

1.1. 교육의 이해

1.1.1. 교육의 의미

교육은 인간 세계의 가장 근원적이고 밀착된 현상으로써 인간의 역사와 더불어 시작되었다. 따라서 인류는 발생 이래 지금까지 교육이란 작용을 중지해본 적이 없으며, 앞으로도 그럴 것이다. 왜냐하면 교육은 인류가 좀 더 나은 생활을 하기 위해 반드시 필요한 삶의 존재방식이기 때문이다. 신체적, 생물학적 견지에서 가장 연약한 인간이 만물의 영장으로서 세계를 지배할 수 있는 것은 인간의 탁월성이 현저한 데 있으며, 이 탁월성이 현저한 까닭은 부모가 자녀에게 이 탁월성을 전수하고 자녀는 이것을 교육활동을 통하여 한층 더 발전시켜 왔기 때문이다.

교육이 무엇이냐는 물음이 오래된다는 것은 교육이란 현상 및 작용이 우리 인간의 존재와 생활에 지극히 근원적인 현상임을 말해준다. 교육이란 현상이 지극히 오래되며, 인간 삶의 가장 본질적인 현상이라는 것은 인간은 교육에 의해서 인간이 된다는 것, 교육이 없으면 인간이 될 수 없다는 것과 같다. 우리들 인간은 태어나서 일 년 가까이 아무것도 하지 못한다. 이렇게 인간의 생육에 많은 시간을 요하는 것은 인간에게 교육이 얼마나 필요하며, 얼마나 중요한가를 말해준다.

교육이 이처럼 중요하지만, '교육이 무엇인가?'라는 물음에 대해서 아직 일치된 견해를 찾기 어렵다. 왜냐하면 교육은 복잡한 사고과정과 내면세계를 가진 인간을 대상으로 하기 때문에 임의적으로 정의하기 어려울 뿐더러 모든 정의가 나름대로의 타당성을 지니고 있기 때문이다. 따라서 교육에 대한 정의는 시대적, 사회적 배경과 환경에 의해 영향을 받을 수밖에 없으며, 시대와 장소, 그리고 학자들의 전공 영역에 따라서 다르게 정의될 수밖에 없기 때문이다.

그러나 교육을 어떻게 정의하느냐의 문제는 참으로 중요하다. 왜냐하면 교육을 어떻게 보느냐에 따라 교육의 이념이나 목적이 달라지고 교육과정, 교육내용, 학습방법이 달라지게 되며, 나아가 교사의 교육관(교육철학)과 학급경영관도 달라지게 되기 때문이다.

교사가 교육을 어떻게 이해하느냐의 문제는 결국 교사가 어떠한 교육관을 가지고 어떻게 교육할 것인가를 결정한다고 할 수 있으며, 이런 점에서 교사의 교육에 대한 이해는 매우 중요하다고 할 수 있다.

교육은 다음과 같은 의미를 지닌다.

첫째, 교육은 도야와 연마를 통한 가능성의 계발이다. 교육(敎育)을 우리말로 풀어보면 '가르치다'와 '기르다'가 합쳐진 말이다. 가르치다는 '지식을 가지게 하다', '할 수 있도록 지도하다'라는 뜻으로 본래는 「가리키다」와 어원이 같다. 그런데 '가르치다'는 '갈다'와 '치다'의 합성어로 풀이할 수 있다. 우리말 '갈다'는 새것으로 바꾸다, 닳게 문지르다, 가루로 만들다, 경작하다, 논밭을 갈다 등의 의미를 지니는데, 주로 쓸모없는 것을 갈아 쓸모 있게 하는 '연마' 또는 '도야'를 의미한다. 또 '치다'는 '목적물에 닿도록 세게 움직이다, 남을 타박하다, 가지를 잘라내다, 고운 가루를 뽑아내다, 땅을 파거나 골라 논밭이 되게 하다, 길러 번식하다 등의 의미를 지니는데, '치다'는 일반적으로 제거하다, 구분(분리)하다의 의미를 지닌다. 이런 의미에서 교육은 '쓸모없는 것은 잘라내고 쓸모 있는 것만 자라게 한다'는 의미를 지닌다. 결국 우리말에서의 교육은 쓸모없는 것은 잘라내고 쓸모 있는 것을 도야시키는 것으로, 교육은 도야와 연마를 통하여 가능성을 계발(자라게)하는 것이 된다. 물론 여기서도 기본 전제는 인간은 도야할 가능성을 지닌 존재라는 점이다.

서양권에서의 교육의 의미를 살펴보면 「education」은 라틴어 educare에서 유래하는데, 이는 e(out)와 ducare(duce = bring up = draw out)의 합성

어로서 밖으로 '끌어내다'의 의미를 지니고 있다. 독일어로 교육의 의미인 Erziehung은 동사 erziehen에서 명사화한 단어로서 er(ous = auf)와 ziehen의 합성어에서 유래하였는데, 역시 그 의미는 밖(위)으로 '끌어내다', '위로 향상시키다'의 의미를 지닌다. 이것을 교육학에 적용해 보면 교육은 인간 속에 있는 능력을 끌어내는 것, 다시 말하면 교육은 인간 내면에 잠재되어 있는 무한한 가능성을 계발하는 것을 의미한다.

결국 우리말 교육의 의미와 서양에서의 교육의 의미를 종합해보면 교육은 우선 인간이 무한한 가능성을 지닌 존재라는 것을 전제하고, 이러한 인간의 내면에 잠재되어 있는 무한한 가능성을 도야와 연마(제거의 의미도 포함)를 통하여 계발하는 것이라고 할 수 있다. 이때 중요한 것은 아동의 가능성에 대한 부모나 교사의 신뢰가 단순히 교육학적 이론에 근거한 지식적인 신뢰가 아니라 명확한 이론과 경험적 실증에 근거한 신뢰, 아동에 대한 전인격적으로 느끼는 신뢰여야 한다는 것이다.

둘째, 교육은 인간 대 인간의 만남을 통한 인간변화이다. 실존주의 계열의 교육학자들은 교육을 대체로 만남의 지평에서 파악한다. 즉 인간 대 인간의 실존적인 만남을 중시한다. 실존철학을 교육학에 전용한 O.F. Bollnow는 '만남은 교육에 선행한다'고 하여 교육 이전에 참다운 만남이 선행되어야 한다고 주장했으며, 진정한 교육은 교사가 자신의 권위를 포기하고, 아이들과 인간 대 인간으로 만날 수 있을 때 가능하다고 하였다.

만남의 철학자라 불리는 부버(M. Buber) 역시 교육은 인간 대 인간의 만남이라고 하였다. 부버는 『Ich und Du』라는 저서에서 인간의 만남을 대화적 관계와 비대화적 관계로 분류하고, 대화적 관계, 만남의 관계가 가능할 때 상호 영향을 주고받을 수 있는 교육이 이루어질 수 있다고 하였다.

이처럼 교육이란 행위가 단순한 지식전달이 아니라 인간을 변화시키고, 인간의 가치를 변화시키는 것이라면 거기에는 참다운 만남이 전제되어야 한다. 교사와 아이들 간에 참다운 만남의 관계가 형성될 때 교육은 아이들의 인격을 변화시키고, 영혼을 변화시키며, 아동 그 자체를 변화시킬 수 있는 것이다. 그러기에 교육은 만남을 통한 변화, 즉 인간 대 인간의 만남을 통한 바람직한 변화인 것이다.

그런데 이러한 '만남의 교육'은 기존의 전통적인 교육학으로는 이해가 불가능하다. 즉 기존의 교육학에서 주장해온 교육에 대한 관점이나 아동관, 교육의 방법, 교사의 역할로서는 새로운 교육의 지평을 열기 어렵다는 것이다. 여기서 교육에 대한 발상의 전환, 패러다임의 전환이 요구되는 것이다.

1980년대 후반부터 1990년대 우리 교육계를 지배했던 열린 교육이 성공적으로 정착되지 못한 것은 결국 정책입안자, 교육부 및 교육청 관계자, 그리고 현장 교사들의 발상이 전환되지 못했고, 단지 정책적이고 물리적인 환경의 변화에만 그쳤기 때문이다. 교육의 새로운 패러다임, 새로운 교육이 이루어지기 위해서는 교사들의 사고, 교사들의 관점이 바뀌어야 한다. 교사들의 생각이 바뀌고, 교사들의 교육관이 변할 때 교육의 틀도 달라질 수 있다. 한 나라의 교육의 수준은 교사의 질적 수준에 의해 결정된다는 진리 역시 이러한 맥락에서 이해될 수 있다.

1.1.2. 학습자의 이해

지금까지 교육을 '인간 행동의 계획적인 변화'라고 정의해 왔듯이 인간의 행동은, 특히 아동의 행동은 기계적으로 쉽게 변화되고 조작 가능하다고 생각해 왔다. 다시 말하면 교육은 인간을 대상으로 공장에서 기계적인 공정절차를 거쳐 하나의 완성된 제품을 생산하듯이 교사나 부모가 원하는 대로 조작하고 변화시킬 수 있다고 믿어왔던 것이다(공작 모델). 물론 이러한 주장은 타당한 경우도 있지만 아동을 그러한 기계적인 변화의 대상으로만 인식하고 거기에다 몇 가지 기능적인 방법들을 적용하려는 것은 매우 위험한 일이라고 할 수 있다.

교육이 곧 삶인 것처럼 교육 또한 교사의 삶으로부터 시작된다. 가르치는 기술도 중요하긴 하지만 교육이란 그 자체는 결코 기술이라고 할 수 없다. 그러기에 교육에서 '키운다'라는 용어는 적절하지 않다고 생각된다.

'키운다'를 사전에서 찾아보면 타동사로서 특정 대상을 '크게 하는 것'

인데, 여기에는 반드시 키우는 사람의 의도와 목적이 수반될 수밖에 없다. 키운다는 것은 인간이 동물이나 식물을 키우는 것처럼 키우는 사람 쪽의 의지와 전략이 키움을 받는 대상인 아동에게 가해질 수 있다는 점에서 문제가 있다. 물론 부모나 교사가 아이들의 능력을 충분히 파악하여 바람직한 방향으로 키운다면 다행이겠지만 문제는 교사나 학부모가 아이들의 능력이나 의사를 정확하게 파악하기가 쉽지 않다는 데 있다.

여기서 제기되는 또 하나의 문제는 아동은 키워지거나 길러져야 할 수동적인 존재가 아니라 스스로 자란다는 점이다. 이러한 견해는 자연주의 교육학자나 계발주의 교육학자들이 주로 주장해온 것으로 루소로부터 시작된다. 루소는 성선설에 근거하여 아동을 무한한 가능성을 지닌 독립된 인격체로서 스스로 자란다고 보고, 교사는 인위적인 나쁜 환경을 제거하고 스스로 자라도록 도와주어야 한다고 보았다.

루소나 니일의 주장처럼 아동은 스스로 자란다. 인간의 신체가 상처를 입었을 때 스스로 회복하는 자생력이 있듯이 아동 역시 선한 방향으로 스스로 자라려는 경향성이 있다. 지금은 미성숙하지만 점차 성장하여 성숙한 인간으로 자라 나간다. 달리 말하면 아동은 성숙한 한 인간으로 스스로 '되어간다'는 것이다(유기체 모델).

여기서 유의해야 할 점은 아동이 스스로 자란다고 해서 교사가 방관자가 되어서는 곤란하다. 교육은 물건을 만들거나 식물을 기르는 것과는 달리 아동과 교사가 상호작용하는 가운데 이루어진다(상호작용 모델). 따라서 교사의 의도나 지도 및 기술이 아동의 자람에 어느 정도 영향을 줄 수 있으며, 성장을 촉진시킬 수 있는 것도 사실이다. 중요한 것은 교사가 아동은 스스로 자란다는 전제하에 아동이 바람직한 방향으로 잘 자랄 수 있도록, 가지고 있는 능력을 최대한 발휘할 수 있도록 도와주어야 한다는 것이다. 이러한 의미에서 교사는 안내자, 조장자, 지원자, 협력자로서의 도우미인 것이다.

오늘날 교육실제에서는 이러한 아동관이 혼재해 있으며, 이들은 각각 장단점을 가지고 있다. 따라서 우리는 각각의 아동관을 상호 대립적인 관점으로 이해하기보다는 상호보완적인 관점에서 이해하고 적용해야 할 필요가 있다.

1.2. 교직의 이해

1.2.1. 교직의 의의

우리가 살고 있는 현대사회에는 수많은 종류의 직업이 있다. 인구가 증가하고 문명이 발달할수록 직업은 점점 세분화되고 전문화되어 가고 있다. 즉 산업혁명 당시 400여 종에 지나지 않던 직업의 종류가 지금은 40만여 종이 넘는다고 하는 것에서 우리는 직업이 급속도로 다양화되고 있다는 사실을 알 수 있다.

이처럼 다양한 직업에는 단순한 육체적 노동만을 필요로 하는 노무직이 있는가 하면 반대로 정신적 노동을 요구하는 직업이 있고, 기계적인 반복만을 요구하는 직업이 있는가 하면 높은 창의력이나 고등정신 능력을 요구하는 직업이 있다. 또 일정 기간의 훈련과정을 필요로 하는 직업이 있는가 하면 별다른 훈련 없이도 아무나 쉽게 감당할 수 있는 직업도 있다. 이처럼 직업의 종류는 날이 갈수록 많아지고 다양해지고 있다.

이러한 맥락에서 학생을 가르치고 지도하는 교직(teaching profession) 역시 다양한 직업 중의 하나라고 할 수 있다. 여기서는 교직이란 어떤 직업인가를 알아보기 전에 우선 직업의 의의에 대하여 직업관을 중심으로 살펴보고자 한다.

일반적으로 직업이란 육체노동을 하는 단순 노무자든 판사나 의사와 같은 전문직이든 간에 생계를 유지하기 위한 수단임에는 분명하다. 그러나 현대의 인간에게 있어서 직업은 단순히 생계수단에만 그치는 것이 아니라 직업 자체가 삶의 중요한 요소로서 자아실현의 과정인 동시에 사회적 역할을 수행하는 과정이 된다. 즉 우리는 직업을 통하여 자신과 가족의 생계를 유지하고 자신의 능력을 발휘함으로써 자아를 발견하며 사회 속에서 자기를 실현하는 것이다. 이와 같이 직업은 개인적 측면에서는 생계수단이 될 뿐만 아니라 능력발휘와 자아실현의 과정이 되며, 사회적 측면에서는 사회구성원으로서의 책무를 담당하는 사회적 역할을 수행하기도 한다.

이러한 직업 생활에 대한 일정한 견해나 마음가짐을 직업관이라고 할 수 있다. 직업관은 직업에 대한 이해나 해석 여하에 따라 다양한 입장을 가질 수 있는데 여기서는 이러한 직업관을 개인적 측면과 사회적 측면으로 구분하여 살펴보고자 한다(이찬교 외, 1996 : 2).

우선 개인적 측면에서 직업은 생계유지 수단인 동시에 자신의 능력을 실현하는 자아실현의 과정이다. 인간은 자신과 가족의 삶을 영위하기 위하여 노동을 해야 하며, 그 대가로 제공되는 경제적 수입으로 생계를 유지한다. 이러한 생계유지 수단으로써의 직업은 자기보존의 개인적인 양식으로, 인간이 살아가기 위해서는 힘들고 고통스럽더라도 어쩔 수 없이 해야 하는 강제된 의무라는 점에서 '노동'의 개념이 강하다. 그러나 인간은 단지 먹고살기 위해서 일하는 것만은 아니다. 일하는 과정을 통해서 인간은 자신의 능력과 개성을 발휘하기를 바라며, 그러한 과정 속에서 삶의 기쁨과 보람을 느끼게 된다. 즉 내가 하는 일이 강제적 의무가 아니라 내적인 필요에 의해서, 자주적이고 자유스러운 동기에 의해서 행해질 때 직업은 고통스럽고 무거운 짐이 아니라 개인의 소질, 능력, 개성을 발휘하는 과정이 되며, 삶의 희열을 느끼는 활력소가 된다. 따라서 직업은 생계유지의 수단일 뿐만 아니라 자신의 능력과 개성을 발휘하고, 삶의 기쁨과 보람을 느낄 수 있는 활력소가 되어야 한다. 이러한 과정이 바로 자기실현의 과정인 것이다.

사회적 측면에서 직업은 사회구성원의 책무로써 사회적 역할을 수행하는 과정이라고 할 수 있다. 직업은 단지 개인적 차원의 생계유지나 자아실현에 그치지 않고 개인이 자신의 역할을 수행함으로써 사회가 유지되고 발전되는 사회적 역할을 수행한다. 현대사회의 특징은 분화된 사회기능 속에서 각 개인이 특정한 분야를 담당함으로써 사회가 유지되고 발전되는 것이라고 할 수 있다. 즉 인간은 직업을 통하여 사회조직 속에 들어가고 사회적 연대를 형성하며 그 사회의 구성원이 된다. 따라서 직업은 독립적이고 개별적인 것이 아니라 상호 보완적인 관계를 지니며, 직업 속에서의 역할수행을 통하여 한 사회가 성립·유지될 수 있는 것이다. 그러므로 직업은 단순한 생계유지나 자기실현을 넘어서 사회구성원으로서의 역할을 수행하고 사회적 책무를 담당하는 기능도 아울러 지니는 것이다.

1.2.2. 교직의 특징

교직 역시 하나의 직업이라는 점에서는 다른 직업과 동일하다고 할 수 있으나 다른 직업과는 구별되는 교직만의 독특한 특징도 지니고 있다. 이러한 교직의 특징을 정리하면 다음과 같다(권상혁 외, 1996 : 46)

첫째, 교직은 인간을 대상으로 하는 직업이라는 점이다. 기술자나 목공은 기계나 나무를 대상으로 하고 농부는 땅과 더불어 곡식을 가꾸지만 교사는 어디까지나 인간을 대상으로 하는 직업이다. 물론 인간을 대상으로 하는 직업에는 법률가나 의사 등도 있지만 그들이 대상으로 하는 인간은 인간 그 자체를 대상으로 한다기보다는 인간을 위한 법률의 적용이나 인간의 신체 혹은 정신 기능의 일부만을 대상으로 취급한다는 점이다. 이와는 달리 교육이 대상으로 하는 인간은 인간의 정신이나 신체의 특정 영역을 대상으로 하는 것이 아니라, 지적, 신체적, 정서적, 사회적, 문화적 특징을 지닌 인간, 다시 말하면 전인으로서의 인간 그 자체를 대상으로 한다는 점이다. 이것이 바로 교직과 다른 직업과의 차이라고 할 수 있으며, 교직만이 갖는 특징이라 할 수 있다. 그러므로 교사는 지식을 가르치는 것도 중요하지만 전인적(全人的)인 인간, 즉 인간다운 인간을 길러내는 것이 더 중요한 것이다.

둘째, 교직은 주로 인간의 정신생활을 대상으로 하는 직업이라는 점이다. 의사나 법률가도 사람을 대상으로 하는 직업이긴 하지만 그 주된 관심 영역은 인간의 정신적인 측면이 아니라 신체나 법률이다. 물론 정신과 의사의 경우 인간의 정신을 다루긴 하지만 그것은 정상적인 인간의 정신을 대상으로 하는 것이 아니라 인간 정신의 특정 부위로서의 비정상적인 정신을 대상으로 한다는 점에서, 관심의 초점은 어디까지나 병적 증상이 있는 특정 정신영역이라고 할 수 있다. 이처럼 교직은 인간의 지적, 정서적, 사회적, 문화적 영역을 포함하는 정신영역을 주 대상으로 한다는 점이 특징인 것이다.

셋째, 교직은 미성숙자를 대상으로 하는 직업이라는 점이다. 현대사회의 대부분의 직업은 인간을 대상으로 하되 주로 성인을 대상으로 한다. 그런데 교사는 아직 장성하지 않은 어린이, 아직 성숙하지 않은 '미성숙한 인간'을 대상으로 하기 때문에 고도의 전문성과 윤리성, 봉사성이 요구되는 것이다. 물론 여기서의 미성숙(未成熟)의 '미(未)'는 듀이(Dewey)가 언급한 바와 같이 부족함이나 미숙함을 뜻한다기보다는 가소성(plasticity)으로서의 가능성을 나타내는 것이라고 할 수 있다. 아동기는 가소성이 큰 시기이므로 교육여하에 따라서 아동은 얼마든지 변화 가능하다. 따라서 교사는 현재의 미성숙한 어린이를 부족하고 덜된 인간으로 간주하기보다는 무한한 가능성을 가진 한 인간으로 인정하고 성숙한 인격을 가진 이상적인 인간으로 성장 발달할 수 있도록 도와주어야 한다. 달리 말한다면 교직은 미성숙한 인간을 성숙한 인간이 되도록 하는 직업인 것이다.

넷째 교직은 봉사직이라는 점이다. 물론 교직도 일반 직업처럼 경제적 보수를 목적으로 하는 것은 분명하지만 다른 직업에 비하여 봉사가 더욱 요구되는 것은 분명하다. 교직을 흔히 가장 힘든 직업이기도 하고, 한편으로는 가장 쉬운 직업이라고도 한다. 그것은 교직이 교육에 임하는 교사의 태도에 따라 시간만 채우는 단순한 직업인이 될 수도 있고, 끊임없는 자기 연찬과 노력을 통하여 무한한 가능성을 가진 어린이들의 개성과 소질을 계발해 주는 고귀하고 숭고한 직업인이 될 수도 있기 때문이다. 이런 점에서 교직은 다른 종류의 직업에 비하여 봉사직으로서의 사명을 더욱 필요로 한다. 이것은 교사가 생활인으로서 의·식·주의 해결, 즉 경제적인 측면을 도외시해야 한다는 것이 아니라 물질적, 경제적인 측면보다는 봉사와 소명의식을 더 중시해야 한다는 것이다. 다시 말해서 교직을 인류와 사회에 대한 봉사직이며, 희생을 감수해야 할 직업이라고 하여 천직 또는 성직이라고 부르는 것은 이런 의미인 것이다.

다섯째, 교직은 국가와 민족의 미래를 고려해야 하는 공공기업이다. 교직은 피교육자인 어린이에게 관심을 가져야 하는 동시에 그들이 구성원이 될 사회를 고려하지 않으면 안 된다. 즉 교직은 좁게는 피교육자인 어린이를 대상으로 하지만 넓게는 그들이 속한 사회, 즉 국가와 민족을 대상으로 할 수밖에 없다. 오늘날 나라마다 국민교육을 공공사업으로 보고 막대한 경비를 투자하며 의무교육제도를 강화하고 있고, 사학(私學)에 대해서도 국가에서 적극적으로 지원하고 있는 것은 교육이 곧 국가와 민족의 흥망성쇠와 직결되는 중차대한 문제이기 때문이다. 물론 다른 직업도 직접 간접으로 국가사회나 민족의 운명과 밀접한 관계를 갖는 것이라고 할 수 있으나 교직은 이와는 차원을 달리하여 국가나 민족의 정신적 교화의 주역이 되며, 나아가서는 국가나 민족이 직면한 문제를 가장 효과적으로 해결해 나갈 수 있는 근본 동력을 가지고 있다는 점에서 국가나 민족의 운명과 직결된다고 할 수 있다. 이처럼 교육이 국가와 민족의 장래에 지대한 영향을 미친다는 점에서 교육은 국가의 공공사업인 것이다.

여섯째, 교직은 인류공영에 기여하는 직업이라는 점이다. 교육의 중요한 기능은 인류가 쌓아온 문화유산을 보존하고 계승하여 새로운 문화를 창출하는 것이라고 할 수 있다. 따라서 교육을 담당하는 교사는 인류가 축적해온 문화유산을 다음 세대에 전달하는 동시에 현재를 출발점으로 하여 보다 나은 문화를 창조하고 희망찬 미래를 건설하는 주역인 것이다. 특히 오늘의 국제사회가 직면하고 있는 인구문제, 환경문제, 인종문제, 종교문제 등의 해결도 결국은 교육이라는 방법에 의존할 수밖에 없다. 그러기에 교직은 현상유지에만 급급하고 무사안일하게 행하는 소극적, 단편적인 자세에서 벗어나 개인과 사회, 민족과 국가, 나아가 전 인류를 지향하는 적극적이고, 진취적인 자세로 임해야 하는 미래지향적인 직업인 것이다.

이상에서 살펴본 바와 같이 교직은 미성숙자인 아동을 대상으로 전인적 인간으로의 성장 발달을 조성하고, 나아가 사회와 국가 및 인류 발전에 기여할 수 있는 인간을 길러 내는 전문적이고 봉사적인 직업인 것이다.

1.3. 교직관의 유형

교직관은 교직의 본질과 성격을 어떻게 지각하고 인식하느냐에 관한 기본 관점을 의미하는 것으로서, 이것은 교사의 인지적 영역뿐만 아니라 정의적 측면인 가치관과 태도를 포함하는 개념이다.

많은 연구에서 교사교육의 가장 중요한 과제가 올바른 교직관의 정립이라는 결론을 제시하고 있는데, 이것은 교직관이 곧 교사의 교육관과 직결되며, 교육실제에도 많은 영향을 미치기 때문이다. 다시 말하면 교직에 대한 기본적인 시각과 관점에 따라서 교사의 아동관이 달라지고, 교사의 교육방법이 달라지며, 교사의 학급운영 방법과 교원단체에 대한 생각이 달라진다는 것이다. 이러한 교직관의 유형으로는 성직관, 노동직관, 전문직관을 들 수 있다. 이 세 가지 유형의 교직관은 그 명칭이 시사하듯이 서로 다른 철학적 기초와 현실적 감각, 교육적 문제인식 등을 갖고 있다. 물론 순수한 이념 모형만으로도 특정 교직 모형이 존재할 수 있을 것같이 보이지만 사실 이 세 가지 유형의 교직관은 이념적 모형에 불과할 뿐 실제로는 세 가지 교직관이 혼재하여 상호 보완적으로 작용하고 있다고 할 수 있으며, 각각의 장단점을 지니고 있다.

따라서 여기서는 각 교직관의 특징을 알아보고 이에 근거하여 우리 현실에 맞는 바람직한 교직관은 어떠해야 하는지를 살펴보고자 한다.

1.3.1. 성직관

세 가지 유형의 교직관 중에서 역사적으로 가장 오래된 교직관은 성직관이다. 성직관의 역사는 성직자가 교사를 겸하였던 서양의 중세로부터 시작된다. 즉 중세사회에서 교직은 독립된 직업이 아니라 성직자가 겸하여 맡고 있었던 것이며, 그리하여 교직을 성직이라 부르게 되었던 것이다. 이후 국가에 의한 국민교육제도가 확립되면서 교육하는 일이 성직자의 손을 떠났지만 교직을 성직시하는 전통은 계속 이어져 오고 있다.

성직관에서 교육하는 일은 기계로 물건을 생산하거나 물건을 판매하는 직업과는 달리 인간의 정신을 다루고 인격과 인간을 형성하는 직업이기 때문에 다른 직업과는 비교조차 할 수 없는 숭고한 가치를 지닌다고 본다.

따라서 교직은 고도의 정신적 봉사활동이기 때문에 오늘날의 황금만능주의 세태 속에서도 물질적인 가치보다 정신적인 가치에 더 관심을 가져야 하며, 세속적인 것과는 거리가 먼 직업이 되어야 한다는 것이다. 뿐만 아니라 교사는 그가 하는 활동이 주로 미래 지향적이기 때문에 어떠한 환경에 직면하더라도 현실사회보다는 다가오는 이상사회의 실현을 위하여 학생들의 정신과 마음을 도야하고 능력을 길러주어야 한다는 것이다.

이처럼 교직을 하나의 성스런 정신적 활동으로 보는 관점은 오랜 전통을 이루어 왔으며, 오늘날에 있어서도 상당히 광범위한 호응을 받고 있다. 그것은 교육의 본질이 인간의 영혼과 정신을 다루는 것이라는 점과 우리가 생각하는 훌륭한 교육자들이 대체로 세속적인 것과는 거리가 먼 정신적 자세로 교직에 종사한 사람들이 많았기 때문이다.

성직관에서는 교직을 성직으로 보기 때문에 성인군자와 같은 교사를 이상적인 교사상으로 설정하고 있다. 이처럼 성직관에서는 교사를 보는 눈이 그러하기 때문에 교사에게 성직자다운 자질과 자세를 기대하며, 보다 높은 도덕적 윤리적 행동수준을 요구하게 된다. 이러한 성직관의 관점에서 보면 교사는 한없는 사랑과 헌신, 희생과 봉사로서 교직활동에 전념해야 하는데 오늘날의 교사들은 물질적 처우개선, 승진과 좋은 자리에의 전보 등 세속적 관심사에 지나치게 골몰하는 경향이 있다고 할 수 있다. 또한 요즘처럼 교사들이 지나치게 자기의 권리를 주장하는 것 등도 성직관에서 그리는 교사상에서 일탈되어 있다고 할 수 있다. 특히 교사가 단체를 결성하고, 정책에 참여하는 집단행동을 하는 것은 그 본분에 어긋나는 것이 되는 것이다. 결국 성직관은 교직을 성직으로 보기 때문에 교사의 행동과 업무수행에 있어서도 성직자와 같은 수준의 인격과 행동을 기대하는 것이다.

교직기술에 있어서 성직관은 전통적 학교관을 토대로 형성되어 왔기 때문에 '학문 즉 교육'이라는 사고가 강하게 존재하고 있으며, 따라서 교사의 교직기술을 경시하는 경향이 있다. 즉 교사는 교사로서 적합한 인격만 갖추고 교수하는 내용을 구성하는 학문에 관한 지식만 갖고 있으면 누구나 교사가 될 수 있다는 것이다.

교사의 정치활동에 대해서도 성직관의 입장은 교사가 정치에 참여하는 것을 세속적으로 보기 때문에 교사의 정치성을 전면 부인한다. 즉 교사는 선거 시 투표하는 행위 이 외의 정치활동을 하는 것은 모두 금지해야 한다고 본다.

성직관에서는 교사의 경제적 지위에 대해서는 별로 관심을 보이지 않는다. 즉 교직은 정신적 가치를 중시하는 성직이기 때문에 교사는 경제적인 부나 물질적 만족보다는 정신적 만족감이나, 정신적 가치를 더 중시해야 한다는 것이다. 따라서 교사는 처우나 환경의 개선을 주장하기보다는 주어진 경제적 지위나 환경에 잘 순응해야 한다는 입장이다.

성직관은 지금까지 우리 교육계를 지배해온 가장 전통적인 교육관으로 정신적 가치를 중시하고, 교사의 인격을 중시한다는 점에서 그 의의가 크다. 그러나 몇 가지 측면에서 그 타당성을 결여하고 있다고 하겠다.

우선 성직관은 과거의 단순한 전통사회를 배경으로 성립된 것이므로 오늘날처럼 다양한 가치관이 상존하는 사회에서 모든 교사들에게 성직관의 교사상을 기대하기란 무리이고, 비현실적이라는 점이다. 특히 모든 것이 급변하고 물질적 가치가 중시되는 현대사회에서 정신적 보상과 헌신만을 요구하며, 그러한 삶을 기대한다는 것은 지나친 편견이라고 할 수 있다. 특히 현대의 교사들은 학교 내에서는 교사이지만 학교 밖을 나서면 일반인과 같은 자연인이요, 직업인임을 주장한다. 즉 교사이기 이전에 인간이라는 것이다. 따라서 성직관이라는 미명하에 교사에게 강요되어지는 여러 가지 구속으로부터 벗어나고 싶어 하는 것이 교사들의 솔직한 입장이다. 또한 교직을 성직이라고 보는 것이 인간을 만들고 인격을 형성하게 하는 고귀한 직업이라는 측면이 있기는 하지만 성직관의 역사를 보면 반드시 이러한 측면에서만 주장된 것이 아니라는 사실이다. 어떤 측면에서 성직관이라는 미명하에 교사로 하여금 자기희생과 헌신을 강요하고, 주어진 일에 충실하게 함으로써 지식인 집단인 교사들을 정치나 권력의 도구로 이용하기 위한 측면도 있었음을 부인할 수 없다. 다시 말하면 교사를 성직자로 보는 것은 교사로 하여금 교사이기 때문에 인간으로서의 요구도 억제해야 하며, 보수가 적어도 이를 잘 감수하면서 교사의 업무를 충실하게 수행할 것을 정당화하기 위한 수단이었다고도 할 수 있다. 이러한 성직관의 주장을 현대사회에서 그대로 수용하기란 사실 불가능하다고 하겠다.

이상의 논의에서와 같이 타당성이 결여된 성직관의 부정적 내용은 불식되고 배제되어야 하겠지만 그 긍정적 내용까지 배제되어서는 안 된다고 하겠다. 성직관의 긍정적 측면으로는 교사의 인격성을 중시한다는 것을 들 수 있다. 교사의 인격성은 교직이 존재하는 한 중시되어야 한다. 교사의 인격성을 중시해야 한다고 하는 것은 교육하는 일을 성직으로 보기 때문이 아니고 교육활동의 수행에는 교사의 인격성이라는 요소가 없어서는 안 될 불가피한 요소이기 때문이다. 따라서 이것은 전 근대적인 교사관처럼 교사가 늘 모범적인 인격자일 것을 요구하는 것은 아닐지라도 교사의 인격이 교직수행에 중요한 요소라는 것을 의미하는 것이라고 할 수 있다. 이처럼 교사의 인격성이 교직에 요구되는 근거는 심리적인 측면에서 교사가 학생의 동일시 대상이 된다는 점과 사회학적인 측면에서 교사는 기성세대를 대표하는 사회화의 대행자적 역할을 수행하기 때문이라고 할 수 있다.

1.3.2. 노동직관

노동직관은 마르크스주의적(Marxism) 계급관에 입각하여 교사를 노동자 계급의 일원으로 보는 관점으로 성직관과는 상반되는 교직관이다. 이러한 노동직관의 주장에 의하면 교사는 노동자의 범주에 속한다. 예컨대 비록 교사가 인간형성이라는 숭고하고 고귀한 업무에 종사하고 있다고 할지라도 역시 교사도 학교라는 직장에서 일정한 근무조건에 따라 노동을 제공하고 그 대가로 보수를 받는 노동자라는 것이다. 다시 말하면 교사도 다른 노동직과 마찬가지로 노동의 반대급부로서 임금을 지불받는 노동자이기 때문에 기본적으로 노동자의 근무조건을 갖고 있으며, 따라서 노동조건의 개선과 처우의 개선을 위하여 단결하고 집단적으로 교섭할 수 있으며, 극단적인 경우에는 단체행동도 행사할 수 있다는 입장이다. 그러므로 교사는 처우의 개선과 근무조건의 개선을 위하여 노동삼권을 갖춘 노동조합을 결성할 수 있고 노동조합을 통한 집단행동을 통하여 정부나 고용주인 경영자와 맞서서 투쟁하는 것을 당연한 것으로 여긴다.

노동직관에서는 교사의 지위향상도 오직 노동자로서의 권리행사를 통하여 이룩될 수 있다고 믿는다. 교사의 의무도 노동조건에 계약과 합의를 통하여 체결되었다고 보며, 이러한 교사의 의무는 충실히 이행해야 한다고 믿으면서도 경우에 따라서는 교육의 기권을 의미하는 동맹파업도 정당화될 수 있다고 보고 때로는 그것을 무기화하여 사용하기도 한다. 그리고 대부분의 자본주의 국가에서는 이 점에 대응하기 위한 사회적, 법적 통제가 있기 마련인데 그들은 이와 같은 제약의 철폐를 위해서도 끝까지 투쟁을 벌여야 한다고 보고 있다. 즉 산업화의 과정에서 노동자들이 단결하여 그들의 권익을 지키기 위한 수단으로 조합주의를 택했던 것과 마찬가지로 노동직관을 견지하는 교사들은 교사들의 권익을 옹호하는 수단으로서뿐만 아니라 교육의 발전을 위해서도 조합주의와 집단행동이 필요 불가결한 조건임을 강조한다.

이상의 논의에서 알 수 있듯이 노동직관에서의 교직관은 현실적이고 실제이며, 투쟁적인 교사를 특징으로 하고 있음을 알 수 있다.

노동직관에서는 기본적으로 교직기술을 중시하는 입장이지만 그 방향성에 있어서 전통적 교육과 다른 견해를 가지고 있다. 그들은 현대 자본주의 사회의 교육내용과 교육방법은 특정계급을 위한 것이라고 비판한다. 즉 노동직관에서는 노동자 계급을 중심으로 하는 근로대중의 교육에 대한 요구가 교육내용이 되어야 하며, 교육방법은 교사가 노동자 계급의 한 구성계층으로서 교육 노동자라는 것을 자각하고, 집단주의적인 교육방법을 적용해야 한다고 주장한다. 그러나 이를 지지하는 교사들도 근로대중을 만족시키는 교육내용과 집단주의적인 교육방법을 구체적으로 제시하지 못하고 있다.

한편 노동직관에서는 교사의 정치활동을 중요한 사실로 인식한다. 따라서 교사는 정치적 입장을 명확히 표명할 수 있어야 하며, 정치적 사상성을 자신의 교육활동의 제품으로 나타내야 한다고 주장한다. 물론 이러한 주장은 현실적으로 교사의 권리옹호와 정책결정 참여라는 측면에서 긍정적인 효과가 있는 것은 사실이지만 교육 본질론적인 관점에서, 또 교사가 가르치는 교육대상이 미성숙자라는 측면에서 부정적인 측면도 있으므로 신중한 논의가 필요하다고 생각된다.

노동직관에서는 교사의 경제적 지위향상을 중요시하고 있지만 교사 역시 노동자로 인식하기 때문에 교사의 보수도 노동자 계급의 임금에 작용하는 노동력의 가치법칙을 수용해야 하는 한계에 직면하게 된다.

노동직관의 교직관은 그동안 전통적이고 보수적인 우리 교육계에 많은 변화와 혁신을 초래한 긍정적인 측면도 있었음을 부인할 수 없지만 아직도 유교적 전통이 지배적인 우리 국민정서와 교육현실에 부합되지 않는 측면이 있음도 사실이다. 1999년 7월 1일 교원노조가 합법화된 이후에도 노동직관에 대한 부정적인 시각이 존재하는 것은 아직도 많은 우리 국민들이 아이들을 가르치는 교사는 일반 노동자와는 다른 존재라고 생각한다는 점과 교사들 역시 자신들이 단순한 노동자로 머무르기를 바라지 않는다는 것이다.[1] 이것은 결국 교사 자신들과 우리 국민들 대부분이 아직도 교직을 단순한 노동직과 동일시하고 교사들이 스스로 노동자임을 자처하는 것을 바라지 않고 있다는 것을 의미하는 것이다.

뿐만 아니라 노동직에서 사용되는 노동자의 개념이 명확하게 분명하지 않은 상태에서 교사를 노동자라고 인식하는 것은 문제가 있다는 점이다. 일정한 노동을 하고 보수를 받는 자를 노동자라고 한다면 이 세상의 모든 직업인은 노동자라고 보아야 한다. 즉 노동을 제공하고 보수를 받는 자를 노동자라 한다면 대통령뿐만 아니라 의사나 판사도 노동자임이 분명하나 우리는 이들을 노동자라고 하지 않는다. ILO(세계노동기구)의 직업분류에 의하면 교직은 전문직 군으로 분류된다. 그리고 일반적인 개념으로서의 노동직은 전문직에 포함되지 않는다. 이러한 측면에서도

1) '일교조(日教組)'의 명칭이 '일본교직원노동조합'이 아니라 '일본교직원조합'인 것도 이러한 맥락에서 이해되어야 할 것이다.

교사를 노동자라고 보는 것은 타당하지 않다는 것이다.

또한 노동직관이 현실적으로 존재하고 인정받는 교직관이 되기 위해서는 교사가 노동자 계급(프롤레타리아)이라는 확증이 있어야 하는데 지금까지 어떤 사회과학적인 연구에서도 이를 입증하지 못하고 있는 점도 교직이 노동직이라는 주장의 설득력을 약화시킨다.

사실 노동직은 육체노동의 열악성에서 그 개념이 시작되었음이 분명하다. 달리 말하면 노동직이 대부분 무생물을 대상으로 물건을 만드는 육체노동인 반면에 교직은 인격을 가진 생명체인 아동들을 대상으로 하는 정신노동이라는 점에서 그 노동의 성격이 전혀 다른 것이다. 그럼에도 불구하고 노동직관은 노동의 성격을 동일시함으로써 교직의 특수성을 너무 약화시켜 버렸다. 즉 생산직의 상품논리가 정신사업인 교육사업에 지나치게 단순화되어 도입됨으로 인해 성직관과 전문직관이 갖는 교사들의 자기 직업에 대한 자기 긍정의식이나 자긍심 등이 상실될 우려가 있으며 교원의 윤리성이 약화될 가능성이 있는 것이다(심성보, 1998 : 64-65). 그러므로 극단적인 노동직관의 관점에 의해 성직관이나 전문직관으로서의 교직이 갖고 있는 장점이 폄하되지 않도록 주의해야 한다.

1.3.3. 전문직관

전문직관은 서로 상반되는 성직관과 노동직관의 장점을 변증법적으로 통합하려는 교직관으로 대부분의 교사가 기대하는 교직관이며, 장차 교원의 지위향상과 전문성 신장을 위해서 실현되어야 할 교직관이다. 교직의 전문성에 관한 논의가 시작된 것은 20세기 중엽에 들어와서이다. 교직이 전문직이어야 한다는 저서가 처음 발간된 것은 1956년에 리버만(M. Liberman)의 "전문직으로서의 교육(Education as a Profession)"과 1962년에 슈넷트(T. M. Stinnett)의 "교직의 전문직(The Profession of Teaching)"을 들 수 있다. 교직의 전문성을 보다 구체적이고 명확하게 제창하게 된 역사적 계기는 1966년 10월 5일 파리에서 열린 UNESCO와 ILO의 연석회의에서 공동으로 채택한 「교원의 지위에 대한 권고」라고 할 수 있다.

「교원의 지위에 관한 권고」에서는 교직은 엄격하고도 계속적인 교육과 연구를 통하여 습득 유지되는 전문적 지식과 전문화된 기술을 필요로 하는 공공적 직업의 한 형태이며, 또한 교사들 자신이 담당하고 있는 학생들의 교육과 복지를 위하여 개인적, 집단적인 책임감이 요구되는 직업임을 주장하면서 전문직임을 분명히 하고 있다.

어떤 직업이 전문직으로 인정받기 위해서는 전문직의 특성을 충족시켜야 하는데 교직은 대부분 이러한 전문직 특성에 부합된다고 할 수 있다. 즉 교직의 직무를 수행하기 위해서는 전문적인 교육이론, 방법, 기술 등이 필요하고, 교수–학습과정에서의 교사의 행동은 대부분 지적, 정신적 토대 위에서 이루어진다는 것이다. 또 교사가 되기 위해서는 상당한 기간 동안 전문적인 훈련을 받아야 하고, 자격증을 갖추어야 한다. 또한 교직은 교육이 가지고 있는 본질적인 성격으로 보아 업무를 수행하는 과정에 고도의 자율성이 보장되어야 하며, 다른 어떤 직업보다도 사회적인 책임과 봉사가 요구된다고 할 수 있다. 아울러 교직은 교원단체를 통하여 자신들의 권익을 옹호할 수 있고, 사회적으로 고도의 윤리가 강조된다는 점에서 교직이 전문직이라는 것이다.

전문직으로서의 교직에 있어서 가장 중요한 요소는 전문성과 자율성이다. 전문성과 자율성이란 직무의 수행에 있어 전문적인 사항에 관해서는 자주적인 판단과 기술을 행사하는 자유를 인정받는 것이다. 자율성이 사회적으로 용인되고 적정하게 행사되자면 고도의 전문성과 책임성이 전제되어야 한다. 이것은 교사의 직무수행에 있어 전문성이 요구되는 교육내용과 교육방법을 선정하고 결정하는 데 있어서 교사의 의견이 반영되고 교사의 자율성이 인정되어야 한다는 것이다. 즉 교육과정 및 교육정책 결정에 보다 많은 교사들이 참여하고, 교육현장에서 교육에 관한 제반 사항을 교사들이 자율적이고 창의적으로 결정하고, 그 결과에 대해 책임질 수 있을 때 교사들의 전문성은 신장될 수 있을 것이다. 결국 전문직관에서의 교사상은 전문성과 자율성 및 책임감을 겸비한 교사라고 할 수 있다.

전문직관에서 교사는 교육목적을 달성하기 위하여 자신이 맡고 있는 학생들에게 적합한 교육내용을 선정 · 제시할 줄 알아야 하고, 교육대상과 교육내용에 따른 다양한 교수법을 구사해야 한다고 보기 때문에 교사의 교직기술을 대단히 중요시한다. 즉 교사의 전문성이란 가르치는 지식의 수준에 있다기보다는 가르치는 방법과 기술에 있다는 것이다.

그리고 전문직관에서 교사는 정치활동을 해서는 안 되며, 엄정한 중립을 지켜야 한다고 주장한다. 즉 교사가 특정 정당을 지지하거나 정치활동을 하게 되면 아직 판단력이 부족한 학생에게 부정적인 영향을 미칠 수 있기 때문에 교사는 일체의 정치활동을 해서는 안 된다는 것이다.

또한 교사의 경제적 지위에 있어서 전문직관은 교직에 유능한 인재를 확보하고 전문가에 걸맞은 대우를 하기 위해서 교사의 보수를 다른 직업의 보수보다 높게 책정되어야 한다는 입장이다.

이처럼 전문직관은 성직관과 노동직관의 장점을 취한 교직관으로 장차 교직이 지향해야 할 가장 바람직한 교직관이지만 현실적으로는 많은 어려움이 있다. 우선 교직이 전문직으로 인정받기 위해서는 전문직의 속성인 전문성, 자율성, 윤리성, 책임성, 봉사성과 적정 기간의 교육, 현직교육, 사회적 우대, 권익을 대변하는 단체의 결성 등이 갖추어져야 하는데 현재 우리나라의 초·중등교사가 이러한 조건을 얼마나 충족시켜 주고 있는지에 대해 반문해 볼 필요가 있다. 물론 어느 정도 충족시키는 요소도 있지만, 현실적으로 교직을 전문직으로 인정할 수 있을 만큼 전문직의 조건을 모두 충족시켜 주고 있다고 보기는 어렵다.

또 전문직으로서의 교직에 대한 제도적, 법규적 장치가 아직 미비하다. 다시 말하면 교직이 전문직이 되기 위해서는 전문직의 조건을 만족시켜 줄 수 있는 제도적 법규적 장치가 마련되어야 함에도 불구하고 우리는 아직 교사를 전문가로서 인정하고 대우할 수 있는 법적, 제도적 장치가 부족한 실정이다. 특히 전문직이라고 하면 어느 정도의 사회적 지위와 경제적 지위가 보장되어야 하지만 현실적으로 교사들은 그러한 처우를 받지 못하고 있다. 따라서 교직이 전문직이 되기 위해서는 교사들의 사회경제적 지위가 향상되어야 하고, 이를 뒷받침할 수 있는 법적, 제도적 장치가 마련되어야 한다.

또한, 교사 자신이 전문가로서 전문성을 신장하려는 노력이 부족하고, 그에 대한 자신감이 부족하다. 교직을 전문직으로 인정하고 대우한다면 전문가 수준의 지식과 기술을 지녀야 한다. 다시 말하면 사회적 지위나 처우가 높아질수록 그에 상응하는 수준의 노력이 수반되어야 한다는 것이다. 결국 교사 개개인과 교사집단의 노력으로 이러한 전문직적 요구를 충족시킬 수 있을 때 전문직관은 현실적으로 존재하는 교직관이 될 수 있다.

이상으로 성직관, 노동직관, 전문직관의 특징을 살펴보았다. 우선 성직관은 가장 오래된 역사와 전통을 가지고 있으며, 아직도 우리 사회에 가장 지배적인 분위기를 형성하고 있는 교직관으로 교육이 인간의 인격을 형성하고 그런 맥락에서 교사가 사범이 되어야 한다는 측면에서는 시사하는 바가 크다고 할 수 있으나 급변하는 현대사회와 다양한 가치가 상존하는 현대사회에 적용하기에는 다소 무리가 있다고 생각된다. 이러한 성직관은 교사의 인격성을 강조했다는 측면에서는 의의가 있으나 교사의 개인행동과 자유를 지나치게 구속하고 교사로 하여금 헌신과 봉사라는 미명하에 국가와 사회, 그리고 학교에 무조건적인 순응을 강요하는 점 등은 현 시대에서는 지양되어야 한다.

이와는 달리 성직관에 대한 반발로 나타난 노동직관은 전통적이고 보수적인 교직관으로부터 교사를 해방시켰다는 점과 교직을 일반 노동자와 동일시함으로써 교사들의 권익과 행동범위를 확대시켰다는 점에서 그 의의가 있다고 할 수 있다. 최근 들어 교원노조가 합법화되면서 교직을 노동직으로 보는 시각이 증대되고 있다. 물론 종래의 권위적이고 관료지향적인 교육체제나 교사의 복지나 근무환경이 열악한 교육환경에서는 이러한 교육 구조적인 모순의 해결이나 교사의 권익을 보호하기 위해 교원들 간의 강한 연대성을 특징으로 하는 노동직관이 기여하는 바가 큰 것은 사실이다. 그러나 노동직관은 지나치게 진보적이고 급진적이라는 점, 그리고 유교적 전통이 우리 국민들의 정서를 지배하고 있는 분위기 등으로 인해서 노동직관은 아직도 일반적인 교육관으로는 수용되지 못하고 있다.

전문직관은 위의 두 가지 교직관을 변증법(辨證法)으로 통합한 교직관으로 장차 지향해야 할 바람직한 교직관이기는 하지만 현실적으로 제도적, 법규적 장치가 미비하기 때문에 해결해야 할 많은 과제를 안고 있다고 하겠다.

현대사회는 다양한 가치와 관점이 공존하는 사회이다. 이러한 맥락에서 교직 역시 다양한 성격을 지닐 수밖에 없으며, 그러기에 우리는 어느 한 특정한 교직관을 고집한 필요는 없다. 다시 말하면 전문직으로서의 교직을 주장하면서도 교사들의 권익을 주장하는 노동직관과 인격성 등에서 많은 시사를 하고 있는 성직관의 장점을 유연하게 수용해야 할 필요가 있다.2) 또한 성직관과 전문직관을 지지한다고 해서 노동직의 관점을 이데올로기적 시각으로만 보고 극단적으로 부정하는 것 역시 바람직한 교직관 정립에 걸림돌이 되는 요소라고 할 수 있다.

교사가 현 시대와 사회에 가장 적합하며 건전하고 타당한 교직관을 가질 때 교직의 발전은 물론이고 교육의 발전, 더 나아가서 국가의 발전을 가져올 수 있다. 그러므로 교사는 각 교직관을 상호 대립적이고 배타적인 관점에서 이해하기보다는 상호 보완적인 입장에서 이해함으로써 건전하고 바람직한 교직관을 정립해야 할 것이다.

---

2) 이러한 흐름은 최근 일본의 일교조(日敎組)에서 분리되어 나온 도시지역 중심의 교원노조(全組)가 노동조합이면서도 성직관을 지지하고 있는 점이나 서구의 대부분 교원노조가 노동조합을 지향하면서도 교원의 전문성을 중시하고 있는 점에서도 알 수 있다.

제2장 교직의 전문성

2.1. 전문직으로서의 교직

직업의 종류는 셀 수 없을 만큼 많다. 또 최근 들면서 대부분의 사람들이 자신이 하고 있는 일을 전문직이라고 말한다. 그러면 과연 전문직이란 어떤 직업일까?

일반적으로 전문직과 일반직을 사회적 명예와 지위, 경제적 안정의 보장 등에 따라 구분하기도 하고, 해당분야의 전문성 정도에 따라 전문직과 일반직으로 구분하기도 한다. 그러나 이러한 구분은 간단히 결정될 수 있는 문제는 아니다. 왜냐하면 특정 직업이 전문직인지 아닌지를 가늠하려면 명확한 기준에 의하여 분석하고 평가해야 하는데 전문직의 판단기준이 사람마다 다르기 때문이다. 또 설령 여러 사람이 합의하여 전문직의 기준을 설정했다 하더라도 각각의 기준을 어느 정도 충족시켜야 하는지에 대한 절대적인 표준을 만들기란 쉽지 않기 때문이다.

이렇게 볼 때 일반직과 전문직의 구분은 객관적인 기준에 의한 구분이라기보다는 주관적 판단에 의한 구분일 수밖에 없다. 그러나 전문직을 일반직과 구분하는 절대적인 기준은 제시할 수 없다 하더라도 전문직이 일반직과 구분되는 특징을 가지고 있는 것만은 분명하다. 따라서 여기서는 교직의 전문성을 논하기 전에 일반직과 구분되는 전문직의 특징을 알아보고 전문직으로서의 교사와 교사의 전문성 신장에 관한 방안을 살펴보고자 한다.

전문직에 대한 최초의 정의는 1915년에 시도된 플랙스너(Flexner,

1965: 576-590)의 정의에서 찾을 수 있다. 플랙스너는 전문직을 6개의 기준에 따라 구분하였는데, 그 구체적인 내용은 다음과 같다.

① 전문직 활동은 근본적으로 지적이고 개인적 책임을 수반한다. ② 전문직은 단순히 일상적이 아닌 지식에 근본을 두고 학습되어진다. ③ 전문직은 학구적이고 이론중심이기보다는 실질적이다. ④ 전문직은 전문적 교육에 의해서 그 기술이 교습되었다. ⑤ 전문직은 내적으로 조직화되었다. ⑥ 전문직은 사회의 선을 위한 이타주의에 기반을 둔다.

또한 리버만(Liberman, 1956: 13-15)은 전문직의 일반적 특징을 다음과 같이 제시하였다.

① 전문직은 유일하고 독특한 사회적 봉사기능을 가지고 있다. ② 전문직은 그 직능의 수행에 있어서 고도의 지적 기술을 요한다. ③ 전문직은 장기간의 준비교육을 요한다. ④ 전문직에 종사하는 개인이나 집단 모두는 광범한 자율권을 행사한다. ⑤ 전문직은 자율의 범위 안에서 행사한 행동과 판단에 대하여 종사자의 광범한 책임을 묻는다. ⑥ 전문직은 자치조직을 가진다. ⑦ 전문직에 있어서 경제적 보수는 사회적 봉사보다 우선되지 않는다. ⑧ 전문직은 그 자체의 직능을 수행하는 데 준수할 직업윤리를 가지고 있다.

한편 라그와 브룩스(Rugg and Brooks)는 리버만과 같이 교직을 전문직으로 간주하면서 그 특징을 제시하였는데 그 내용은 다음과 같다(Liberman, 1956: 2-6).

① 전문직은 일생의 생업으로 인정된다. ② 개인보다 민주의 복지, 공중의 봉사를 요구하고 법에 요구된 이상의 의무를 가지고 있다. ③ 인격과 능력의 최고도를 지향한다. ④ 직업의 평가를 업무 자체에 두고 근무연한과 같은 외형적인 것에 두지 않는다. ⑤ 조직체와 대변기관을 가진다. ⑥ 업무와 행동을 지배하는 윤리강령을 가진다. ⑦ 고도로 발전된 철학적, 과학적 지식에 의존한다. ⑧ 장기간의 전문적 교육과 실습기간을 요구한다. ⑨ 사회에 대하여 진정한 지도성을 발휘한다. ⑩ 성문화된 법률적 지위를 가진다.

이상의 제 학자들이 제시한 기준을 요약하면 전문직은 단순한 기술이 아니라 고차원적인 지식과 이론을 바탕으로 하는 직업으로 장기간의 교육을 통한 자격을 획득해야 한다는 것을 강조한다. 또한 전문직에 종사하는 사람들은 광범위한 자율권과 그 자율권을 지켜나갈 수 있는 자치단체를 조직할 수 있다. 아울러 전문직에 있어서 광범위한 자율성은 넓은 의미의 사회적 책임을 수반하며 이를 준수하기 위하여 자체의 윤리강령을 가진다. 이상의 견해를 토대로 전문직의 특성을 요약하면 다음과 같다.

첫째, 전문직은 고도의 지적인 직업으로 자격증을 필요로 한다.

둘째, 전문직은 장기간의 훈련이나 교육을 통한 준비교육이 요구되며, 전문성을 유지 계발하기 위한 계속적인 노력이 필요하다.

셋째, 전문직은 광범위한 자율성과 그에 따르는 윤리와 책임이 요구된다.

넷째, 전문직은 개인의 이익보다는 사회적 봉사를 우선한다.

다섯째, 전문직은 권익보호를 위하여 자치적인 단체를 결성할 수 있다.

이러한 전문직의 기준에서 볼 때 교직은 과연 전문직이라고 할 수 있을까? 사실 교직을 전문직의 기준에 비추어 분석해보면 전문직의 기준에 부합되는 측면도 있고 별로 부합되지 않는 측면도 있다. 즉 교직은 분명히 고도의 지식과 기술을 필요로 하지만 현실적으로 교사는 의사나 법관 같은 전문직보다는 교육기간도 짧고 자격증을 따기도 쉬운 편이다. 또 권위나 자율성 및 사회적·경제적 지위나 처우 등과 전반적인 사회적 인식에 비추어 보더라도 교직은 전문직이라고 단언하기 어려운 측면이 있음이 사실이다.

이러한 전문직으로서의 교직에 대하여 리버만(Liberman, 1956 : 481)은 미국 교직의 특성을 분석한 결과에 근거하여 미국사회에서 교직이 전문직으로 장족의 발전을 했다는 주장과는 달리 그의 연구결과는 교직이 전문직이 아니라는 결론을 제시하고 있다. 즉 리버만은 교사들의 역할과 책임이 분명하지 않고 교사들이 교직에 들어오고 나가는 것을 통제할 권한이 없고, 교직 내에서의 전문적인 자기 규율이 거의 이루어지지 못하고 있으며, 자율성이 줄어들고, 경제적 지위도 계속 떨어지고 있다는 점 등이 교직을 전문직이라고 보기 어렵게 한다는 것이다. 이와 비슷한 시기에 정범모(1962 : 27)는 “교직은 아직 전문직이 아니다. 그러나 교직은 전문직이라야 한다.”고 주장했다. 그에 의하면 교직은 이론적 배경이 약하고 이론적 소양에 관한 장기간의 교육이 부족하고, 이론적 고려보다는 경력과 경험이 존중되며, 교직단체의 기능도 취약하기 때문에 교직은 전문직이라기보다는 범속직에 더 가깝다는 것이다.

이와는 달리 김종서(1983 : 71)는 교직을 전문직으로 보고 있다. 그는 교직이 전문직인 이유를 우선 교직은 고도의 지적 능력을 필요로 하며, 교원이 되기 위해서는 장기간의 준비교육이 필요하고, 교원이 전문성을 유지하기 위해서는 계속적인 자기 노력을 해야 한다는 것이다. 또 교원은 봉사 지향적이어야 하며 사회적 책임이 강조되고, 그에 따라 교원들 자신이 지켜야 할 윤리강령이 요구된다는 것이다. 또한 교원은 고도의 자율성을 지니며, 이러한 자율성을 지켜나갈 수 있는 교원단체를 결성할 수 있다는 점 등을 들고 있다.

물론 시대와 장소의 차이가 있긴 하지만 교직을 리버만과 정범모는 전문직으로 보기 어렵다는 반면에 김종서는 전문직으로 보고 있다. 관점에 따라 교직을 보는 견해는 다를 수 있지만 전문직으로서의 교직에 대한 논의가 일치되지 않는다는 것은 교직의 전문직적 위상이 그리 높지 않다는 것을 의미한다. 또 그동안 우리나라의 교직 상황이 많이 변화 발전한 것은 사실이지만, 지난 50여 년간 교사들의 이론적·실제적 지식과 기술이 얼마나 발전했는지, 그리고 교사양성 과정이 얼마나 전문화되고 또 그 효율성이 얼마나 높아졌는지, 교원들이 과연 자신들의 직무를 자율적으로 결정하고 실행할 수 있는지, 그리고 교직단체가 얼마나 활성화되었는지 등의 관점에서 본다면 교직을 완전한 전문직이라고 보기에는 무리가 있다.

그러나 이러한 현재의 위상과는 달리 교직이 전문직이어야 한다는 것은 너무나도 자명한 사실이다. 즉 현실적으로 교직을 전문직으로 보기 어렵다고 하더라도 교직은 전문직으로서의 가치가 충분하고, 또 반드시 전문직이 되어야 할 직업이다. 왜냐하면 교직은 인간을 지적, 정의적, 신체적으로 성장·발달하게 하고, 사회·문화·정치적으로 적응하게 하며, 나아가 인간변화를 이루어 내도록 도와주는 고귀한 활동이기 때문이다.

따라서 교직이 전문직이 되기 위해서는 교직의 권위가 인정되고 사회적, 경제적 지위가 보장되어야 하며 광범위한 자율성과 봉사정신 및 그에 따른 윤리의식과 책임감이 수반되어야 한다. 그러나 교직이 전문직으로 인정받기 위해서 무엇보다 중요한 것은 전문직으로서의 위상을 확립하기 위한 교사 자신들의 노력, 전문성 제고를 위한 끊임없는 자기 연찬이 필요하다고 하겠다.

2.2. 교직의 전문성 신장방안

1) 교직의 전문성 저해요인

교직의 전문성 신장이란 교사가 그의 역할을 성공적으로 수행할 수 있는 능력을 최대한 신장시키는 일이다. 교직이 전문직으로 인정받기 위해서는 교육이 제대로 이루어져야 하고 교육이 제대로 이루어지려면 그것은 전문적인 지식과 기술체계에 의해서 이루어져야 한다는 것이다. 그런데 이러한 전문성의 신장은 엄격하고도 계속적인 연구를 통해서만 습득될 수 있다. 이것은 교원의 전문성이 고정불변의 것이 아니라 변화하는 것이고 무엇보다도 교사의 노력여하에 따라서 얼마든지 발전할 수 있고, 또 발전시켜야 한다는 것이다. 따라서 여기서는 우선 교사에게 전문성을 저해하는 요인을 알아보고 이러한 저해요인을 근거로 하여 전문성을 신장하기 위한 방안을 논해 보고자 한다.

교직의 전문성을 저해하는 요인으로는 교사 자신과 직접 관계되는 내적 저해요인과 교사에게 직·간접적으로 영향을 미치는 사람, 행정적인 제도, 교육여건 등의 외적 저해요인이 있다.

우선 교직 전문성의 내적 저해요인을 보면 다음과 같다.

첫째, 교사가 자신을 긍정적으로 인식하지 못한다. 교직의 사회경제적 위상이 많이 향상되었지만, 아직 교사 자신을 긍정적으로 인식하지 못하는 경향이 있는 것이 사실이다.

둘째, 교사가 자신의 전문적 능력을 신장시키는데 소극적, 수동적이다.

최근 들어 교사의 교육과 연수에 대한 긍정적 인식이 높아지고 있지만, 아직 소극적 · 수동적으로 참여하고 있는 교사 역시 적지 않다고 할 수 있다.

결국 교직 전문성의 중요한 내적 저해요인은 바로 교사 자신의 자기 정체감의 부족과 전문성 신장을 위한 각종 기회에 소극적 · 수동적 태도를 보인다는 점이다.

다음으로 전문성 신장의 외적 저해요인을 들면 다음과 같다.

첫째, 관료적 행정 혹은 감독 · 감시 위주의 행정으로 인하여 행정가의 지도성과 전문성이 부족하다. 최근 들어 교육청이 교육지원청으로 바뀌면서 관료적 행정이 개선되고 있는 것이 사실이기는 하지만, 학교현장에서의 관료적 학교경영 역시 여전히 존재하고 있다.

둘째, 교원양성 제도상의 문제, 즉 교육내용과 교육과정이 부실하다. 특히 중등교사 양성의 경우 정부에서 다양한 교원양성과정 개설과 자격제도의 다원화 등을 시도하면서 질 관리가 잘되지 않는 측면이 있다. 마찬가지로 교직과정 운영에 있어 대학 간 질적 차이가 심하다고 할 수 있다.

셋째, 예산과 프로그램의 내용 및 운영상의 문제 등으로 현직 교원의 연수가 효율적이지 못하다.

넷째, 업무가 과다하여 전문성 제고에 필요한 시간이 부족하다. 특히 각종 행정지침의 실행, 잡무 등으로 인하여 교사가 수업에 전념하기 어려운 측면이 있다.

다섯째, 경제적 처우가 부족하여 생활에 여유가 없다. 이전에 비하여 경제적 처우 역시 많이 향상되고 있지만, 아직 사회의 기업 수준에는 미치지 못하고 있는 것이 사실이다.

여섯째, 관료적 분위기로 인해 교사의 창의성과 자율성이 제한받고 있다.

이처럼 교직의 전문성을 저해하는 주요 외적 요인으로는 관료적인 행정과 관료적인 분위기로 인한 교사의 자율성 억압, 창의성의 제한, 자격제도 및 승진체계의 미흡, 그리고 양성교육과 현직교사의 교육에 문제가 있다는 것이다. 이 밖에도 교직의 전문성을 저해하는 요인은 교육현장의 곳곳에 산재해 있으나 여기서는 내외적인 전문성 저해요인을 중심으로 하여 신장방안을 제시해 보고자 한다.

2) 교직의 전문성 신장방안

교직의 전문성 신장이란 교사가 그의 역할을 성공적으로 수행할 수 있는 능력을 최대한 신장시키는 일이다. 교직이 전문직으로 인정받기 위해서는 교육이 제대로 이루어져야 하고 교육이 제대로 이루어지려면 그것은 전문적인 지식과 기술체계에 의해서 이루어져야 한다는 것이다. 그런데 이러한 전문성의 신장은 엄격하고도 계속적인 연구를 통해서만 습득될 수 있다. 이것은 교원의 전문성이 고정불변의 것이 아니라 변화하는 것이고 무엇보다도 교사의 노력여하에 따라서 얼마든지 발전가능하며, 또 발전시켜야 한다는 것을 의미한다. 이러한 맥락에서 여기서는 우선 위에서 제기한 저해요인을 중심으로 전문성 신장방안을 제시해 보고자 한다.

첫째, 교사는 전문성 제고를 위해 부단한 자기 연찬을 해야 한다. 교직은 전문직이며 전문직과 연구는 동전의 표리와도 같기 때문에 교사는 연구를 게을리할 수 없다. ILO(세계노동기구)와 UNESCO(유네스코)가 공동으로 작성하여 유네스코의 특별위원회(1966. 10. 5)가 채택한 '교원의 지위에 관한 권고'에서 교직은 전문직으로 간주되어야 하며, 교육은 엄격하고도 계속적인 연구를 통하여 습득, 유지되는 전문적 지식과 전문적 기술을 필요로 하는 공공적 업무의 하나라고 명시하고 있다. 즉 교직이 전문직으로 대접받기 위해서는 거기에 걸맞은 전문가적 식견이 있어야 하고 그것은 전문적인 지식과 기술체계에 기초해서 이루어져야 한다는 것이다. 우리나라의 교육공무원법 38조 1항에도 "교육공무원은 그 직책을 수행하기 위하여 부단히 연구와 수양에 노력하여야 한다."고 규정되어 있다. 이것은 교사의 중요한 임무 중의 하나가 교육에 관한 전문적 지식과 기술에 관한 부단한 연구와 연마라는 것을 강조하는 것이라고 할 수 있다. 만일 교직에서 계속적인 연구를 배제한다면, 그리고 학교에서 일어나는 제반 문제를 상식적인 방법으로 해결한다면 교직은 전문직으로 분류될 수 없을 것이고, 누구나 할 수 있는 범속직에 지나지 않을 것이다. 교사는 사랑과 확고한 신념으로 지도에 임하되, 당면하는 제반 문제를 교육 과학적인 능력으로 해결할 수 있는 지적 능력과 태도를 지녀야 한다고 하겠다. 특히 급변하는 현대사회와 폭증하는 지식과 정보 속에서 자라나는 학생들을 잘 이해하고 효과적으로 지도하기 위해서는 항상 연구하는 태도가 필수적이라고 하겠다.

둘째, 전문직으로서의 교직에는 고도의 자율성과 이에 근거한 책임감이 수반되어야 한다. 전문직에 있어서 가장 중요한 특징이 전문가로서의 자율성(professional autonomy)이라고 할 수 있는데, 특히 교직에 있어서의 자율성은 무엇보다도 중요하다고 할 수 있다. 왜냐하면 교육이란 인간 내면에 관계된 인간의 정신영역을 다루는 극히 미묘한 일이고 규격화하기 어려운 성질의 직업이기 때문이다. 그런데 전문직에 있어서 자율성이란 그 직무수행에 있어서 전문적 사항에 관해서는 자주적인 판단과 기술을 행사할 자유를 인정하는 일이다. 따라서 전문적 식견이 없는 비전문가에 의해 통제되거나 간섭을 받게 되면 전문성은 상실되고 창의성과 책임감도 약화될 수밖에 없는 것이다. 물론 여기서의 전문성의 인정은 결코 교사 개인이나 집단의 자의적인 활동이나 사적인 이익추구를 의미하는 것은 아니다. 자율성이 사회적으로 용인되고 적당하게 행사되기 위해서는 적어도 전문성과 책임감이 전제되어야 한다. 즉 교원은 전문가로서의 자율적인 판단에 따라 결정하고 행동하되, 그 일에 대해서는 책임을 져야 한다.

광범위한 자율성은 반드시 광범위한 책임을 수반한다. 특히 교사의 경우 교육 행위와 그 효과의 광범위함 내지 불명확함 때문에 책임도 애매해질 가능성이 있다. 물론 교사가 사회적인 제반 문제나 청소년 비행 등의 제반 문제에 대해 제반 책임을 져야 한다는 것은 아니다. 그러나 교사는 분명히 교육 전문가로서의 자신의 행동과 그 결과에 대한 책임을 질 수 있어야 한다. 왜냐하면 교사 자신의 판단에 의한 행동은 교사 자신에게 그치는 것이 아니라 교육받는 아동들의 삶에 결정적인 영향을 미칠 수도 있기 때문이다. 이와 같은 교사의 책임감, 즉 교사가 맡은 어린이 개개인의 교육, 나아가 어린이의 복지에 이르기까지의 광범위한 책임은 교사 각 개인으로서뿐만 아니라 교사집단이 공동으로 져야 한다는 것이다. 이처럼 교직은 고도의 자율성과 그에 따른 강한 책임감이 수반되기 때문에 아무나 할 수 없는 전문직이라는 것이다.

셋째, 교직 유인체제를 강화해야 한다. 즉 교육의 질적 수준은 교사의 질에 의해 결정되며, 교사의 질적 수준은 얼마나 우수한 학생들을 교사양성기관으로 유치하느냐에 달려 있다고 할 수 있다. 교사양성 프로그램의 개선만으로 우수한 교사를 양성 · 배출하는 데는 한계가 있으므로 원천적으로 우수한 인재를 교사양성기관으로 유치하는 일이 선행되어야 할 것이다. 우수한 학생을 교사양성기관으로 유인하기 위해서는 교사의 사회 · 경제적 지위를 향상시켜야 함은 물론 다른 대학에 앞선 특차선발제도 도입, 선발학생의 임용보장, 교사 안식년제 도입 등 다양한 유인체제를 통하여 우수한 인재가 교원을 지원할 수 있도록 해야 할 것이다.

넷째, 교사양성 프로그램의 질적 수준 향상과 이를 위한 적절한 교육여건의 제공이 필요하다. 우수한 교사를 양성하기 위해서는 우수한 학생을 선발하여 양질의 교사교육프로그램을 제공해야 함은 물론, 교사양성기관의 교수, 시설 등 교육여건을 개선해야 한다. 교사양성대학은 일반대학과는 달리 교육목표, 교육과정 운영, 교수확보, 새로운 교수–학습방법의 개발 · 적용, 각종 교수–학습매체의 활용, 기타 관리운영의 측면에서 특수성을 확립해야 한다. 또 교사로서 갖추어야 할 품성과 전문적 자질을 향상시키기 위하여 교과교육의 비중을 높이고 교과교육을 담당할 수 있는 교수를 확보하며, 특히 현장과 연계된 실습 위주의 교육이 강화되어야 할 것이다. 또한 교사양성대학은 순수학문을 지향하는 대학이 아니라 교사를 양성하는 대학이므로 교수는 교육현장에 대한 이해가 선행되어야 한다. 따라서 교사양성기관의 교수채용 시에 교사자격 소지자나 교사경력자를 우대하는 방향이 되어야 한다.

뿐만 아니라 교사양성기관의 교육환경을 획기적으로 개선할 필요가 있다. 현재 학교현장의 교육환경은 대폭 개선되고 있는데 비하여 교사양성기관의 교육환경은 열악한 것이 사실이다. 그러므로 정부는 교사양성기관 설치기준령을 별도로 제정하고, 이 기준령에 의거하여 교사양성기관에 투자의 우선순위를 부여할 필요가 있다. 즉 현장과 연계된 교육이 이루어지기 위해서는 예비교사들이 수업을 참관하고 실제로 교육실습을 할 수 있는 부속학교와 협력학교가 모든 교사양성기관에 의무적으로 설치되어야 할 것이다. 또한 교사양성기관의 교육과정 운영의 내실화를 위해서는 어학실습실, 수업분석실, 교육자료 제작 지원실, 교육정보센터의 설치 · 운영 등은 필수적이라고 할 수 있다.

다섯째, 현직교사의 연수를 다양화하고 강화해야 한다. 즉 전문직 종사자로서의 교사는 교직생활 전체를 통하여 계속적으로 그 전문성을 유지 · 향상시켜야 한다. 급변하는 사회와 폭증하는 지식과 정보사회에 대처하고 학생들과의 세대차를 극복하기 위해서는 교사 자신의 자기 연찬도 필수적이지만 제도적으로 교사들의 전문성을 계발 · 유지하기 위한 연수가 마련되어야 한다. 지금까지 교사들이 연수에 소극적이고 수동적이었던 것은 사실이다. 이것은 교사 자신들이 전문성을 계발하는데 무관심했다고 할 수도 있지만 오히려 연수 프로그램의 내용과 운영에 더 큰 문제가 있었다고 할 수 있다. 따라서 앞으로 교사연수가 효율적으로 이루어지기 위해서는 다양하고 우수한 연수 프로그램의 계발과 다양한 연수방식을 개발 · 활용하여 교사들이 자발적으로 연수에 참여할 수 있도록 유도해야 할 것이다.

또한 불편함 없이 연수를 받을 수 있도록 연수시설을 확충하고, 현대화해야 하며, 연수비 지급 등도 시급하게 해결되어야 할 문제이다. 또 개인별 연수결과를 누적적으로 기록하여 활용할 수 있도록 하고 교육대학원 등 공인 연수기관의 연수결과를 인정함은 물론 컴퓨터 통신 등의 연수체제도 개발 · 활용할 필요가 있으며, 이러한 연수결과는 보수체제와 승진에도 반영하는 것이 효과적일 것이다.

이 외에도 교직의 전문성 신장을 위해서는 교권의 확립과 처우개선, 교직단체의 활성화와 교직윤리의 강화, 교원양성기관의 질 향상을 위한 체계적 관리 등이 필요하다고 할 수 있다.

제3장

교원의 역할과 자질

3.1. 교원의 역할

3.1.1. 교원의 역할의 의미

역할(role)이라는 용어는 사회질서의 기능을 개인의 행동이나 성향과 관련시켜 분석하려는 사회학의 주요 개념으로서, 오늘날 사회심리학, 문화인류학 등 사회과학 전반에서 널리 사용되고 있다. 즉 역할이라는 개념은 '배역'이라는 말에서 유래된 용어로서, 행동과 태도의 포괄적 경향을 나타내며, 빈번하게 발생하는 다양하고 복잡한 상황을 처리하는 전략을 구성하고, 하나의 실체로서 어느 정도 명확하게 사회적으로 인정되며, 여러 개인들에 의해 의식적으로 수행되어야 하고, 사회에서 인간의 지위를 결정하고 확인하는 주요 근거로 사용되어 왔다(Sills, 1968 : 52).

이처럼 역할이란 동일한 지위에 있는 모든 사람들이 의식적으로 수행하는 공통된 행동양식이나 사회의 다른 구성원들이 기대하는 행동유형을 뜻한다. 이런 맥락에서 학생들을 직접 가르치고 지도하는 임무를 수행해야 하고, 또한 학교사회의 구성원으로서 동료교사와 행정가, 학부모, 지역사회 등과 사회적인 관계를 맺고 있는 교원의 역할은 교사들이 의식적으로 수행하며, 또 교사들이 해야 한다고 다른 사람들이 기대하는 포괄적인 행동방식을 의미한다고 할 수 있다. 간단히 말하면 교원의 역할이란 교원들이 교원으로서 해야 하는 또는 할 것으로 기대되는 행동유형인 것이다.

교원의 역할은 고정되어 있는 것이 아니라 관점과 상황에 따라 달라질수 있다. 이러한 교원의 역할에 대한 선행 연구 중 가장 대표적인 것이 리들(F. Redle)과 바텐버그(W.W. Watenberg)의 심리적 역할이다. 그들은 교사의 심리적 역할을 14개 항목으로 구분하여 제시하였다. ① 사회 대표자로서의 역할, ② 판단자로서의 역할, ③ 지식자원으로서의 역할, ④ 학습의 조력자로서의 역할, ⑤ 심판관으로서의 역할, ⑥ 훈육자로서의 역할, ⑦ 동일시 대상으로서의 역할, ⑧ 불안 제거자로서의 역할, ⑨ 자아 옹호자로서의 역할, ⑩ 집단 지도자로서의 역할, ⑪ 부모 대리자로서의 역할, ⑫ 친구로서의 역할, ⑬ 적대감정 대상으로서의 역할, ⑭ 애정 대상자로서의 역할 등이 그것이다.

이러한 리들과 바텐버그의 연구는 교사와 학생의 심리적 관계를 중심으로 교사의 지위를 임의적으로 구분하고 그에 따른 역할을 제시하였기 때문에 체계적이지는 못하였지만 그 포괄성과 참신성으로 인하여 이후 교원의 역할에 관한 연구에 많은 영향을 미쳤다. 그러나 교원의 역할에 대한 다양한 관점이 제시되고 있긴 하지만 교원의 역할이 교육현장을 떠나서 논해질 수 없는 문제이기에 여기서는 실제로 교육이 이루어지고 교사의 역할이 전개되는 학교교육 현장과 관련하여 학급, 학교, 지역사회에서의 교사의 역할로 구분하여 살펴보고자 한다.

3.1.2. 교사의 역할과 구분

1) 학급 담임교사로서의 역할

국가수준의 교육과정이나 지역사회 또는 학교수준의 교육과정이 최종적이고 구체적으로 실현되는 곳은 교사와 아동들이 직접 만나는 각 학급수준이기 때문에 실제로 교사의 역할 중에서 가장 중요한 역할은 학급에서의 교사의 역할이라고 할 수 있다. 이러한 학급경영자로서의 교사의 역할에는 교과학습 지도자로서의 역할과 생활지도자로서의 역할, 학급경영자로서의 역할 등을 들 수 있다.

(1) 교과학습 지도자로서의 역할

학교에서의 가장 중요한 교사의 역할 중 하나는 교과학습 지도자로서의 역할이라고 할 수 있다. 수업이 교사 중심의 일제식 수업이든지 학습자 중심의 토의식 수업이든지 또 교사가 수업의 주도자가 되든지 아니면 안내자가 되든지 간에 수업의 중심에는 언제나 교사가 존재할 수밖에 없다.

교과학습 지도자로서의 교사의 역할 중에 가장 선행되어야 할 일은 국가수준에서 제시된 교육과정을 지역과 학교의 여건과 환경, 수준을 고려하여 교육과정을 재구성하는 일이다. 물론 교사는 제시된 교육과정을 학생들에게 현상 유지적 수준에서 그대로 전달할 수도 있지만 효율적인 수업을 위해서는 반드시 학생들의 수준을 고려하여 재구성하는 것이 필요하다.

교사는 교육과정을 이해하고 재구성한 다음 학년목표, 교과목표, 단원목표 등을 고려하여 수업계획을 세우고 각종 매체들을 고안·정비하고 수업방법 등을 포함하여 적절한 수업형태를 결정해야 한다. 또 필요에 따라 학습집단을 조정하기도 하며, 학습자들이 자발적으로 수업에 참여할 수 있도록 학습동기를 유발하고, 학습자들 개개인이 가능한 한 많은 경험을 할 수 있도록 다양한 기회를 제공하면서 수업을 진행해야 한다. 또한 수업을 진행하는 과정에 수업이 계획대로 이루어지고 있는가를 순간순간 확인하면서 상황의 변화에 따라 계획을 창의적으로 융통성 있게 수정 보완함으로써 수업의 효과를 극대화시켜야 한다.

수업이란 학습자가 특정한 수업목표를 달성할 수 있도록 내적(학습자 특징) 및 외적 환경(수업절차)을 계획적, 체계적으로 조정하는 과정이다. 이러한 수업과정의 구성요소로는 수업목표, 학습자 특징, 수업절차, 수업평가 등의 4단계를 들 수 있다. 수업과정에서 가장 먼저 해야 할 일로서는 무엇을 가르치고 무엇을 배워야 할 것인가의 문제로서 수업목표, 수업과제의 성질에 따라서 수업절차 및 수업방법이 달라져야 한다. 따라서 교사는 먼저 무엇을 가르칠 것인가를 결정하여 구체적이고 명세적으로 교수목표를 진술하고 설정된 교수목표에 비추어 학습자 특징인 출발점 행동을 진단하며, 교수목표와 출발점 행동을 고려하여 수업상황을 결정한다.

수업은 개개인에 적합한 수업방법이 적용되어야 하므로 학습자 특성인 개인의 준비성 및 출발점 행동이 고려되어야 한다. 이러한 학습자 특징은 지능, 창의성 등의 지적 특성과 성취동기, 정서, 시험불안, 성격, 사회성 발달 등의 정의적 특성으로 구분되며, 교사는 이러한 학습자의 지적, 정의적, 신체적 영역의 특성을 잘 이해하고 학습자의 특성을 고려한 수업을 전개해야 한다.

좋은 수업을 위해서는 수업절차를 다양화시켜 개개인의 특성에 적합한 수업방법이 적용되어 개인차를 줄일 수 있어야 한다. 또한 적절한 수업사태의 마련과 수업매체의 선정 및 활용, 그리고 학습과제를 효과적으로 조직해야 한다.

결국 가장 좋은 수업이란 교육과정 속에 포함된 목표와 내용을 교사가 모두 수업하고, 학생이 이를 모두 학습한 경우이다. 물론 가장 이상적인 수업이 실제 교수–학습과정에서는 불가능하지만 수업의 효과를 극대화하기 위해서 교사는 교육과정 및 학습자 특성, 교재 등을 정확히 이해해야 한다. 또한 교수–학습과정의 효율성을 높이기 위해서는 학습자 개개인의 흥미와 선수학습의 정도 등 학습자의 특징을 고려하여 수업목표를 설정하고, 계열성에 따른 다양하고 최적한 학습경험을 제공하고 최적한 구조화를 제공해야 한다. 그리하여 학습자가 학습에 능동적 · 적극적인 학습태도를 가지게 될 때 교수-학습의 효과는 촉진되고 극대화될 수 있다.

(2) 생활지도자로서의 역할

학급에서의 교사의 역할 중에서 학습지도 못지않게 중요한 역할이 생활지도자로서의 교사 역할이다. 생활지도란 학습자가 자기의 적성과 흥미, 능력과 개성을 자각하고 일상생활에서 직면하는 여러 가지 문제들을 해결함으로써 개인적으로는 행복한 삶을 영위하고, 사회적으로는 현명한 선택과 적응, 가치판단, 그리고 보다 효율적인 자기형성을 할 수 있도록 돕는 활동이다. 또한 생활지도는 학습자로 하여금 자기가 가지고 있는 능력, 흥미, 인격적 제 특성을 이해하도록 하여 이를 최대한으로 발전시켜 나가며, 원만하고 성숙한 자기지도를 이루게 하는 과정이다. 이러한 생활지도는 일상생활의 모든 문제, 즉 교육적, 사회적, 직업적, 가정적, 신체적, 도덕적, 정신적, 종교적 문제 등에 폭넓게 관련되므로 학습자로 하여금 지적 성장에만 치우치지 않고 통합된 전인격적(全人格的) 존재로서 균형 있고 건전한 삶을 살게 한다는 점에서 중요하다고 할 수 있다.

생활지도는 개인적으로 이루어지기도 하지만 집단검사 및 상담을 통해 이루어지기도 한다. 따라서 생활지도자로서의 교사는 상담자의 역할도 겸해야 하는 것이다. 최근 들면서 학교현장에 상담실과 상담교사가 배치되고 있기는 하지만 실제로 효과적인 상담이 이루어지지 못하고 있는 실정이다. 특히 중등학교의 경우 대부분 생활지도 차원의 예방적인 상담보다는 문제 발생 후 사건처리 수준의 상담이 대부분이다. 이것은 전문적인 상담교육을 받은 교사도 많지 않을뿐더러 상담만 전담하는 교사가 거의 없기 때문이라고 할 수 있다.

생활지도자로서의 교사가 학생들의 생활지도를 성공적으로 수행하기 위해서는 교과지도 못지않게 생활지도가 중요하다는 것을 인식해야 한다. 이처럼 교사와 학생이 솔직한 대화와 만남을 통하여 열린 인간관계를 형성할 때, 효과적인 생활지도와 상담이 가능할 것이다.

(3) 학급경영자로서의 역할

교사가 교육의 역할을 수행하는 가장 기본적이고도 핵심적인 단위는 학급이다. 따라서 교사에 대한 역할기대도 학급에서의 역할수행에 그 핵심이 된다. 학급경영은 관점에 따라 학생의 행동을 통제하는 과정, 학생의 비행을 수정하는 과정 또는 긍정적인 사회·정서적 학급분위기를 조성하는 과정 등으로 해석되고 있다(박용헌, 1988 : 18-19). 그러나 학급경영을 어떻게 정의하든 학급경영이 효율적인 교과지도와 생활지도를 촉진하기 위해 학급의 분위기나 교육환경을 조성하고 유지하는 활동이라는 점에 대해서는 별다른 이의가 없을 것이다. 즉 학교교육의 주요 활동인 수업과 생활지도가 교육목표 달성을 위한 활동이고, 학급경영이 이러한 수업과 생활지도를 위한 상황을 조성하는 일련의 교육활동이라면 학습지도와 생활지도라는 교육목표 달성을 위해서는 효율적인 학급경영이 필수적이다.

성공적인 학급운영을 위해서 가장 중요한 요소가 교사이다. 즉 교사가 바람직한 학급풍토를 조성하기 위해서는 우선 교사가 지적으로 예민한 사람이어야 하고, 학생들 간에 나타나는 다양한 능력과 관심에 민감해야 하며, 학생들이 친근한 분위기를 느낄 수 있도록 학급환경을 구성해야 한다.

효율적인 학급운영을 위해서 교사는 우선 자신의 교육관에 근거해서 학급경영 방침을 설정하고 전체적인 교육계획을 설립해야 한다. 학기 초에 해야 할 일로는 출석번호 및 짝지 정하기, 학급의 규칙과 교훈 정하기, 학급임원 구성, 교육과정에 근거한 시간표 작성하기, 교실의 환경 구성 등이 있으며, 학생들의 학습능력 및 가정환경 등을 파악하여 학급경영 계획을 세워야 한다. 학급경영에 있어서 과거에는 모든 일들을 교사가 일방적으로 결정하고 운영했지만 학생들의 적극적인 참여를 위해서는 학급경영에 관한 모든 일들을 교사와 학생이 함께 의논하여 결정하고 시행함으로써 학생들이 주체의식을 갖고 참여하도록 하는 것이 바람직하다. 즉 이 과정에서 교사는 물리적 환경과 심리적 환경을 조성하는 것이 중요하다고 할 수 있다.

또한 학기 초에는 학생들의 학습 수준을 파악하기 위해서 진단평가를 실시한다. 학생의 선수학습 정도를 파악하기 위해서는 지난 학년의 성적표를 확인하는 것도 효과적이지만 진단평가를 통해 다시 한 번 재확인하는 것이 바람직하다. 그러나 이러한 진단평가는 자칫 학생들이 교사를 평가자로서만 인식함으로써 친밀한 관계형성에 장애가 될 수 있으므로 다양한 평가방법을 통하여 학생들이 부담을 느끼지 않도록 하는 것이 필요하다. 또한 교사는 이러한 진단평가 결과를 현재 학생의 학업성취 수준으로 단정하기보다는 효과적인 학습지도를 위하여 학급 구성원의 선수학습의 정도를 파악하고, 학습부진아 지도대책을 위한 자료로 활용하는 것이 바람직하다.

효과적인 생활지도를 위해서는 우선 생활기록부를 참고하거나 전 학년의 선생님과의 대화를 통하여 아동들을 이해하는 것이 좋다. 특히 신체적 장애가 있거나 가정결손, 학교부적응아 등의 문제가 있는 아동은 빨리 파악할수록 지도가 용이하다. 그러나 문제아를 색출하기 위한 그런 식의 아동에 대한 파악은 오히려 아동에 대한 정보를 전혀 모르는 것보다 좋지 못한 결과를 초래할 가능성이 있다.

결국 학교교육의 성공여부는 각 교사들의 학급경영 능력과 직접적인 관련이 있다. 열성적이며, 연구적인 교사가 경영하는 학급과 그렇지 못한 교사가 경영하는 학급은 판이하게 다른 교육의 결과를 산출할 수밖에 없다. 그러므로 학급담임으로서의 교사는 성공적인 학급경영이 효율적인 학습지도 및 생활지도, 나아가서는 성공적인 학교교육의 전제조건임을 인식하고 학급경영에 임해야 할 것이다.

2) 학교 구성원으로서의 역할

(1) 학교경영 참여자로서의 역할

학교경영(school management)이란 학교조직의 목표를 설정하고 그 목표를 효과적으로 달성하기 위해 업무를 기획, 실천, 평가하는 순환적인 조직활동이다. 다시 말하면 학교를 하나의 경영단위로 보고 주어진 교육과정과 여건을 고려하여 실현 가능한 목표를 수립하며, 학교 특성에 맞는 독자적인 교육과정을 편성하고, 이 교육과정에 필요한 교육조건을 마련하여 협동적인 조직체계를 구성한 다음, 이에 근거하여 교수-학습활동을 전개하고 그 과정과 결과를 평가하는 일련의 교육활동을 의미한다. 그러므로 학교경영이란 교육목표에 따라 교육과정을 효율적으로 운영하기 위한 학교경영 계획, 조직운영, 평가를 포함하는 일련의 과정인 것이다.

경영구조 면에서 보면 단위학교에서는 학교장이 최고 경영자이지만 학교교육 목표를 수립하거나 교육과정을 계획하고 운영하는 등 제반 학교교육 정책의 결정 및 운영, 집행과정에 모든 교사가 실제로는 참여자가 된다. 따라서 학교에서 거의 모든 교사는 앞에서 언급한 학습지도 및 생활지도를 담당하는 학급경영자로서의 역할뿐만 아니라 행정기능에 해당하는 학교경영에 관한 업무도 동시에 담당해야 하는 것이다. 이러한 맥락에서 학교장은 학교교육이 지닌 공공적 목적 내지 책무성을 극대화하기 위해서 계획, 실천, 평가와 같은 일련의 과정에 모든 교사들이 자주적 · 자율적 · 창의적으로 참여하여 전문성을 신장시킬 수 있도록 해야 한다.

일반적으로 학교경영 조직은 교육조직, 사무조직, 운영조직으로 대별된다. 교육조직은 경영체제의 가장 우선되어야 할 기본조직으로서 학급담임조직, 교과 전담조직, 생활지도담당 조직, 및 특별활동조직 등 학교교육의 목적달성을 위한 직접적인 조직이며, 교장, 교감, 학년부장 교사, 학급 또는 교과담당 교사로 이어지는 위계적 조직으로 교육목표 달성을 위해서는 교육에 관련된 지식과 자료를 교사 간에 공유하는 등의 협력체제가 요구된다.

그런데 우리나라 학교조직 구조의 실제는 기능 면에서 보아 교장–교감–학년 · 학급담임의 계선조직과 부장으로 이어지는 막료(참모) 조직, 그리고 수업을 위한 교수(전문직) 조직의 세 가지 하위구조를 중심으로 직원회, 교과별 협의회, 각종 위원회 등이 자문기능을 수행하도록 하는 조직형태가 일반적이어서 그 개선의 필요성이 제기되고 있다(서울대학교 연구소(편), 1998 : 2705). 학교조직의 핵심기능이 교수–학습활동이고 교사가 이를 효과적으로 달성하기 위해 부단한 연구활동을 수행해야 한다면 학교경영 조직의 기본 개념은 행정위주의 막료조직이 아니라 학년부장(주임)–학반담임, 교과부장–교과담임으로 이어지는 교수조직과 이를 뒷받침하는 연구조직이 계선조직이 되도록 이를 새롭게 재구조화해야 한다(김성열, 1993 : 293-318). 결국 효율적인 학교경영을 위해서는 교사들이 학교경영에 적극적으로 참여할 때 가능한 것이다.

(2) 교육과정의 계획자 및 운영자로서의 역할

국가수준에서 교육목표가 설정되고 내용이 선정 조직되어 제시된 교육과정은 지역 및 학교와 학생들의 상황을 고려하여 최종적으로 교사가 실행한다. 그러므로 교사는 교육과정의 최종 실현자이다. 따라서 교사는 국가수준의 교육과정을 잘 이해하고 있어야 할뿐더러 지역특성과 학교 및 가르치는 아동들의 특성을 잘 이해하여 재구성할 수 있어야 한다.

7차 교육과정이나 그 이후의 개편 교육과정은 만들어가는 교육과정으로서 지역특성이나 학교특성을 잘 반영하도록 되어 있으므로 교육과정을 계획하거나 실현하는데 있어서 교사의 역할은 절대적이라고 할 수 있다. 그러므로 교사는 이미 설정되어 있는 국가의 이념과 각 지역사회의 교육방침, 각급 학교의 교육목적 등을 확인하고, 우리 사회의 현재 상황과 요구에 관심을 기울여야 하며, 각 교과의 목적과 특성을 명확하게 파악하고 학습자 개개인의 흥미와 욕구, 교육이론 등을 지속적으로 탐구해야 한다.

또한 교사가 전문가로서의 자율성과 책무성을 가지고 교육과정을 운영할 수 있도록 하기 위해서는 학교장의 지원이 절대적이다. 따라서 학교장은 다양한 방법을 통하여 교사들의 교육과정 계획과 운영을 지원해야 한다. 또 교사들이 창조적, 재해석적 수준에서 교육과정을 운영하도록 하기 위해서는 지금까지의 관주도 중앙집중적인 교육과정 정책에서 탈피하여 교육과정 및 교과서 개발에 교사들의 참여도를 높여야 한다. 왜냐하면 교육과정 실행상의 문제점을 가장 잘 파악하고 있는 사람은 현장에서 학생들을 지도하는 교사들이기 때문이다. 교사들이 학교현장에서 교육과정의 계획자 및 운영자로서 적극적으로 참여할 때 학교교육은 성공적으로 실현될 수 있을 것이다.

(3) 행사 준비 및 주도자로서의 역할

교사는 학내·외에서 많은 행사를 준비하기도 하고 주도하기도 한다. 물론 대부분의 학교행사는 교육과정상 특별활동이나 기타 다른 교과와 관련되어 있거나 교무분장업무에 포함되어 있기 때문에 별개로 논할 성질이 아닌 것도 같지만 사실상 교사들은 이러한 행사를 준비하고 진행하는데 많은 시간과 노력을 들여야 하기 때문에 교사로서의 직무를 수행하는데 큰 비중을 차지하는 게 사실이다.

우선 공식적인 학교행사로는 입학식, 졸업식, 각종 체험학습, 수학여행, 청소년단 행사, 체격검사, 체력검사, 계기 행사 등이 있다. 또 과학의 날, 문화의 날, 반공의 달, 독서의 달, 불조심 강조기간, 불우이웃돕기 등과 같은 대외적인 업무와 연관된 행사도 있고, 각종 체육대회, 미술, 음악 등의 학예대회도 있다. 이러한 각종 대·내외 행사에 교사는 학생을 지도하기도 하고 행사를 준비하기도 하며, 행사 자체를 주관하기도 한다. 물론 이러한 행사는 교육적으로 유익한 측면이 있음도 사실이지만 지나친 행사위주의 학교운영은 교사의 잡무를 가중시키는 원인이 된다. 특히 학교행사의 경우 학생을 지도하거나 행사 자체를 준비하는데도 많은 시간과 노력이 소요되지만 안전사고 등의 위험은 교사를 힘들게 하는 주요 원인이 되고 있다. 뿐만 아니라 각종 관공서의 행사 참여 협조나 교육청이 주관하는 각종 대회 등은 나름대로 타당성이 있는 행사이긴 하지만 학교나 교사의 입장을 고려하지 않는 채 강요된 경우도 허다한 실정이다. 그러므로 교사의 입장에서 보면 학교 자체 행사와 교육적으로 꼭 필요한 행사 외에 대외 기관과 관련된 각종 행사는 학교나 교사 차원에서 교육적으로 판단하여 선별적인 참여가 가능하도록 자율성이 주어져야겠다.

3) 사회 지도자로서의 역할

교육은 인간을 기존의 사회에 적응시키는 사회적응 기능과 기존 사회의 문제점을 비판하고 새로운 사회를 지향하게 하는 사회 개혁적인 기능을 가지고 있다. 그러므로 교사 역시 기성세대의 대표자로서 아동을 기존의 사회, 제도, 문화에 적응할 수 있도록 지식을 전달할 뿐만 아니라, 현재 사회의 문제점에 근거하여 보다 바람직한 사회, 정치, 제도, 문화 가치관 등을 제시함으로써 청소년들이 올바른 방향으로 나아갈 수 있도록 교육해야 한다. 이러한 맥락에서 볼 때 교사는 기성사회를 대표하는 모델이 되며, 또 사회변화와 개혁을 촉진하는 역할을 담당하기도 한다.

일반적으로 사회는 교사로 하여금 사회적 모범인이 되기를 기대한다. 물론 교사가 사회적 모범인이 되기를 기대하면서 예우나 처우에 있어서는 그렇게 대우하지는 않지만 어쨌든 어린 학생들을 가르치는 교사는 사회의 모범인이 되어야 한다는 것이다. 이러한 기대는 교사가 기성세대를 대표하고 학생들에게 많은 영향력을 행사한다는 측면에서 기인하는 것이다. 오늘날 사회가 변화되고 교사에 대한 인식이 변화된 것은 사실이지만 그러나 아직까지 교사는 누구보다도 어린 학생들에게 많은 영향을 끼치는 동일시 대상인 것은 사실이다. 따라서 교사는 자신의 행동이 의도적이든 의도적이지 않든 간에 가르치는 학생들에게 결정적인 영향을 미칠 수 있다는 것을 인식하고 교육에 임해야 할 것이다.

또한 교사는 사회변화의 촉진자이다. 즉 교육이 사회변혁이나 사회개혁의 역할을 수행한다면 그 주도적 역할을 담당하는 자가 교사인 것이다. 일반적으로 교육과정의 목표나 내용을 결정할 때 현대사회의 요구나 학부모와 학습자의 요구를 수렴해야 하지만, 한편으로 교육은 올바르지 못한 사회의 요구나 수요자의 기대를 과감히 거절하고 사회를 올바른 방향으로 인도해야 할 책임도 있다. 그러므로 교사 역시 부당한 사회의 요구나 잘못을 지적하고 교육이 올바른 방향으로 나아갈 수 있도록 인도해야 한다.

이와 같이 교사들이 사회를 올바른 방향으로 인도하기 위해서는 교과나 아동 이해에 대한 전문지식뿐만 아니라 미래사회의 변화를 예견할 수 있는 안목이 필요하다. 즉 교사는 미래사회가 어떠할 것인가에 대해서도 알아야 하고, 지역사회의 요구 또는 국가발전에 필요한 교육의 내용이 무엇인지도 알고 있어야 하며, 가르칠 학생의 장래에 대해서도 누구보다 정확하게 예견할 수 있어야 한다. 교사가 이러한 식견과 안목을 갖출 때 사회변화를 선도하고 촉진하는 역할을 성공적으로 수행할 수 있을 것이다.

3.2. 교사의 자질

3.2.1. 교사의 자질에 대한 접근

모든 교육적 활동은 교사를 통해서 이루어지기 때문에 교사의 역할과 자질은 무엇보다도 중요하다. 특히 교육의 질이 교사의 수준에 의하여 결정된다고 할 때 교사의 자질은 교육에 있어서 매우 중요한 요인이라고 할 수 있다.

교사의 자질이란 교사가 역할을 수행하기 위해 갖추어야 할 비교적 영속성이 있는 개인적 특성 및 교직에 관한 태도라고 할 수 있다(김종서 외, 1994 : 51-55). 이러한 교사의 자질은 교육을 통해 길러지고 향상되어야 한다. 또한 학생의 바람직한 행동특성이 어떤 것이며, 교사로서 수행해야 할 역할 내지 임무를 무엇으로 규정하느냐에 따라 달라질 수 있다. 이러한 교원의 자질에 대하여 학자들마다 다양한 견해를 제시하고 있는데, 이러한 제 학자들의 견해를 소개하면 다음과 같다(윤종건, 1993 : 76-79).

콤스(Combs)는 ① 교과목에 대한 풍부한 지각, ② 학생과 동료교사들을 잘 아는 일, ③ 교사 자신에 대한 긍정적인 지각, ④ 학습목표와 과정에 대한 풍부한 지각, ⑤ 적절한 교수 방법에 대한 지각을 바람직한 교사의 자질로 들고 있다. 또한 하이트(Height)는 바람직한 교사의 자질로 ① 담당 교과목을 잘 알 것, ② 담당 교과목을 좋아할 것, ③ 학생들을 사랑할 것, ④ 학생들을 잘 알 것, ⑤ 상식이 풍부할 것, ⑥ 유머 감각이 있을 것을 들고 있으며, American Council on Education(1944)은 ① 개성존중, ② 공민성, ③ 합리적 행동, ④ 협동심, ⑤ 지식의 습득, ⑥ 지식의 전달기술, ⑦ 아동에 대한 친밀감, ⑧ 아동 이해, ⑨ 사회에 대한 이해, ⑩ 학교에서의 공민성, ⑪ 평가기술, ⑫ 교직에 대한 신념을 들고 있다.

한편 김영돈은 바람직한 교사의 자질로 ① 성실·건전하고 원만한 품성, ② 높은 품격과 풍부한 교양, ③ 인간성을 존중하는 민주적 신념, ④

왕성한 협조심과 봉사정신, ⑤ 교과에 대한 충실한 실력, ⑥ 유능한 지도능력과 창조적 역량, ⑦ 넓은 교직적 식견과 사회현상에 대한 이해력, ⑧ 건전한 신체와 강인한 인내심, ⑨ 확고한 인생관, ⑩ 투철한 국가관을 바람직한 교사의 자질로 들고 있으며, 김정한은 미래의 바람직한 교사상으로 ① 단체적 힘을 소유한 교사, ② 역사의식을 갖춘 교사, ③ 인격의 힘을 지닌 교사, ④ 전문적 능력을 갖춘 교사, ⑤ 민중과 같이 호흡하는 교사를 제시하고 있다. 그리고 박용헌은 ① 전공과목 및 일반교양에 대한 지식, ② 지능, ③ 언어적 기술, ④ 적성, ⑤ 인성, ⑥ 건강, ⑦ 수업에의 열의를, 정범모는 ① 적성(흥미), ② 신념, ③ 이론, ④ 예술(기술)을 바람직한 교사의 자질로 제시하고 있다.

정원식 · 이상노 · 이성진은 교사의 자질을 기본태도, 전문적 자질, 인성적 특성으로 분류하고, 기본태도로는 ① 소명감, ② 사랑(가르침을 받는 자에 대한 사랑, 가르치는 일 자체에 대한 사랑, 진리애), ③ 겸허(사람과 역사와 진리 앞에), ④ 개방성을, 전문적 자질로는 ① 교과에 대한 깊은 전문적 지식, ② 좋은 학습지도방법을, 인성적 특성으로는 ① 인성적인 통정, ② 정서적 안정 등을 들고 있다.

이처럼 교사에게는 많은 자질이 요구되지만, 모든 교사가 이러한 자질을 갖추기란 현실적으로 쉽지 않다. 따라서 여기서는 교사의 역할에 따른 필요한 자질과 교사가 길러야 할 특성, 능력, 태도 등의 성향에 따른 자질을 중심으로 살펴보고자 한다.

3.2.2 역할에 따른 교사의 자질

1) 학교에서 필요한 자질

첫째, 학급담임으로서의 자질을 들 수 있다. 학급에서 교사는 학습지도와 생활지도 및 학급경영에 관한 모든 업무를 담당한다. 즉 교사는 학급 내에서 교수–학습을 주도하는 학습주도자일 뿐만 아니라 생활지도 및 상담 등과 같은 학생들의 학교생활 전반에 관계한다.

그러므로 이러한 역할을 담당하기 위해서 교사는 우선 확고한 교육관의 정립이 선행되어야 하며, 계획성과 책임감 및 지도력과 조직력을 비롯한 경영기술이 겸비되어야 한다. 뿐만 아니라 학교교육에 있어서 가장 중요한 요소는 학습지도이므로 교과에 대한 전문지식을 소유하고 있어야 하며, 특히 학습지도방법에 있어서 전문가여야 한다. 즉 수업을 효율적으로 운영하기 위해서는 학생의 동기를 유발하고 효과적으로 강화하는 능력, 학생의 사고를 촉진하는 발문 방법 등의 수업기술에 능통해야 하며, 교육과정과 교과목 및 수업내용에 따른 학습매체의 선정이나 학습기자재의 활용능력도 필요하다.

학생들과 긴밀한 관계를 유지하고 효과적인 생활지도를 위해서는 무엇보다도 학생에 대한 깊은 이해와 사랑이 선행되어야 한다. 문제아나 학급경영에 곤란이 발생하고 난 후 수습책을 모색하거나 상담을 하기보다는 평소 학생들과의 열린 만남을 통하여 학생들의 신상문제나 가정문제, 관심사 등을 파악하고 이해하는 것이 학급경영에 효과적이다. 또한 학급의 분위기는 교사에 의해 주도되는 경우가 많으므로 교사는 학급의 학생들과 친밀한 관계를 유지함과 동시에 학생들을 이끌어갈 수 있는 원만한 인격과 사회성, 공정성 등이 요구된다. 또 교실환경을 쾌적하게 구성하기 위해서는 미적 감각도 필요하며, 교구와 학급비품 등의 관리능력 및 학급의 업무를 관장하기 위한 사무처리 능력도 요구된다.

그러므로 학급담임으로서의 교사의 자질에는 확고한 교육관과 치밀한 계획성 및 기획력, 솔선수범하는 지도력이 선행되어야 하며, 학생들에 대한 이해와 관심 및 해당교과에 대한 전문지식과 능숙한 지도방법(기술)이 요구되고, 이 외에 정리 정돈하는 태도와 학급업무를 처리하기 위한 사무능력 등 다양한 능력이 요구된다.

둘째, 학교에서 필요한 자질로서 학교 구성원으로서의 자질을 들 수 있다. 학교에서 교사는 학교교육과정을 계획하고 운영할 뿐만 아니라, 학교경영에 직접 참여하며, 학내 · 외 행사를 계획하고 주도하기도 한다. 이러한 역할을 수행하기 위해서 교사는 우선 학교에 대한 소속감과 주인의식 및 책임감을 가지고 학교 일에 적극적으로 참여해야 하며, 창의적 문제해결력과 행정적 사무처리 능력도 겸비해야 한다. 특히 학교교육의 효과를 극대화하기 위해서는 교사들 간에 지식과 정보 및 학생지도에 필요한 자료를 공유하고 상호 적극적으로 협력해야 한다.

우리나라의 교육과정이 국가수준에서 고시되고 있지만 구체적인 내용은 지역수준과 학교수준에서 결정하도록 되어 있으므로 교사는 교육과정에 대한 명확한 이해를 통하여 현장수준의 구체적인 교육과정을 구성할 수 있어야 한다. 다시 말하면 교사는 교육과정의 최종 완성자이기 때문에 학교의 제반 여건과 학습자에 대한 충분한 이해를 바탕으로 교육과정을 구성하고 적용할 수 있어야 하는 것이다. 또한 교사는 학내·외 행사를 계획하고 주도해야 하기 때문에 계획성과 기획력 및 행사운영 능력과 융통성 등 다양한 능력이 요구된다. 이처럼 학교에서의 교사는 교육과 교육과정에 대한 넓은 안목 외에 계획성, 지도력, 책임감, 추진력, 문제해결력 등의 자질이 요구된다.

2) 사회에서 필요한 자질

교직의 전문성이 강조되고 있지만, 아직 우리 사회에서의 교사는 사회적 모범인으로서의 역할이 기대되고 있다. 특히 교사는 어린 학생을 가르치고, 그들의 동일시 대상이 된다는 점에서 누구보다도 바람직한 인격자일 것이 요구된다. 교사에게 아동들의 모델이 될 수 있는 인격성이 요구된다는 것은 교사의 역할이나 위상의 변화에 상관없이 앞으로도 끊임없이 교사에게 요구될 가장 중요한 자질 중의 하나라고 할 수 있다. 또한 교사는 기존사회의 지식이나 문화를 전달할 뿐만 아니라 이에 근거하여 새로운 문화를 창조하고 새로운 사회를 열어가는 사회개혁적인 역할을 수행해야 하기 때문에 현대사회에 대한 문제인식과 미래사회의 요구를 예견할 수 있는 자질을 소유하고 있어야 한다. 그러므로 교사는 아동과 해당교과에 대한 전문지식뿐만 아니라 사회와 역사, 문화, 산업구조, 생활양식, 자원문제 등의 문제에 폭넓은 지식을 소유하고 있어야 한다. 또 교사는 국가와 지역사회에 관련된 다양한 정보를 수집하고 이를 활용하여 국가 및 지역사회 발전에 기여할 수 있는 프로그램을 개발하고 운영할 수 있는 능력이 요구된다. 무엇보다도 변화의 촉진자로서의 교사는 국가 및 지역사회를 위해 헌신하고 봉사한다는 애국심과 애향심 및 사회적 봉사정신이 있어야 한다.

결국 교사가 사회의 모범이 되고 사회변화를 주도하기 위해서는 높은 수준의 도덕성과 고귀한 인격뿐만 아니라, 현대사회의 문제를 인식하고 새로운 사회로의 변화를 주도할 수 있는 지도성과 적극성 및 발전지향적이고 미래지향적인 태도가 요구된다고 할 수 있다.

3.3. 바람직한 교사상

바람직한 교사란 어떤 교사인가? 바람직한 교사가 갖추어야 할 자질과 능력이란 대체 무엇인가? 이러한 물음에 답하는 것은 그리 간단한 일이 아니다. 왜냐하면 바람직하다는 가치의 준거 자체가 시대와 장소에 따라, 교육의 입장에서는 교육사조에 따라, 또 개인의 인간관, 세계관에 따라 달라질 수 있기 때문이다. 따라서 여기서는 앞에서 언급한 교사의 역할과 자질에 근거하여 바람직한 교사상을 제시해 보고자 한다.

첫째, 교사는 성선설과 변화관에 근거한 인간관과 교육관을 지녀야 한다. 인간이 선하냐 악하냐의 문제는 여기에서 중요한 문제가 아니다. 중요한 것은 교사가 아동이 선한 존재이며, 무한한 발전 가능성을 지닌 존재로 인식하는 것이라고 할 수 있다. 루소나 페스탈로치 역시 성선설에 근거하여 아동을 무한한 가능성을 지닌 독립된 인격체로 보고, 그 가능성이 계발 가능하다고 보았다. 이처럼 인간이 어떠한 본성을 타고났던 인간의 본성을 변화시킬 수 있고, 능력을 계발시킬 수 있다고 보는 것은 교육이 성립할 수 있는 근거가 된다. 가령 인간 능력의 99%가 유전에 의해 결정되고, 단 1%만이 환경에 의해 결정된다고 할지라도 바로 1%의 가능성에 근거하여 99%의 불가능성을 극복하려는 것이 교육인 것이다. 이처럼 인간을 무한한 가능성을 지닌 존재로 보고, 그 내면에 잠재된 능력을 계발 가능하다고 보는 것이 바로 교육의 출발이다. 또한 교사는 성악설적인 관점에서 인간을 보기보다는 성선설적인 관점에서 인간을 파악하는 것이 바람직하다. 교사가 성선설적인 관점에서 인간을 보면 아동의 선한 본성을 인정할 수 있기 때문에 자율적이고 허용적인 교사가 될 수 있으며, 이때 협조자, 안내자, 촉진자, 도우미로서의 교사도 가능하다.

결국 인간의 선성(善性)에 대한 믿음, 교육에 의한 인간변화의 가능성에 대한 신념이 확고할 때 학생을 사랑하고 가르치는 일에 최선을 다하는 교사가 될 수 있다.

둘째, 교사는 긍정적으로 사고하고 교직을 보람으로 여기는 사람이어야 한다. 아동은 가소성이 매우 크기 때문에 환경의 영향을 절대적으로 받을 수밖에 없다. 특히 아동들의 동일시 대상인 교사의 삶과 인간에 대한 태도, 즉 교사의 행동과 사고는 아동들의 가치관 정립에 큰 영향을 미친다고 할 수 있다. 그러므로 교사가 건전하고 긍정적인 사고를 할 때 아동 역시 건전하고 긍정적인 시선을 지닐 수 있다. 또한 교사는 가르치는 것, 즉 베푸는 것을 즐거움으로 느껴야 한다. 가르치는 교사가 가르치는 일이 즐겁지 못하고 보람으로 느껴지지 않을 때 올바른 교육이 행해질 수 없다. 가르치는 것을 보람으로 느끼는 교사에게서만이 교직에 대한 긍지와 사명감이 우러날 수 있다. 교사는 무엇보다 가르치는 학생의 성장을 보면서 기쁨과 즐거움을 느낄 수 있어야 하고 감사할 수 있어야 한다. 이처럼 교사가 긍정적인 시각으로 가르치는 일에 보람을 느끼고 만족하게 될 때 배우는 아동 역시 만족하고 행복한 생활을 할 수 있다. 다시 말하면 교사가 가르치는 것이 즐겁고 행복할 때 배우는 아이들도 행복할 수 있는 것이다.

셋째, 교사는 인간을 좋아하고 사랑하는 사람이어야 한다. 교육이 인간을 대상으로 하고, 특히 어린 아동들을 대상으로 한다는 점에서 교사는 어떤 직업보다도 인간을 좋아하고 인간에 관심이 많아야 한다. 인간에 대한 관심과 사랑은 곧 오늘날 민주사회에서 가장 소중한 정신인 인간 존엄성으로 연결된다. 인간의 존엄성을 믿고 존귀하게 여기는 마음이야말로 민주적, 도덕적 인격의 바탕이 되며, 건전한 사회를 이루는 원동력이 된다. 이러한 인간에 대한 사랑은 곧 교육애로 직결된다. 이상적인 교육에 대하여 많은 교육학자들이 이론과 사상을 개진해 왔지만 역시 교육에 있어 최고의 기술과 덕목은 인간에 대한 사랑이다. 사랑은 인간을 변화시킨다. 사랑이 없는 교육은 지식전달은 가능할지 모르지만 인간의 정신과 인격을 변화시킬 수는 없다. 위대한 교육학자이면서 실천가였던 페스탈로치의 교육사상 역시 한마디로 요약하면 사랑이라고 할 수 있다. 현대사회가 물신화, 수단화, 비인간화가 될수록, 교육이 과학화, 계량화, 객관화될수록 교육자의 사랑과 열정은 더욱 소중해진다. 이런 점에서 교육자의 사랑은 교육에 있어서 최고의 기술인 동시에 방법이 되는 것이다.

넷째, 교사는 부단히 노력하고, 솔선수범하는 사람이어야 한다. 즉 교사는 아동에 대한 이해와 해당교과의 전문적인 지식뿐만 아니라 품성과 자질, 능력 등을 꾸준히 발전시켜야 하며, 매사에 솔선수범하여야 한다. 아무리 뛰어난 실력을 지닌 교사라 할지라도 오늘날과 같은 지식과 정보가 폭증하고 급변하는 사회에서 탁월한 실력을 유지하기란 쉬운 일이 아니다. 그러므로 교사는 자신의 인격과 지식, 그리고 수업기술을 향상시키기 위해서 끊임없이 노력해야 한다. 특히 교사는 학교에서나 사회에서 지도자의 입장에 있기 때문에 더욱 그러한 태도가 요구된다. 교육하는 사람이 본이 되지 못할 때 교육력은 그 힘을 상실한다. 그러므로 교사는 가르치는 아동들을 이해하고 세대차를 극복하기 위해서, 또 폭증하는 지식과 정보에 대처하기 위해서 부단히 노력해야 하며, 동일시 대상으로서, 사회의 지도자로서 솔선수범하는 삶을 실천해야 하는 것이다. 이런 점에서 교권확립과 교사의 권위를 세우고 존경을 받는 최선의 방법 역시 부단한 연찬으로 자신의 전문성을 향상시키고 인격을 수양하는 것이라고 할 수 있다.

다섯째, 교사는 원만한 인간관계의 소유자여야 한다. 교사는 관리자나 동료교사 및 학부형, 그리고 아동들과도 원만한 인간관계를 유지해야 한다. 특히 아동들과의 관계에 있어서 편애하지 않고 공평하게 일을 처리하는 자세와 아이들의 의견을 끝까지 들어주고 존중하는 개방성과 포용성 등이 요구된다고 하겠다. 또한 평소 아이들뿐만 아니라 동료교사들과 협력하는 자세 등은 아이들의 사회성 발달에 영향을 미칠 수 있으므로 항상 원만하면서도 유연한 태도를 가지는 것이 중요하다.

여섯째, 교사는 해당교과와 교육에 대해 폭넓은 안목과 지식을 갖춘 교육전문가여야 한다. 예나 지금이나 교사에 대한 변함없는 기대는 교사는 가르치는 교과에 대해 해박하고 심오한 지식을 가진 전문가여야 한다는 점이다. 즉 교사가 담당하는 교과에 대한 지식이 부족하고 효과적으로 가르칠 수 없을 때 권위 있는 교사로 학생들 앞에 서기 어렵다. 물론 여기에서 말하는 교사의 지식은 물론 해당교과에 대한 지식뿐만 아니라 아동에 대한 이해, 지식을 효과적으로 전달하는 학습지도 기술, 교육과정, 평가 등의 교육 전반에 관한 지식을 포함한다. 따라서 교사는 교육과정, 교육내용, 교수-학습이론, 교육평가 등에 관한 기본적인 지식과 교재내용, 교과에 관한 통합적인 지식을 지녀야 하며, 수업매체의 선정, 활용방법과 수업설계, 그리고 교육제도 운영이나 교육정책과 같은 교육 일반에 대해서도 충분한 이해를 하고 있어야 한다.

또한 교사는 현재의 사회를 직시하는 안목과 미래사회의 변화를 예측하고 대비하는 능력이 있어야 하며, 학생들이 급변하는 세계 속에서 자신과 사회의 현실을 자각하고 국제화 개방화를 지향할 수 있도록 폭넓은 시야를 가질 수 있는 능력을 길러줄 수 있어야 한다. 그러나 교육 실제에 있어서 교사는 자신의 관점을 지나치게 강요하거나 주입하기보다는 학생들이 세계와 사물을 보는 안목을 기를 수 있도록 도와주는 자세가 필요하다고 할 수 있다.

일곱째, 교사는 진실하고 솔직한 사람이어야 한다. 진실한 교사는 먼저 인간이어야 하고 참 사람이어야 하며, 현재의 그가 아닌 무엇이 되려고 해서는 안 된다. 현재의 그가 아닌 무엇으로 나타내려고 하기 때문에 상투적인 교사의 특징인 독재적, 고정적, 무감각적, 냉소적, 비인간적인 교사가 되는 것이다. 이를 그린버그(Greenberg)는 신화(myth)라고 규정하고 있다(Patterson, 1992 : 147-158). 이러한 신화에는 침착성의 신화, 중용성의 신화, 어린이의 감정을 교사의 감정보다 우선해야 한다는 신화, 모든 아동을 동일하게 취급하고 사랑해야 한다는 신화, 교사의 내적 감정은 숨길 수 있다고 하는 신화 등이 있다. 이상의 신화에 빠져 있을 때 교사는 인간성을 잃게 되고 아동들과 겉도는 관계를 형성할 수밖에 없다.

그러므로 교사는 학생들과 솔직하고 진실한 만남의 관계를 형성할 수 있어야 한다. 이러한 맥락에서 부버(Buber)는 교육을 만남의 차원에서 파악하고 있으며, 볼르노(Bollnow)는 '만남은 교육에 선행한다'고 하였다. 즉 교육 이전에 인간 대 인간의 만남이 선행되어야 만이 참된 교육이 가능하다는 것이다. 특히 정의적 영역의 교육 즉, 인간의 태도, 신념, 가치관 등을 변화시키고, 인간의 영혼을 변화시키는 교육은 참다운 만남의 교육에서만 가능하다.

그런데 이러한 만남의 교육은 서로 진실한 인간관계가 전제되지 않고서는 불가능하다. 그래서 볼르노는 교사가 더 이상 교사로서가 아니라 아동과 같은 한 인간으로 대면할 때만이 참다운 만남이 가능하다고 하였던 것이다. 이처럼 참된 교육은 교사가 학생 앞에 인간 대 인간으로서 진실하고 솔직하게 설 때 가능하다고 할 수 있다.

전통적인 교육관에서는 교사의 권위를 중시한다. 여기서의 교사의 권위는 아동의 존경심에서 우러나는 내적인 권위가 아니라 외적 강압적인 권위라 할 수 있다. 이러한 권위를 상실하지 않기 위해서 교사는 아동 앞에서 가식적이고 권위적인 행동을 당연한 것으로 생각하기도 했다. 그러나 참다운 권위가 강제적이고 강압적인 외적인 권위가 아니라 인간 내면에서 우러나오는 존경심이라고 한다면, 교사는 아동과 진실하고 솔직한 만남의 관계를 형성해야 한다. 또한 교사 자신이 행한 실수나 잘못을 감추고 변명하기보다는 자신의 잘못을 솔직하게 인정할 때 아동들은 교사에게서 솔직하고 정직한 성품을 본받을 수 있을 것이다. 그러므로 교사는 무엇보다 솔직하고 정직한 사람이어야 한다.

여덟째, 교사는 아동을 이해하고 공감하는 교사여야 한다. 학생을 지도하는 교사에게 가장 중요한 전제조건은 아동에 대한 정확한 이해라고 할 수 있다. 즉 효과적인 교육은 아동의 신체적, 지적, 정서적 이해의 기초 위에서만 성립 가능하다. 따라서 교사가 아동을 지도할 때 무엇보다도 지도하는 아동의 가정환경이나 심리상태, 신체적 결함, 관심사 등의 문제에 대한 이해가 선행되어야 한다. 특히 교사는 아동의 입장에서 아동을 생각해 주는 공감적 입장이 되어야 한다. 왜냐하면 아동의 입장에서 사태를 볼 때만이 그 아동의 현재의 감정이나 상황을 잘 이해할 수 있기 때문이다. 교사의 공감성은 학생의 감정, 즉 분노, 원한, 공포, 경외, 좌절, 기쁨 등에 대해서 경청하고 반응하는 것이다. 교사가 학생의 세계에 대해서 주의 깊게 듣고 학생이 경험하고 있는 감정을 식별하게 되면 학생은 자기 자신에 대해 보다 더 경청할 수 있게 된다. 공감에 있어 중요한 것은 교사가 학생의 말을 듣고 비판하고 판단하기보다는 이해하고 수용하는 태도라고 할 수 있다. 왜냐하면 교사의 비판이나 판단이 학생들로 하여금 자신을 반성하는 기회로 삼기보다는 보다 부정적으로 인식하고 수용하게 하는 원인이 될 수도 있기 때문이다. 따라서 교사는 진심으로 학생을 이해하고 공감하게 될 때 학생과 열린 관계 형성이 가능하며, 이러한 학생과의 관계는 생활지도뿐만 아니라 지적 학습에 있어서도 좋은 결과를 얻을 수 있다는 것을 이해하고 교육에 임하는 것이 중요하다고 할 수 있다.

아홉째, 교사는 신체적으로 건강해야 한다. '건강한 신체에 건강한 정신이 깃든다'는 말처럼 건강한 교사라야 건강한 사고가 가능하고 긍정적이고 낙관적인 인생관을 가질 수 있다. 물론 건강하지 못하거나 신체적 결함이 있음에도 불구하고 훌륭한 교사들도 많이 있지만 교직이 학생들을 대상으로 하는 직업이라는 점에서 또 교사라는 직업이 신체적인 결함을 가지고는 수행할 수 없을 정도로 육체적, 정신적으로 고된 활동이라는 점에서 교사의 건강은 매우 중요하다. 결국 교사 자신의 심신이 건강해야 아동을 위해 헌신하고 봉사하며 열정적으로 사랑할 수 있기에 교사의 건강 역시 바람직한 교사의 중요한 조건 중의 하나가 된다.

지금까지 바람직한 교사상을 제시하였다. 그러나 현실적으로 교사가 이러한 바람직한 교사가 되기란 쉽지 않다. 그러므로 중요한 것은 교사 각자가 자신의 자질과 능력을 분명하게 인식하고 좀 더 나은 교사가 되기 위해 노력해야 한다는 점이다.

제4장

교원의 권리와 의무

4.1. 교원의 신분과 지위

신분은 직업이나 집단의 특성에 따라 사회적 규범 혹은 법률에 의해 구분되는 계급 또는 계층을 의미한다. 지위는 특정 신분집단 또는 직업군이 갖는 위세(prestige)나 위상으로서, 그 상대적 가치나 선호에 대한 사회적 평가가 반영된 개념이다. 법률은 사회적 규범의 최소한이라는 의미에서, 교원의 법적 권리와 의무는 본질적으로 교원의 지위 즉, 사회적 신뢰, 명예, 존경, 경제적 가치에 대한 평가를 반영하게 된다.

교원의 신분과 지위에 대해서는 헌법, 교육기본법, 유아교육법, 초·중등교육법, 고등교육법, 사립학교법, 국가공무원법, 교육공무원법, 교원의 노동조합 설립 및 운영 등에 관한 법률, 교원지위 향상을 위한 특별법 등에 규정되어 있다. 교원의 신분과 지위는 교육공무원(공직자), 근로자, 교육전문가, 스승으로서의 지위로 구분하여 설명할 수 있다.

① **교육공무원(공직자) :** 교육공무원으로서의 신분은 국민 전체에 대한 봉사자임을 강조한다. 헌법 제7조 제1항은 '공무원은 국민 전체에 대한 봉사자이며, 국민에 대하여 책임을 진다.'고 밝히고 있다. 교육공무원법 제1조는 '교육을 통하여 국민 전체에 봉사하는 교육공무원'에 관한 특례를 정함을 목적으로 삼고 있다. 사학교원은 공무원 신분은 아니지만 자격과 복무 등에 대해 교육공무원에 관한 규정을 준용토록 하고 있으므로, 국민 전체에 대한 봉사자로서의 공직자임은 다르지 않다. 따라서 교원은 학생 및 학부모의 지역, 종

교, 계층 등에 관계없이 동등하게 대하고 교육할 책임과 의무를 지게 된다(이윤식 외, 2008 : 339).

② **근로자 :** 교원도 근로의 대가로 임금을 받는 근로자로서의 법적 지위를 갖는다. 신분의 보장과 적정한 보수지급, 양호한 교육활동의 조건을 제공해 주도록 요구할 수 있는 권리와 함께 이에 상응하는 의무를 지게 된다. 헌법 제33조 제2항에서는 공무원인 근로자도 법률이 정하는 바에 따라 단결권, 단체 교섭권, 단체행동권을 가질 수 있음을 규정하고 있는데, 교원에 관해서는 교육기본법(제15조) 및 교원지위 향상을 위한 특별법(제11조)과 교원의 노동조합 설립 및 운영 등에 관한 법률에서 교원단체 및 교원노조의 결성권과 교섭권을 보장하고 있다.

③ **교육전문가, 스승 :** 교육전문가로서의 지위에 대해서는, 헌법 제31조 제4항의 '교육의 자주성과 전문성 보장' 규정에서 찾을 수 있고, 교육기본법(제5조, 제14조)에서도 '교육의 자주성과 전문성 보장', '교원의 전문성 존중과 지위 우대'를 규정하고 있는 데서 찾을 수 있다. 교육공무원법(제37조, 제42조), 교원지위 향상을 위한 특별법 등에서도 이러한 규정을 두고 있다.

교육전문가와 스승의 지위에 관한 법 규정을 엄밀히 구분하기는 어렵지만, 인격의 표상이자 국민의 사표(師表)로서의 스승의 지위를 강조하고 있는 규정으로서는, 교원지위 향상을 위한 특별법 제2조를 들 수 있다. 여기서는 "국가, 지방자치단체, 기타 공공단체는 교원이 사회적으로 존경받고 높은 긍지와 사명감을 가지고 교육활동을 할 수 있도록 여건을 조성하고, 교원의 학생교육과 지도를 함에 있어 권위가 존중되도록 특별히 배려하며, 주관하는 행사 등에 있어 교원을 우대하고 교원이 교육활동을 원활하게 수행할 수 있도록 적극 협조할 것"을 정하고 있다. 이러한 규정은 교육전문가로서의 지위를 넘어 사회적 존경 대상으로서의 스승의 지위를 반영하고 있다고 볼 수 있다.

4.2. 교권

4.2.1. 교권의 개념

교권은 흔히 교육자의 권리를 지칭하는 말로 사용된다. 그러나 넓은 의미에서의 교권은 교육받을 권리와 교육할 권리를 모두 포함하는 개념이다. 여기에는 교원의 권리뿐만 아니라 학생이나 학부모의 교육받을 권리 그리고 국가사회의 학생교육에 관한 조제(造制)와 조성(組成)에 관한 권리까지 포함된다. 달리 표현하면 ① 수익권으로서의 교육권, ② 친권적 교육권, ③ 수탁권으로서의 교육권, ④ 제4권으로서의 교육권 등으로 구분할 수 있다. 우선 수익권으로서의 교육권은 모든 국민이 헌법에 명시된 바와 같이 능력에 따라 균등하게 교육받을 수 있는 권리를 의미하며, 친권적 교육권은 자연법적 권리로서 부모가 자녀를 교육할 수 있는 권리이다. 그런데 부모는 자녀에 대하여 교육을 받게 할 권리와 해야만 하는 의무(의무교육)를 동시에 가지고 있으므로 친권적 교육권은 권리인 동시에 의무이다. 또한 위탁권으로서의 교육권은 교사가 국가사회의 공공기관 및 부모로부터 교육할 권리를 위탁받았기 때문에 자유롭게 교육할 권리를 가지는 것을 말하며, 제4권으로서의 교육권은 국가나 지방공공단체가 행하는 교육행정 기능의 정치적 중립성 보장, 부당한 외부로부터의 지배나 간섭의 배제, 그리고 일반 행정에 대한 교육의 우위성을 사법권의 독립에 준해서 이룩하려는 것으로 교권 독립론이라고 할 수 있다.

이와는 달리 좁은 의미에서의 교권은 교육자의 권리를 의미한다. 이러한 교육자의 기본적 권리로는 ① 일반 행정 당국으로부터 교육당국의 독립, ② 전문가로서 자유로운 교육의 권리, ③ 교육과정의 제정 및 운영에의 참여, ④ 부당한 지배로부터의 자유, ⑤ 교육학의 학문적 자유, ⑥ 자주적인 단체결성 등을 들 수 있는데(Wilson 외, 1971), 이것으로 보아 여기서의 교권은 교육 청구권의 권리라기보다는 교육을 행하는 주체인 교육자의 권리를 말한다. 이렇듯 통상적인 의미에서의 교육권은 교육자의 권리를 의미한다. 오늘날은 교권을 교육받을 권리와 교육할 권리를 포함하는 광의의 교육권의 의미보다는 교육자의 권리(teacher's right)를 원하는 좁은 의미로 파악하려는 경향이 짙은 것 같다. 이러한 교육자의 권리는 교사가 학생의 교육에 관하여 가지는 법률상으로 보장된 권리임은 명백하지만 일반적으로는 보다 광범위한 개념으로서 교사의 권위(authority)를 의미한다.

그러나 교권을 어떻게 규정하든지 간에 교권은 그 자체로는 의의를 가질 수 없고 '교육에 대한 관'과의 관계에서 교권의 의미나 의의가 설정될 수 있을 것이다. 이종재에 의하면 교권은 교육의 가치와 교육의 본질에 대한 생각과 관련될 때 그 자체의 가치와 의의를 지닌다기보다는 교육을 위한 수단적 성격에서 교권의 뜻이 규정된다는 것이다(이종재, 1983). 다시 말하면 권위는 개인이 주관적·독단적으로 결정하고 행사하는 지배력으로서의 권위가 아니라 상대 주체가 스스로 인정하고 수용하고자 하는 교육적 영향력을 의미한다. 그러므로 이러한 권위로서의 교권이 성립하기 위해서는 반드시 교사의 윤리성이 전제되어야 한다. 이러한 의미에서의 교권은 보수, 신분보장, 품위와 인격, 예우 및 존경 등을 망라하는 광범위하고 포괄적인 개념이다(김종서, 1983).

결론적으로 교권은 전문직으로서 교육에 종사하는 교육자들이 책임과 의무를 수행할 수 있도록 교육 및 연구활동의 자율성을 보장하고, 신분과 생활의 안정 및 사회적 인정과 존경 등의 제반 조건에 대한 교육자의 권리라고 할 수 있다. 즉 교권은 법률로 규정되어 있는 교원의 신분보장과 직업인으로서의 권리와 함께 사회적 인정과 예우에 관한 교원의 권위를 포함하는 개념이라고 할 수 있다.

4.2.2. 교사의 권위

시대를 막론하고 교사가 아동에게 미치는 영향은 매우 크다. 교육은 가치의 기업인 동시에 도덕적 기업이므로 교육을 담당하는 교사의 교육력은 도덕성이 전제되어야 만이 가능하다. 왜냐하면 교사의 생활을 지배하고 특징짓는 총체는 그대로 학생의 생활과 인간성에 미치는 환경이며,

또한 '가치체계'이기 때문이다. 그런 의미에서 교사는 교육받는 아동의 가장 영향력 있는 환경이며, 가장 결정적인 가치체제가 된다. 교사가 가지고 있는 교육력은 교사의 신념과 능력, 행동의 여하에 따라서 그것은 생산적 혹은 건설적인 것일 수도 있고, 낭비적 혹은 파괴적일 수도 있다. 즉 무능한 교사 혹은 도덕적으로 무장되지 못한 교사의 영향은 단순히 교육의 효율성을 감소시키는 조건으로만 작용하는 것이 아니라 인간성의 파괴를 초래하기도 한다. 이러한 측면을 훅(Sidney Hook)은 "한 학생의 생애를 파멸시키는 데는 오직 한 사람의 교사이면 족하다."고 하였다(Sidney Hook, 1969).

이처럼 교사가 자신의 가치체제를, 자신이 가지고 있는 교육력을 행사하면서 아동에게 명시적으로 전달하거나 묵시적으로 영향을 줄 수 있는 것은 자신에게 주어진 혹은 스스로 형성한 '권위'에 의한 것이다.[1] 예컨대 교육의 과정에서 피교육자가 인정하고 수용하고자 하는 교육적 권위로서의 교권은 교육이 성립하기 위한 필요조건이라고 할 수 있다.

베버(Max Weber)는 대규모 조직체의 일반적인 형태로서 관료제 조직(bureaucratic organization)에 관해서 논의하는 가운데 조직체의 관리를 위해서는 권위와 통제가 필수 불가결한 것임을 강조하였다. 그에 의하면 통제의 기초가 되는 권위에는 카리스마적 권위(charismatic authority), 전통적인 권위(traditional authority), 합리적인 권위(rational authority)의 세 가지가 있다고 하였다(Max Weber, 1947).

카리스마적 권위란 그 권위를 가진 사람이 신으로부터 부여받은 어떤 초능력적인 힘을 가졌다고 보는 것이며, 전통적인 권위란 오랜 사회의 전통과 관습에 의하여 특정한 위치에 있는 사람에게 그러한 권위가 당연한 것으로 인정받는 권위이다. 그리고 합리적 권위란 정당한 법적, 제도적 근거에 의거하여 인정되는 합리적이며 합법적인 성격의 권위로서 현대사회에서 가장 요청되는 권위라고 할 수 있다. 그러나 이 세 가지 유형의 권위는 순수 모형의 개념구분을 표시할 뿐 실제로는 세 가지 형

1) 여기서의 권위는 권위주의와는 구별되어야 한다. 권위주의는 지도자적 위치에 있는 사람이 권위를 스스로 주장하면서 자신의 신념이나 지식이나 행위에 대한 도전을 거부하는 사고방식이나 태도를 말한다.

태의 권위가 서로 연관된 요인으로 구성되어 있으며, 혼재된 상태로 존재한다고 할 수 있다.

현대사회에 가장 일반적인 권위로 인정되는 합리적 권위를 구성하고 있는 요인은 내재적 요인과 외재적 요인으로 구분된다(서정화, 1994). 또한 이돈희는 교사의 권위를 제도적 권위, 지적 권위, 기술적 권위로 구분하고 있다(이돈희 외, 1999). 여기서는 이러한 구분에 근거하여 교원의 권위를 교사 자신으로부터 기인하는 내적 권위와 외부로부터 주어지는 외적 권위로 구분하여 설명하고자 한다.

우선 내적 권위는 교사 스스로가 갖추어야 할 조건이며, 그가 선천적으로 타고난 것이든지 또는 후천적으로 습득한 것이든지 간에 교사 자신에게 내재하고 있는 능력과 자질을 말하는 것이다. 이러한 내적 권위는 지적 권위와 기술적 권위로 구분할 수 있다.

첫째, 교과지식의 탐구 및 지적 판단의 능력을 소유한 것으로 인정되는 권위가 지적 권위이다. 교사의 지적 권위는 교사가 받은 교육의 정도와 교사에게 요구되는 자질의 일반적 기준을 근거로 주어지는 것으로, 특정한 개인으로서의 교사에게 적용된다기보다는 '교사'라는 사회적 신분을 소유한 교사 일반에 관한 권위이다. 이것은 교사는 일정한 자격증을 소지하고 교직에 종사하도록 허용된 사람으로서 교사는 적어도 어떤 지적인 기준을 만족시키는 권위의 소유자여야 한다는 것이다. 교사의 지적 능력은 학문적 지식, 학문탐구의 능력, 그리고 진 · 선 · 미에 대한 가치판단 능력을 포함한다. 즉 교사는 가르치는 교과에 대한 충분한 지식과 그 분야의 새로운 경향뿐만 아니라 그 분야와 관련한 기초지식을 구비하고 있어야 한다는 것이다. 또한 교사는 자기가 가진 지식이 어떤 과정을 통하여 획득된 것이며, 어떤 근거에 의해서 타당하며, 다른 지식과 어떤 관계에 있는가도 알아야 한다. 이러한 지적인 교사의 권위는 일반 사회에 의해서는 객관적 권위로 인식되지만 학생에 의해서는 주관적 권위로 인식된다. 즉 학생들은 교사의 지적 권위를 인식할 때 자기보다 유능하며, 많이 알고 옳게 판단할 수 있는 권위로 대한다는 의미에서 주관적이다. 따라서 이때의 교사의 지적 능력은 그가 가진 지식과 가치판단의 능력이기 쉬우며, 교사는 바로 학생의 이러한 무언적 압력에 지배되어 백과사전식의 박식한 교사로 행동하려고 한다. 박식한 교사가 유능한 교사일 가능성은 많으나 교사에게 있어서 더 중요한 것은 박식 그 자체보다 해당분야의 지식을 탐구하는 원리와 방법을 잘 이해하고 적용하는 일이다.

이러한 교사의 지적인 권위도 오늘날 학부모들의 학력이 향상되면서 서서히 약화되고 있는 실정이다. 따라서 교사는 자기 교과나 가르치는 아동에 대한 자기 스스로의 연구도 필요하지만 가능하다면 대학원 등의 진학을 통한 학력신장도 지적인 권위를 유지하는 한 방법이라고 할 수 있다.

둘째, 교육의 방법에 능한 것으로 인정되는 기술적 권위이다. 기술적 권위는 교사는 일반인과는 달리 전문적 자질을 가진 전문가라는 관점이다. 따라서 교사는 교육의 목적을 정확히 이해하고 해석하며, 이에 따라서 적절히 교육의 내용을 선택하고 조직할 줄 알며, 지식을 효과적으로 가르칠 줄 안다는 것이다. 특히 교사는 자신이 알고 있는 해당분야의 지식을 학생들이 쉽게 이해하도록 가르칠 수 있는 기술을 소유하고 있어야 한다. 요즘은 대부분의 학부모들이 대학 정도의 학력을 소지하고 있기 때문에 지적인 측면에 있어서는 학생들을 가르칠 수 있는 수준에 있다고 할 수 있지만 이것을 효과적으로 전달하는데 있어서는 문제를 가지고 있는 경우가 많다. 교사의 기술적 권위는 이러한 관점에서 지적인 권위와는 구분되는 전문가로서의 권위이다. 이처럼 교육의 과정에서 피교육자가 인정하고 수용하고자 하는 교육적 권위는 교권의 확립을 위한 필요조건이라고 할 수 있다.

다음으로는 교사의 외적 권위를 들 수 있다. 이것은 교사들의 외부에서 작용하는 요인으로 교육의 제도, 정책 등은 물론 사회·문화적인 관습이나 분위기 같은 것도 포함한다. 즉 교사에 대한 사회적 존경과 예우, 경제적 처우와 우대의 정도, 신분보장이나 자율성의 부여 등과 관련되는 것으로 제도적 권위를 들 수 있다.

제도적 권위는 교사가 사회적 기구인 학교의 제도적 조처로 부여받은 권위에 의해서 학교생활에서 통제적 역할을 행사한다. 여기에서의 권위는 모종의 규범적 질서가 있어서 그것을 항구화시키려는 것을 상정하고 있다. 입법자, 재판관, 심판관, 지휘관, 경찰관, 성직자 등은 권위의 전형적인 예들이다. 이러한 권위는 사람들에게 결정, 공포, 심판, 명령, 선언의 권한을 부여하는 절차의 규칙이 있는데, 여기에서 제도적 권위와 관련하여 교사유형을 구분해보면 전제적 교사와 민주적 교사, 자유방임적 교사로 구분할 수가 있다.

권위주의적인 전제적 교사는 제도적으로 주어진 권위를 교육의 중요한 방법적 원리로 생각한다. 이러한 교사는 학교생활에서 단지 경찰의 역할만을 하는 정도가 아니라 자신의 통제권을 교육의 전 장면에서 행사하려고 한다. 이와는 달리 민주적 교사는 학교에서의 질서유지는 언제나 교육적 조처를 수반하지 않으면 안 된다고 보고 학교사회의 질서유지를 위해서 가해지는 제재 혹은 징벌을 학생으로 하여금 규칙에 관해서 합리적으로 이해할 수 있게 하면서 그 규칙의 준수를 생활화하기 위한 목적으로 징계가 가해져야 할 것이라고 주장한다. 한편 자유방임적 교사는 어떤 형태의 제재나 징벌도 비도덕적이며, 비교육적이라고 생각하지만 이러한 사고는 자칫 현실생활과 유리된 학교생활이라는 결과를 초래할 수가 있다. 우리나라의 경우 지금까지는 제도적 권위가 어느 정도 유지되었으나 급변하는 사회와 지식과 정보의 폭증으로 인해 전통윤리와 가치가 붕괴되면서 학교와 교사의 제도적 권위가 붕괴되고 있다.

이 외에 교사의 권위와 관련되는 요인으로는 교사의 윤리성과 학생들의 심리적 경향성을 들 수 있다. 윤리란 인간이 다른 사람과 더불어 살아가는데 인간관계·사회관계 속에서 지켜야 할 것으로 기대되는 규범이다. 다시 말하면 교사가 그 직무수행과 관련하여 스스로 또는 관련된 다른 사람들에 대하여 지켜야 할 것으로 기대되는 사회적 규범을 의미한다. 특히 교사는 사회적 모범인으로서, 아동의 동일시 대상이 되기 때문에 교사가 윤리나 도덕성에 있어서 결함을 보이게 되면 교사로서의 기본적·본질적 요건을 상실한 것이라고 할 수 있으며, 결국 교육력을 상실하게 된다.

아울러 교사의 권위에 영향을 미치는 요인으로는 학생들이 교사의 권위를 인정하고 그것을 권위로서 받아들이려는 태도인 심리적 경향성이 중요하다. 왜냐하면 권위란 그것을 받아들이는 측에서 그것을 인정하고 수락하는 경우에만 권위로서 성립되기 때문이다.

결국 교사의 권위는 교사 자신의 내적인 능력과 자질에 기인하는 내적 권위뿐만 아니라 법적, 제도적·정책적 제 조건에 의해서 크게 영향을 받는 외적 권위로 구분할 수 있다. 그러나 교사의 권위는 교사의 권위형성에 작용하는 내·외적 요인과 교사 자신의 윤리성 및 학생들의 심리적 경향성과 상호 연관되어 있기 때문에 어느 한 가지라도 결함이 있으면 그것은 치명적인 타격을 받게 되어 권위의 실추를 초래할 수밖에 없다. 그러므로 교사가 권위를 유지하고 확립하기 위해서는 교과지식과 수업기술에 관한 부단한 자기 연찬을 통하여 전문성을 신장하고 엄격한 자기관리를 통하여 학생과 사회의 모범이 되도록 해야 한다. 또한 국가·사회적인 측면에서는 교권을 확립하기 위한 법적, 제도적 장치를 정비하고 교원 존중 분위기를 조성해야 할 것이다.

4.3. 교원의 권리

교원의 권리는 헌법, 교육기본법, 유아교육법, 초·중등교육법, 고등교육법, 국가공무원법, 교육공무원법, 사립학교법, 교원지위 향상을 위한 특별법에 근거하고 있다. 이러한 법적 근거에 비추어볼 때 교원의 권리는 교육권의 본질적 내용에 해당되는 교육할 권리, 교원이라는 신분에 따라 주어지는 신분상의 권리와 재산상의 권리로 나눌 수 있다(손희권, 2008).

우선, 교육할 권리는 학교교육에서의 교육과정의 편성권, 교과서 작성권, 교재의 채택·선정권, 교육방법의 결정권, 교육 평가권, 학생지도권 등으로 설명되고 있다. 이러한 영역은 교육활동의 본질적 측면이자 전문적인 사항에 해당되는 것으로 교육전문가인 교원에 의해 일정 부분 통제될 수 있어야 함을 함의하고 있다. 물론 이것을 교원만이 독점적으로 행사하는 배타적 권리라고 하기는 어렵다. 국가, 학교 설치자, 학부모도 제한적으로 권한을 갖고 참여할 수 있는 것이다. 다만 학부모가 결정적으로 개입하는 것은 교육의 전문성을 해칠 개연성이 크고, 학생에게 질 높은 교육을 하는데 방해가 될 수 있으므로 법적 다툼과 이에 따른 제재가 가해질 수 있는 것이다. 한편 교육할 권리로서의 교원의 교육권은 교원의 신분과 사회 · 경제적 지위가 안정적으로 보장될 때 힘을 발휘할 수 있을 것이다. 이러한 차원에서 교원의 신분에 따른 권리, 재산상의 권리가 인정되고 있다.

4.3.1. 교육할 권리

① **교육과정 결정 및 편성권 :** 교육활동의 핵심인 교육내용을 결정하고 편성할 수 있는 권한이다. 초 · 중등교육법 제23조는 학교가 운영할 교육과정의 기준과 내용에 대한 기본적 사항은 교육과학기술부장관이 정하며, 이 범위 안에서 교육감이 지역실정에 적합한 기준과 내용을 정할 수 있도록 하고 있다. 따라서 교원의 교육과정 결정 및 편성권은 시 · 도교육감이 학교에 위임한 권한의 범위 안에서 제한적으로 행사할 수 있다.

② **교재의 선택 및 결정권 :** 초 · 중등교육법 제20조에서는 초 · 중등학교 교과서의 국정 및 검 · 인정제도를 두고 있어, 교원의 교재선택 및 결정권은 제약이 따른다. 즉 교원 개인의 교과서 작성 및 발행권은 인정되지 않고, 교원이나 일반 국민이 교과서를 작성하여 국가의 검 · 인정을 받는 경우와 국정으로 되어 있는 교과서만을 사용할 수 있다. 대통령령으로 된 교과용 도서에 관한 규정이 있다.

③ **교육내용 및 방법 결정권 :** 교원이 교실에서 수업할 때 구체적 내용을 선택할 권리인데, 우리나라 초 · 중등교원에 있어서는 매우 소극적으로 인정되고 있다는 것이 통설이다. 교육대상인 학생의 비판능력이 성숙되지 못한 상태이고 교사의 영향력이 매우 크다는 점, 교육의 기회균등이라는 차원에서 전국적으로 일정한 수준을 확보할 필요가 있다는 점 등에서 초 · 중등교원에게 완전한 교수활동의 자유를 인정하기는 어렵다고 본다.

④ **성적 평가권 :** 평가는 학교교육 활동에서 불가결한 요소이다. 성적평가는 정해진 교육목표에 대한 학생들의 성취도를 평가하고, 교원

자신의 교육활동에 대한 점검의 계기가 된다. 교원의 성적 평가권은 비교적 독립적으로 인정되고 있다고 볼 수 있지만, 이에 상응하는 강한 도덕적 책무가 부과된다. 평가는 객관적이고 중립적인 절차와 방법으로 행해져야 하며, 교사의 성적 조작 등에 대해서는 더욱 엄격한 법 적용이 이루어지고 있다.

⑤ **학생지도 및 징계권 :** 학생에 대한 징계는 학교에서 교육상 필요하다고 인정되는 경우 부과되는 제재이다. 여기에는 단체기합, 체벌, 등 사실행위로서 행해지는 것과 정학, 퇴학 등 학생 신분 및 지위의 변화가 따르는 것을 포함한다. 초·중등교육법 제18조는 학교의 장이 교육상 필요한 경우 법령과 학칙이 정하는 바에 의하여 학생을 지도 또는 징계할 수 있도록 하고 있다. 동법시행령 제31조는 징계의 종류로 학교 내 봉사, 사회봉사, 특별교육 이수, 퇴학처분 등을 정하고 있으며, 체벌은 교육상 불가피한 경우 제한적으로 허용하고 있다. 체벌이 정당한 행위로 인정되려면 체벌의 방법, 정도 등이 사회 통념상 비난의 대상이 될 만큼 사회상규를 벗어나지 않아야 한다(대법원, 1987.3.14. 판결 78도 203).

4.3.2. 신분상의 권리

① **신분 및 직위보유권 :** 법령이 정하는 사유와 절차에 의하지 않고는 교원의 신분과 직위를 박탈당하지 않을 수 있는 권리이다(국가공무원법 제68조, 교육공무원법 제43조).

② **직무집행권 :** 교원은 담당 직무의 집행을 방해당하지 아니할 권리를 가진다. 교원의 정상적인 업무수행이나 교육 및 연구활동을 방해할 경우에는 '공무방해죄'가 성립될 수 있다. 직접적인 근거조항은 없으나, 교육기본법 제12조의 "학생은…… 교원의 교육·연구활동을 방해해서는 안 된다." 등에서 유추가 가능하다.

③ **재심청구 및 행정쟁송권 :** 교원이 징계처분 기타 의사에 반하는 불리한 처분을 받은 경우, 그것을 안 날로부터 30일 이내에 교육과학기술부에 설치된 교원소청심사위원회에 재심을 청구할 수 있고, 동

위원회의 결정서를 송달받은 날로부터 60일 이내에 행정소송법이 정하는 소송을 제기할 수 있다. 교원소청심사위원회의 결정은 처분권자를 기속한다(교원지위 향상을 위한 특별법 제10조).

④ **의사에 반한 신분조치를 당하지 아니할 권리 :** 교원은 법령이 정하는 사유와 절차에 의하지 아니하고는 휴직 · 강임 · 면직 등 신분조치를 당하지 아니할 권리가 있다. 다만 사학교원의 경우 학급 또는 학과의 개폐에 의해 폐직이나 과원이 된 때나, 조건부 임용교사의 경우에는 예외로 되어 있다(교육공무원법 제43조, 사립학교법 제56조, 교원지위 향상을 위한 특별법 제6조).

⑤ **권고사직을 당하지 아니할 권리 :** 교원은 권고 또는 강요에 의해 사직당하지 않을 신분상의 권리를 갖는다(교육기본법 제14조, 교육공무원법 제43조). 따라서 권고 또는 강요에 의한 사직임을 증명할 경우 무효의 판결을 받을 수 있다.

⑥ **불체포특권 :** 교원은 현행범인 경우를 제외하고는 소속 학교장의 동의 없이 학교 안에서 체포되지 않는 특권을 가진다. 불체포특권은 국회의원과 선거관리위원회의 위원 그리고 교원에게만 특별히 인정되는 권리로서, 교원의 신분상의 보장뿐만 아니라 교육기관으로서의 학교의 불가침성 및 교원의 교육활동의 자율성을 보장하기 위한 것이다(교원지위 향상을 위한 특별법 제4조, 사립학교법 제60조).

⑦ **처분사유설명서 교부권 및 후임자 보충발령의 유예 :** 교원이 징계처분을 받을 때는 처분사유설명서를 교부받을 권리가 있고, 그 처분에 대한 불만으로 소청심사를 청구할 경우, 그 최종 결정 때까지 후임자 보충발령을 유예받을 권리가 있다. 징계처분이 취소될 경우 신분을 안정적으로 원상회복시킬 수 있도록 하기 위한 조치이다(국가공무원법 제76조, 교육공무원법 제53조, 교원지위 향상을 위한 특별법 제9조).

⑧ **교직단체 결성권과 교섭 · 협의 및 단체 교섭권 :** 교원은 교육진흥과 문화창달 그리고 경제적 · 사회적 지위향상을 위해 중앙과 시 · 도 단위로 교원단체를 결성할 수 있으며, 각각 교육과학기술부장관 및

시·도교육감과 교섭·협의할 수 있는 권한을 갖는다(교육기본법 제15조, 교원지위 향상을 위한 특별법 제11조 내지 제13조). 또 교원노동조합을 결성하고 교육과학기술부장관 및 시·도교육감 그리고 사학법인연합회와 단체 교섭할 수 있는 권한을 가지고 있다(교원의 노동조합 설립 및 운영 등에 관한 법률).

4.3.3. 재산상의 권리

① **보수청구권 :** 교원은 직무의 곤란성 및 책임의 정도와 재직기간 등을 고려하여 직책별 또는 계급별·호봉별로 지급하는 봉급 및 각종 수당을 받을 권리가 있다. 직무수행의 대가라는 측면에서 당연한 권리이지만 그 수준은 교원의 경제적 지위의 기초가 된다는 점에서 의의가 있다(공무원보수 규정, 공무원수당 규정).

② **연금청구권 :** 교원은 교원 및 그 유족의 생활안정과 복지향상을 위하여 마련된 연금제도상의 다양한 급여를 받을 권리가 있다. 보수청구권과 함께 퇴직 후의 생계보장 장치로서의 연금청구권은 교원에게 일생에 걸쳐 생계를 보장하는 만큼 맡은 직무에 전념해야 한다는 의무를 유발시킨다(공무원연금법, 사립학교교직원연금법).

③ **실비변상 청구권 :** 교원은 직무수행상 공적으로 소요된 비용에 대해서는 실비 변상을 받을 수 있는 권리가 있다(국가공무원법 제48조).

또 다른 관점에서 교원의 권리는 적극적 권리와 소극적 권리로 구분한다. 적극적 권리는 교직이 전문직으로서 활동할 수 있는 여건 조성에 관련된 전문적 권리로서, 자율성의 신장, 생활보장, 근무조건 개선, 복지후생제도 확충 등이 있다. 소극적 권리는 신분보장, 교권침해 방지 등을 포함하는 주로 법규적인 권리로서 신분보장, 쟁소제기권, 불체포특권, 교직단체 활동권 등이 있다(이윤식, 2007).

4.3.4. 적극적 권리

1) 자율성의 신장

전문직에는 그 직업활동에 따른 전문적 권위가 수반된다. 또 사회는 전문직에 종사하는 사람들이 전문적인 능력을 최대한 발휘할 수 있도록 여건을 조성해 주어야 한다. 왜냐하면 전문직에 종사하는 사람들이 그들의 전문성을 발휘할 수 있기 위해서는 그들이 전문적인 식견에 의해 스스로 판단하고 또 전문직으로서 그들의 능력을 유감없이 발휘할 수 있는 자율성이 전제되어야 하기 때문이다.

현행 헌법 29조 4항에 의하면 교육의 자주성 및 정치적 중립성과 전문성이 보장되어 있는데 이것은 교육활동이 정치 등 기타 외부의 영향으로부터 독립하여 교육자의 판단에 따라 자율적이면서 창의적으로 행해져야 함을 의미하는 것이다. 그런 점에서 교사의 자율성은 필연적인 것이며 전문직으로서의 권위 또한 인정되어야 한다. 이처럼 교직이 전문직으로 인정받기 위해서 가장 중요한 것이 교수(teaching)와 연구활동이다.

2) 생활보장

인간에게 있어 기본적인 욕구 중의 하나는 안전의 욕구라고 하겠다. 교사도 가정을 가지고 사회생활을 영위하는 평범한 인간의 한 사람이기 때문에 안정된 생활기반이 필수적인 것은 틀림없는 사실이다. 어느 직업이든지 간에 그 직업에 종사하는 사람이 직무에 충실하기 위해서는 안정된 생활기반이 필수적이다. 그럼에도 지금까지 교사에 대한 처우가 미흡했던 것은 오늘날 교육의 수준과 교사의 질적 저하에 영향을 미쳤을 것임은 분명하다. 따라서 교육의 수준을 높이고 교사의 질적 수준을 향상시키기 위해서는 교육에 대한 과감한 투자와 교사에 대한 획기적인 처우개선이 절실하다.

교육기본법 제4조의 교원의 경제적 · 사회적 지위는 우대되어야 한다는 규정과 교육공무원법 제34조의 교육공무원의 보수는 우대되어야 한다는 규정은 국가나 사회가 교육과 교사의 중요성을 인식하고 타 직종보다 우대해야 한다는 정신이라고 할 수 있다.

3) 근무여건 개선

교원이 전문직으로서 교육활동에 전념할 수 있도록 하기 위해서는 적절한 근무여건이 보장되어야 한다. 일의 성취와 능률을 극대화하기 위해서는 어떤 직종이든지 간에 해당 직종에 만족스럽게 봉사할 수 있는 근무여건이 필수적이지만 특히 아동의 교육을 담당하는 전문직으로서의 교직의 경우 적정량의 근무부담이 주어져야 할 것은 너무나 당연하다. 그러나 오늘날 교직은 다른 직종에 비하여 근무조건이 현저하게 열악한 것만은 사실이다. 특히 학교에 따라 근무조건의 양상은 조금씩 다르지만 과밀학급 등으로 인한 학생 수 과다의 문제와 과중한 수업부담, 과다한 잡무, 그리고 열악한 복지시설과 연구여건의 미비 등은 전문직으로서의 교직을 위협하는 중요한 요인이라고 할 수 있다.

4) 복지후생제도 확충

교원의 생활을 안정시켜 줌으로써 교사가 교육활동에만 전념할 수 있도록 후생복지제도가 획기적으로 개선되어야 한다. 즉 교원에 우수한 인재를 확보하고 교사의 질과 사기를 높이기 위해서는 주택문제, 자녀학비 경감문제, 교원보수문제 등이 해결되어야 한다. 또한 교원의 생활을 향상시키고 가족에 대한 부양책임을 덜어주며, 퇴직 후 생활에 안정을 기할 수 있도록 사회복지제도를 확립해야 한다. 이러한 정책을 실천하기 위해서는 자녀교육비, 주택, 건강, 휴식, 연금 등에 걸쳐 과감하고도 폭넓은 복지시책이 추진되어야 한다. 이는 타 직종과의 균형을 이룬다는 점에서뿐만 아니라 사회발전에 발맞추어 선진국에서 추진하는 교원복지 시책에 부응하는 일이기도 하다.

4.3.5. 소극적 권리

1) 신분보장

교원은 국가공무원법에 의한 신분보장은 물론 교육공무원법에 의하여 일반 공무원보다 더 강력한 신분상의 권리를 보장받고 있다. 즉 교육기본법 제14조에서는 "학교교육에서 교원의 전문성은 존중되며, 교원의 경제적, 사회적 지위는 적정하게 우대되어야 하며, 그 신분은 반드시 보장되어야 한다."라고 명시하고 있으며(우대받을 권리), 교육공무원법 제43조에서는 교육공무원은 형의 선고 징계처분 또는 법률이 정하는 사유와 절차에 의하지 아니하고는 의사에 반한 신분조치를 당하지 아니하며, 권고사직을 당하지 아니할 권리를 가지고 직권휴직, 직권강임, 직권면직, 권고사직 등 교원에 대한 신분조치의 법적인 한계와 처분사유, 설명서의 교부 및 절차를 명확히 하고 있다. 특히 교육공무원법 제47조와 제48조에서의 권고사직 금지, 정년의 연장, 불체포특권의 규정과 교원지위향상을 위한 특별법 제4조의 신분보장은 일반 공무원보다 더 강력한 신분보장을 규정하고 있는 것으로 이것은 교직의 전문성과 특수성을 인정한 법제도의 표현이라고 할 수 있다.

또한 사립학교 교원의 경우 국공립 교원과는 달리 그 임무와 특수성에 있어 국가와 공법상의 관계에 있지 아니하고 학교법인 등과 사법상의 관계에 놓여 있지만 사립학교 교원의 복무는 역시 국 · 공립학교 교원에 관한 규정을 준용하게 되어 있으며(사립학교법 제55조-60조), 교원의 신분보장(사립학교법 제58조)이나 불체포특권(사립학교법 제60조) 역시 교육공무원에 준하여 보장하고 있다.

2) 쟁소제기권

교육공무원은 위법 부당한 처분을 받았을 때는 소청 기타 행정상 쟁소제기권을 가진다. 소청은 징계처분에 대하여 재심을 청구할 수 있는 제도인데 여기에는 징계처분권자가 징계위원회의 의결이 가볍다고 인정할 때 불복함으로써 재심을 요구하는 경우와 징계처분 대상자가 징계위원회의 의결이 너무 과중하다고 인정될 때 이에 불복하여 재심을 청구하는 두 가지 경우가 있다.

한편 교육공무원법 제49조에 의거한 교육공무원의 인사상담이나 고충을 심사하기 위하여 교육부에 교육공무원 중앙고충심의위원회와 임용권자 또는 임용제청권자 단위로 교육공무원 보통고충심의위원회를 두고 있다. 그리고 각급 학교 교원의 징계처분, 기타 의사에 반하는 불리한 처분에 대한 재심을 하기 위하여 교육부에 교원징계재심위원회를 두도록 하고 있다. 그리하여 교원이 징계처분 기타 의사에 반하는 불리한 처분에 대하여 이의(異意)가 있을 때에는 그 처분이 있는 것을 안 날부터 30일 이내에 재심위원회에 재심을 청구할 수 있으며, 이때 본인의 의사에 반하여 파면 또는 해임이나 면직 처분을 하였을 때에는 그 처분에 대한 재심위원회의 최종 결정이 있을 때까지 후임자의 보충발령을 하지 못한다. 그리고 재심위원회는 재심을 청구한 날로부터 60일 이내에 이에 대한 결정을 해야 하며, 불가피할 경우 30일을 연장할 수 있다. 교원은 재심위원회의 결정서를 송달받은 날로부터 60일 이내에 행정소송법이 정하는 바에 의해 소송을 제기할 수 있도록 되어 있다(교원지위 향상을 위한 특별법 제9조, 제10조).

3) 불체포특권

교원은 현행범인 경우를 제외하고는 소속 학교장의 동의 없이 학원 안에서 체포되지 아니할 권리를 가진다(교육공무원법 제48조, 사립학교법 제60조, 교원지위 향상을 위한 특별법 제4조). 교원의 불체포특권은 국회의원과 선거관리위원회 위원 외에 다른 공무원에게는 인정되지 않는 권리로서 이러한 특권을 인정하는 것은 학원의 자유를 보장하고, 교원으로 하여금 교육 및 연구활동을 수행함에 있어 외부의 부당한 압력을 배제하려는 데 그 목적이 있다. 그러나 이러한 불체포특권은 현행범까지 은폐하려는데 그 목적이 있는 것은 아니며, 학원 내에서라도 범죄혐의가 뚜렷하여 학교의 장이 체포할 것을 허가할 경우는 적용되지 아니한다. 물론 불체포특권은 사립학교 교원에게도 적용된다.

4) 교직단체 활동권

교원은 교권을 보호하고 교직업무를 효과적으로 수행하기 위하여 단체활동을 할 수가 있다. 즉 현행 교육기본법(제15조 1항)에 '교원은 상호 협동하여 교육의 진흥과 문화의 창달에 노력하며, 교원의 경제적 · 사회적 지위를 향상시키기 위하여 각 지방 자치단체 및 중앙에 교원단체를 조직할 수 있다'고 규정되어 있다.

한편 1999년 1월 6일 '교원의 노조설립 및 운영 등에 관한 법률'안이 의결되고 1999년 7월 1일자로 교원노조가 합법화됨으로써 단결권과 단체 교섭권 등의 노동 2권이 보장되었다. 그리하여 노조는 합법적으로 임금 · 근무조건 · 복지후생 등 경제적 · 사회적 지위향상 등에 관해서는 국가와 교섭할 수 있게 되었다. 그러나 현재 우리나라는 한국교총 등의 전문직 단체는 교육관계법의 적용을 받는 반면에 교원노조는 노동관계법의 적용을 받게 됨으로써 교원단체는 사실상 시작부터 어려움에 직면하고 있다. 교원단체가 전문직을 지향하든, 노조를 지향하든지 간에 교원은 교원단체의 활동을 통해서 회원들과 상호 유대를 강화하고, 회원들의 복지향상에 힘쓰며, 회원들의 자질향상 등의 공동목표를 추구해야 할 것이다.

4.4. 교원의 의무

교원은 교육이라는 전문적인 일에 종사하는 교육전문가이자 공공 봉사자로서 책무를 진다. 또한 학생의 인격의 표상으로서 높은 인격과 윤리성을 갖출 도덕적 의무를 부여받고 있다. 따라서 교원의 의무에는 윤리적 차원과 법규적 차원을 포함할 수 있다. 교원의 의무에 관한 사항은 유아교육법, 초 · 중등교육법, 교육기본법, 국가공무원법, 교육공무원법, 사립학교법 등에서 구체적으로 규정하고 있다.

여기서는 교원의 의무를 최소한의 의무인 법적인 의무는 물론 '사범'으로서 어떤 도덕적 필연성에 의해 요구되는 당위적이고 규범적인 강제성까지 포함하여 살펴보고자 한다. 교원의 의무는 수행하는 측면의 의무인 적극적 의무와 해서는 안 되는 금지사항에 해당하는 소극적 의무로 구분할 수 있다. 따라서 적극적 의무는 교육 및 연구활동의 의무와 선서 및 성실과 복종의 의무, 품위유지의 의무, 비밀엄수의 의무 등이 있고, 소극적 의무로서는 정치활동의 금지, 집단행위 금지, 영리업무 및 겸직 금지의 의무 등이 있다(조석훈 외, 2007).

4.4.1. 적극적 의무

1) 교육 및 연구활동의 의무

교원의 의무 중에서 가장 기본적이면서도 중요한 것은 교육과 연구활동이라고 할 수 있다. 교육기본법 제14조 제2항에서는 '교원은 교육자로서 갖추어야 할 품성과 자질을 향상시키기 위하여 노력하여야 한다.'고 하고 있다. 교원은 항상 사표가 될 품성과 자질의 향상에 힘쓰며, 학문의 연찬과 교육의 원리와 방법을 탐구・연마하여 국민교육에 전심전력해야 하는 것이 교원의 가장 중요한 의무가 된다.

또한 1996년 10월 5일 ILO와 UNESCO 회의에서 채택된 '교원의 지위에 관한 권고'에서도 "교원들은 그들의 교직의 지위가 상당히 그들 자신에 달려 있다는 점을 인식하고, 그들의 전문적인 직무수행에 있어서 최고의 가능한 수준에 이르도록 노력하여야 한다."고 함으로써 교육전문가로서의 자질을 향상시키는 일이 교원의 의무임을 강조하고 있다.

이러한 의무는 법적 강제보다는 교원의 자율적 의무 성격이 강하다. 그러나 최근 교원능력개발평가제 등이 도입되어 공개수업이 의무화되고, 학부모 및 학생의 만족도를 조사하여 교원 개인의 평가에 반영하는 등 교원의 전문성과 자질 향상 노력에 대한 책무를 강조하고 있다.

2) 성실과 복종의 의무

교육공무원법 제53조에 의하면 교원의 복무에 관한 사항은 동법에 모두 규정하지 않고 국가공무원법을 준용하도록 하고 있다. 따라서 교육공무원은 국가공무원법에 규정된 공무원의 모든 의무를 이행하고 법령을 준수해야 하며, 직무를 성실히 수행해야 한다. 여기에는 공무원 복무규정의 근무시간, 시간 외 근무, 당직, 출장 근무 등도 포함하는 것으로 교육공무원이 이러한 직무에 관한 규정과 법령을 성실하게 이행하지 않을 경우 각종 행정처분을 받게 된다.

또한 국가공무원법 제57조에 의하면 공무원은 직무를 수행함에 있어 상관의 직무상의 명령에 복종해야 하는데 여기서의 소속 상관은 당해 공무원의 직무에 관하여 지휘 · 감독권을 가진 직위에 있는 상관을 말하며, 신분상의 상관보다는 직무상의 상관에게 의무를 지게 되는 것으로 통상적으로 이해된다. 그런데 교원의 업무가 행정적인 사무를 처리하는 데 있는 것이 아니라 학생을 교육하는 데 있으므로 교원의 직무명령에는 한계가 있다고 보아야 한다. 즉 교원은 학생을 교육할 때 교육학적 이론과 교육적 신념에 의거하여 교육자적 양심과 전문가적 식견에 입각한 자율적이면서 창의적인 교육활동을 전개해야 하므로 교육계에서의 상하 간의 관계는 수직적 · 복종적인 관계보다는 상호협력적인 관계에 있다고 보아야 한다. 이런 점에서 교육활동에 관한 특례가 인정되는 것이며, 교원에 대한 상관의 직무명령 또한 교육활동 업무에만 국한되는 것이라고 할 수 있다(김난운, 1975).

3) 전문직으로서 품위유지의 의무

공무원의 품위는 국가의 위신과 명예에 직결된다. 따라서 국가공무원법 제63조에서는 "공무원은 국민 전체에 대한 봉사자로서 공무를 성실하게 집행하는 위치에 있으므로 직무의 내외를 불문하고 그 품위를 손상하는 행위를 하여서는 아니 된다."고 규정하고 있다. 이러한 품위 손상의 형태는 방탕, 주벽, 낭비, 과도한 부채 등으로서 공적 의무뿐만이 아니라 사생활까지 걸친 의무라고 할 수 있다. 특히 교육기본법 제4조에서는 전문직으로서 교직에 종사하는 교원은 "교직자로서 갖추어야 할 품성과 자질을 향상시키기 위해 노력해야 한다."라고 규정함으로써 교사는 언제나 교육자다운 인격과 품위를 유지할 것을 요구하고 있다.

또한 공무원은 청렴의 의무를 진다. 국가공무원법 제61조에서 공무원은 직무상의 상하관계를 막론하고 그 소속 상관에게 증여하거나 소속 공무원으로부터 증여를 받아서는 안 된다고 규정하고 있는데 이것은 교원에게도 동일하게 적용되나 교직의 특성상 애매한 점이 있다. 따라서 교육공무원의 경우 향응, 사례, 증여 등의 행위가 일반 공무원과 다른 부분이 있을 수 있으며, 다른 공무원에게 위법한 경우일지라도 교육공무원에게는 그렇지 않을 수도 있다. 그러나 비록 적은 금품일지라도 직무와 관련하여 받는다면 이것은 청렴의 의무에 위배되는 것이라고 하겠다.

이 외에도 교원은 비밀엄수의 의무, 직장 이탈의 금지, 복무기강 확립 및 당직 등 제반 규정의 준수 등에 관한 의무를 충실히 이행해야 한다.

4.4.2. 소극적 의무

1) 정치활동의 금지

헌법 제31조에서는 교육의 정치적 중립성을 보장하고 있고, 국가공무원법 제65조에서는 공무원의 정치활동 금지 및 정치적 행위의 제한 범위를 규정하고 있다. 교육공무원 역시 일반 공무원과 마찬가지로 정치활동에 관하여 중립을 지킬 것을 요청하고 있다(교육기본법 제6조, 제14조 3항).

이에 초·중등 교원은 정당 기타 정치단체의 결성에 관여하거나 이에 가입할 수 없으며, 선거에 있어서도 특정 정당 또는 특정인을 지지하거나 반대하는 행위를 금하고 있다. 이것은 학생의 교육활동에 있어서 교육내용의 중립성을 보장하고, 학부모의 자녀교육에 대한 권리와 자유를 침해하지 않도록 하기 위한 것이다.

2) 집단행위의 금지

헌법 제33조 2항에서는 공무원인 근로자는 법률이 정하는 자에 한하여 단결권, 단체 교섭권, 및 단체행동권을 가진다고 법률로 제한하고 있고, 국가공무원법 제66조에서도 공무원은 노동운동 기타 공무 이외의 일을 위한 집단행위를 하여서는 안 된다고 규정하고 있다. 우리나라의 교원노동조합법에 의하면 단결권과 단체 교섭권은 허용하고 있지만 단체행동권은 불허하고 있다. 이처럼 교원들에게 단체행동권을 허용하지 않는 것은 교원이 전체 국민들의 생활에 큰 영향을 미칠 수 있는 국가공무원이라고 하는 점과 파업, 태업, 직장폐쇄 등의 단체행동으로 인한 국민의 학습권 침해에 대한 우려 때문이다.

그러나 세계적인 경향은 공무원의 노조활동을 어느 정도 인정하고 있는 추세이며, 교원의 경우 제한적이기는 하나 단체행동권을 허용하고 있는 나라도 많기 때문에 단체행동권 유보는 향후 많은 논란의 여지가 있다.

3) 영리업무의 금지

국가공무원법 제64조에서는 "공무원은 공무 이외의 영리를 목적으로 하는 업무에 종사하지 못하며, 소속기관장의 허가 없이 다른 직무를 겸할 수 없다."고 규정하고 있다. 따라서 교원도 직무 이외의 영리 업무는 할 수 없다고 하겠다. 이처럼 공무원이나 교원에게 영리업무를 금지하고 있는 것은 영리업무에 종사하게 됨으로써 업무상의 능률을 저해하거나 부당한 영향을 야기시킬 우려가 있으므로 이를 금지하고 있는 것이지만 이를 일률적으로 적용하는 것은 무리가 있다고 하겠다.

한편 영리를 목적으로 하지 않는 비영리 업무에 관해서는 소속기관장의 허가를 받도록 하고 있다. 교육공무원이 겸직을 하려면 소속기관장의 허가를 받아야 하는데 이때 소속기관장은 교원의 직급에 따라 교육부장관, 교육감, 또는 임용권을 가진 학교장이다. 현행법에 의하면 교원은 비영리법인의 임원이 된다든지 기타 대학의 시간강사로서 강의를 담당하는 일 외에는 거의 어떠한 영리활동도 할 수 없도록 규정되어 있다.

이 밖에 교원의 의무는 교육 및 연구활동의 의무, 성실의 의무, 직무상의 의무, 신분상의 의무로 구분될 수 있다. 구체적으로 직무상의 의무는 ① 법령준수 의무, ② 복종 의무, ③ 직무전념 의무(-직장이탈금지 의무, -영리 및 겸직 금지 의무), ④ 친절·공정 의무 등을 들 수 있다. 또한 신분상의 의무는 ① 비밀엄수의 의무, ② 청렴의 의무, ③ 품위유지의 의무, ④ 영예 등의 제한, ⑤ 정치활동 금지의 의무, ⑥ 집단행위 금지의 의무 등으로 제시하고 있다.

교원의 권리와 의무는 상호 불가분의 관계에 있기에, 적절한 균형점을 확보하는 것이 필요하다. 더구나 국민들은 지나친 권리 주장에 앞서 기본적 의무에 충실할 것을 요구하고 있기에, 교원 스스로의 능력과 자질 향상을 위해 노력하는 자세가 필요하다. 이상에서 논의한 교원의 권리와 의무의 내용을 표로 정리하면 〈표 4-1〉과 같다.

표 4-1 교원의 권리와 의무

구 분	내 용	
1. 교원의 권리	1.1 교육할 권리	① 교육과정 결정 및 편성권 ② 교재의 선택·결정권 ③ 교육내용 및 방법결정권 ④ 성적의 평가권 ⑤ 학생지도 및 징계권
	1.2 신분상의 권리	① 신분 및 직위보유권 ② 직무집행권 ③ 재심청구 및 행정쟁송권 ④ 의사에 반한 신분조치를 당하지 아니할 권리 ⑤ 권고사직을 당하지 않을 권리 ⑥ 불체포특권 ⑦ 처분사유설명서 교부권 및 후임자 보충발령 유예 ⑧ 교직단체 결성권과 교섭·협의 및 단체 교섭권 -교원단체의 교섭·협의권 -교원의 노동조합 설립 및 단체 교섭권
	1.3 재산상의 권리	① 보수청구권 ② 연금청구권

		③ 실비변상 청구권 : 직무수행상 소요되는 비용
2. 교원의 의무	2.1 교육 및 연구활동의 의무	교육전문가로서 학문의 연찬과 교육의 원리와 방법탐구 및 자질의 연마 의무
	2.2 성실 의무	부여된 직무와 관련하여 국민 전체의 이익을 도모하는 법적 의무
	2.3 직무상의 의무	① 법령준수 의무 ② 복종 의무 ③ 직무전념 의무 -직장이탈금지 의무 -영리 및 겸직 금지 의무 ④ 친절 · 공정 의무
	2.4 신분상의 의무	① 비밀엄수 의무 ② 청렴 의무 ③ 품위유지 의무 ④ 영예 등의 제한 ⑤ 정치활동 금지 의무 ⑥ 집단행위 금지 의무

제5장 교원의 인사제도

5.1. 교원 인사행정의 개념

인사행정이란 유능한 인적자원을 확보·배치하고, 그들의 계속적인 능력계발을 도모하며, 높은 사기와 긍지를 지니고 직무에 최선을 다할 수 있도록 제반 여건을 조성하는 과정이라고 할 수 있다. 더구나 교육인사행정은 '교육조직의 목적을 효과적으로 달성하는데 필요한 유능한 인재의 채용과, 그들의 계속적인 능력계발 및 사기앙양을 도모하는 일련의 과정'으로 정의할 수 있다. 채용과정에는 인력계획, 모집, 시험, 임용 등이 포함되며, 능력계발에는 현직교육·훈련은 물론 근무성적 평정, 승진 및 전직·전보 등이 포함된다.

인사행정의 기본 이념은 다음과 같이 제시할 수 있다.

1) 인사행정은 수단이 아니고 목적으로 이루어져야 한다.
2) 인사행정은 집단에 기반을 두고 운영되어야 한다.
3) 인사행정가는 동료적인 입장에서 행정에 임해야 한다.
4) 인사행정은 자기의 능력에 따라 적재적소에 배치해야 한다.

교원인사행정은 주어진 여건과 상황에 따라 엽관주의, 실적주의, 절충주의를 선별적으로 적용하고 있다. 우선 엽관주의(Spoils system)는 정당에 대한 공헌도와 충성도에 따라 공직임용을 행하는 것을 말한다. 엽관주의와 정실주의는 오늘날 거의 같은 뜻으로 사용되고 있으나, 정실주의가 엽관주의(정치적 요인을 중시)보다 넓은 개념으로 인식되고 있다. 입법국가 시대에 민주정치·정당정치의 발전에 기여하였던 엽관주의는 행정국가 시대에 접어들면서 본래의 의의가 변질되어 많은 병폐를 초래하였다.

엽관주의의 장점으로는 정당정치 실현가능, 평등이념 실현, 관료주의, 공직침체 방지, 공무원의 적극적 충성심 확보 등을 들 수 있다. 반면에 단점으로는 계속성·안정성·중립성 위협, 예산낭비 초래가능성, 행정책임감 저해, 부정부패 만연, 행정능률 저하 등을 들 수 있다.

둘째로 실적주의(merit principle)는 공직에의 임용이 개인의 객관적인 능력·자격·실적을 기준으로 이루어지는 제도로서 누구에게나 차별 없이 동등한 기회를 부여하는 인사행정관을 의미한다. 장점으로는 행정능률화 기여, 공평무사한 행정가능, 행정의 안정성, 지속성, 전문성 확보, 직업 공무원제 확보가 용이하다는 점이다. 단점으로는 공직자의 무사안일주의, 소극주의와 형식주의의 팽배로 인한 효율성 저하, 외부 영입에 대한 방어적 분위기 조성을 들 수 있다.

셋째, 절충주의는 엽관주의와 실적주의가 가지고 있는 장단점을 고려하여 절충의 방법을 채택하는 것으로서 실적주의를 기본 이념으로 채택, 사회변화에 적극적, 신축적 대응을 위해 엽관주의적 요소를 조화시킬 필요가 있다고 여겨진다.

교원인사의 주요 영역으로는 교직에 종사하기를 희망하는 학생을 수급계획에 따라 선발하는 일부터, 교원의 양성, 채용, 연수, 승진, 전보, 퇴직을 포함하여 근무조건, 복지후생, 사기진작에 이르기까지의 전 과정을 포괄할 수 있다.

교원인사의 핵심 내용은 업무수행에 필요한 인원을 일정한 자격요건을 갖춘 사람 중에서 선발하여 일정한 일을 하도록 하는 행위이다. 이러한 행위 그 자체는 개인에게는 신분을 설정하는 행위를 의미하고 기관이나 조직에서는 업무수행을 위한 충원을 의미하기에 임용을 뜻하기도 한다. 교원의 임용에는 신규채용, 승진, 승급, 전직, 전보, 겸임, 파견, 강임, 휴직, 직위해제, 정직, 복직, 해임 및 파면 등이 포함된다. 이러한 임용의 용어는 대단히 포괄적인 개념이기 때문에 여기서는 신규임용, 전직, 전보, 승진임용 등에 한정하여 살펴보기로 한다.

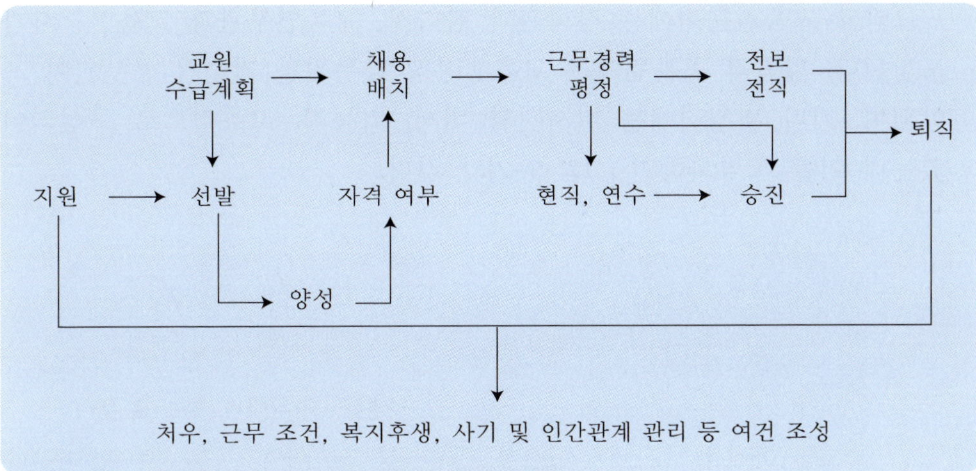

그림 5-1 교원인사행정의 영역

5.2. 교원의 신분과 임용

5.2.1. 교원의 분류

교육직원이란 각급 학교에서 근무하는 교원은 물론 일반 사무직원 및 교육 전문직원을 총칭하는 말이다. 광의의 교육직원은 교육행정직은 물론 관련 기술직과 별정직, 기능직, 사립학교 교원을 포함하여 지칭한다. 그리고 협의의 교육직원은 국·공립의 각급 학교에 근무하는 교원과 교육전문직을 포함하여 지칭하는 것이다. 또한 국·공립 계통의 교육직원은 특정직의 교육공무원, 일반직 공무원, 기타 별정직 공무원으로 분류할 수 있다. 특정직의 교육공무원은 교원과 교육전문직으로 구분된다.

교원에는 초·중등학교의 교장, 교감, 교사, 유치원의 원장, 원감, 교사, 대학의 교수, 부교수, 조교수, 전임강사 등이 포함된다. 교육공무원은 「국가공무원법」과 「교육공무원법」에 의해 규정된 것이므로, 사립학교의 교원은 제외된다. 그러나 사립학교도 공교육기관이므로 사립학교의 교원도 복무, 신분보장, 보수와 그들의 기능 및 자격 등은 초·중등교육법과 교육공무원법에 준하도록 되어 있다.

그리고 교육전문직에는 장학관과 장학사, 교육연구관과 교육연구사가 포함된다. 일반직 공무원에는 교육행정직 공무원과 기술직 공무원이 포함되며, 기타 별정직에는 비서관과 비서, 기능직, 고용직으로 구성되어 있는데 이를 도식화하면 [그림 5-2]와 같다.

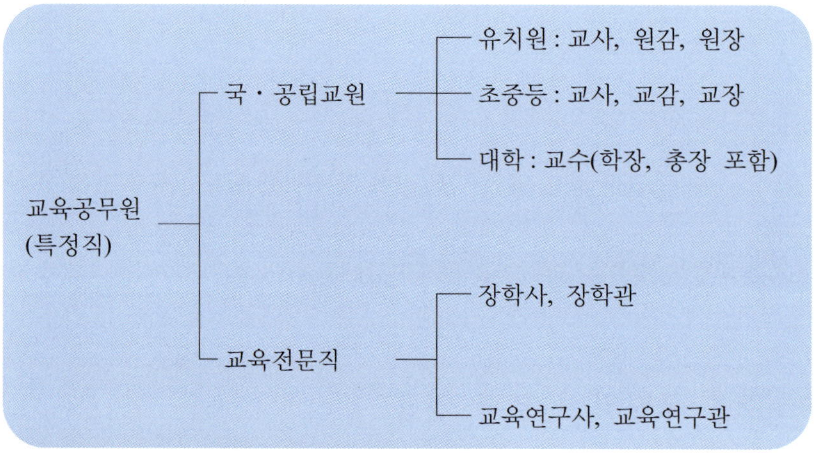

그림 5-2 교육공무원의 분류

5.2.2. 교원의 자격

교원은 그 직무를 효율적으로 수행하는 데 필요한 자질과 자격을 갖추어야 한다. 자질은 인성적 특성으로 구비해야 할 조건이나 교육과 훈련을 통하여 계발하여야 할 일반적 특질을 의미하는 것이며, 자격은 그 자질이 소정의 기준에 도달되었음을 행정적으로 인정하는 것이라 할 수 있다.

교원자격에 대한 법률적 규정은 초 · 중등교육법 제21조, 교육공무원법 제3장, 사립학교법 제52조와 이들 법률을 근거로 제정된 관련법령, 즉 교원자격검정령, 동령시행규칙, 교수자격 · 자질 인정령 등에 의거하고 있다. 우리나라의 경우 교원의 법정 자격제도를 채택하고 있으며, 일단 교사자격을 취득하면 그 효력은 종신으로 계속되는 것을 원칙으로 하고 있다.

교원의 자격은 교장, 교감, 수석교사, 정교사(1급, 2급) 준교사, 전문상담교사, 사서교사, 실기교사, 보건교사(1급, 2급), 특수학교 교사 등으로 구분된다. 초·중등학교에 두는 보직교사와 순회교사, 초등학교에 두는 교과전담교사는 법적으로 규정된 자격이 아니라 일종의 직위이다. 더구나 초·중등교육법 제22조에 의한 산학겸임교사, 명예교사, 강사 등은 정규교사가 아니다. 현행 유치원 및 초·중등교원의 종류와 자격기준은 유아교육법, 초·중등교육법에 규정하고 있으며, 장학사·장학관 및 교육연구사·교육연구관의 자격기준은 교육공무원법에 규정하고 있다. 대학교원과 교육전문직은 자격증을 필요로 하지 않고 임용자격제도를 채택하고 있다.

중등교사의 경우에는 중학교 교사와 고등학교 교사를 구분하지 않고 동일한 기준에 의하여 동일한 자격을 부여하고 있다. 준교사는 교사양성체제가 안정되지 않았던 특별한 경우에 준교사 자격을 수여하였지만 오늘날은 교사양성체제가 안정되어서 준교사 자격을 수여하는 경우는 거의 없다.

교원의 자격검정은 무시험검정과 시험검정으로 구분되고, 무시험검정에 의해 취득하는 경우는 정규교사 양성대학 졸업자, 대학 또는 전문대학의 교직과정 이수자에게 신규교사자격을 부여할 때, 재교육을 통해 상급자격을 부여할 때, 이미 취득된 하나의 자격을 근거로 하여 다른 급 학교의 자격으로 변경하든가 또는 유사한 자격을 인정받을 때, 교원자격검정위원회가 추천에 의거하여 교장 또는 원장의 자격을 인가할 때 등이며, 시험검정은 전형검정과 고시검정으로 구분된다. 교원의 자격증은 교원양성제도의 테두리 속에서 무시험검정으로 이루어지는 것을 원칙으로 하고 있으나, 시험검증에 의한 제도도 마련되어 있다.

5.2.3. 교원의 양성

교원이 직무를 수행하는 데에는 높은 수준의 전문적 지식과 기술이 요구된다. 따라서 교원이 되기 전에 질이 높은 교육을 받아야 한다. 이러한 직전교육은 크게 2가지 유형으로 나눌 수 있다. 그 하나는 목적제인데, 이는 전문적인 교원양성기관에서만 교원을 양성하는 폐쇄적인 입장이다. 다른 하나는 개방제인데, 이는 모든 대학에서 교사를 양성할 수 있도록 개방하는 입장이다. 양자는 모두 장점과 단점을 가지고 있다.

목적제는 일정수준의 질을 유지할 수 있다는 장점이 있으나, 획일성과 통제성을 벗어나지 못한다는 단점이 있다. 반면에 개방제는 교원을 다양성 있게 양성할 수 있다는 장점이 있는 반면에, 교직윤리의식의 결여, 교육에 대한 소극적인 태도, 전문적인 기술의 부족과 같은 단점이 있다. 우리나라에서는 목적제와 개방제의 장점을 절충하는 절충주의 입장에서 교원을 양성하고 있다.

우리나라의 현행 교원양성제도를 살펴보면(윤정일 외, 1992 : 363-375), 유치원교원의 경우는 2년제 전문대학과 4년제 유아교육과에서 양성하고 있으며, 1983년부터는 한국방송통신대학에서도 양성을 담당하고 있다. 초등학교 교원의 경우는 4년제 국립교육대학교에서 양성하고 있으며, 한국교원대학교 제1대학, 이화여자대학교 초등교육과, 각 교육대학원의 초등교육전공에서도 양성하고 있다.

중등학교 교원의 경우는 사범대학 과정과 비사범대학 과정의 2원적인 양성체제를 갖추고 있다. 우선 각 대학의 사범대학에서 양성하고 있으며, 사범대학이 아니더라도 사범계 학과가 설치되어 있는 대학에서 양성하고 있다. 비사범 대학과정에서는 일반대학 교육과, 일반대학 교직과정, 교육대학원에서 담당하고 있다. 전문대학 졸업자에게는 실기교사자격증을 대학의 간호학과와 간호계 전문대학에서는 보건교사자격증을 수여하고 있다.

5.2.4. 교원의 임용

교원인사의 핵심 내용은 업무수행에 필요한 인원을 일정한 자격요건을 갖춘 사람 중에서 선발하여 일정한 일을 하도록 하는 행위이다. 이러한 행위 그 자체는 개인에게는 신분을 설정하는 행위를 의미하고 기관이나 조직에서는 업무수행을 위한 충원을 의미하기에 임용을 뜻하기도 한다. 교원의 임용에는 신규채용, 승진, 승급, 전직, 전보, 겸임, 파견, 강임, 휴직, 직위해제, 정직, 복직, 해임 및 파면 등이 포함된다(교육공무원법 제2조 5항). 교원의 임용방법 및 절차는 초·중등학교 교원, 대학교원, 교육전문직에 따라 다르며, 교육공무원법 제7조에 임용의 원칙으로서 교육공무원의 임용은 그 자격, 재교육 성적, 기타 능력의 실증에 의하여 행한다고 되어 있어 자격임용주의 원칙과 실적주의 원칙에 입각해 있음을 알 수 있다. 이러한 임용이라는 용어는 대단히 포괄적인 개념이기 때문에 여기서는 신규임용, 현직연수, 전직, 전보, 승진 등에 한정하여 살펴보기로 한다.

1) 신규임용

신규임용은 자연인의 신분으로부터 공무원 관계의 신분을 발생시키는 임용행위로써 공무원의 행위를 형성하는 기본행위라고 할 수 있다. 교사의 신규채용에 있어서는 과거에는 국립 또는 공립의 교육대학, 사범대학 기타 교원양성기관의 수료자를 우선하여 채용하도록 되어 있었으나(교육공무원법 제11조 1항) 사립계 사범대학의 반발 끝에 1990년 10월 헌법재판소가 국·공립양성기관 졸업생의 우선 임용이 국민의 평등권과 직업선택권을 보장하는 헌법에 위배된다고 판결함으로써 1991년부터 국·공·사립 양성기관이 동등한 입장에서 공개전형을 통하여 선발하게 되었다. 이러한 공개전형은 우수교원을 확보하는 토대를 마련하였고, 임용기회의 불평등을 시정하는 결과를 낳았다는 긍정적인 측면도 있으나, 우선 교직자로서 갖추어야 할 전반적인 전문성을 평가하기보다는 상대적인 지식평가에 치우침으로써 구체적인 교과내용과 지도방법 및 실기능력 등을 평가하기 어렵다는 점과 임용고시 도입이 교원 수급 불균형 문제 시정에 전혀 도움을 주지 못했으며, 결과적으로 교원 수급의 정책실패를 개인의 능력문제로 전가시켰다는 점, 그리고 교육대학과 사범대학의 목적대학으로서의 위상 약화와 그로 인한 예비교사들의 사명감 약화 등이 문제점으로 제기되고 있다. 특히 이러한 문제점들은 교사자격증의 권위와 의의를 약화시키는 결과를 초래하였다고 할 수 있다(정태범, 1994).

따라서 앞으로 교사의 신규임용 시에 전문성을 지닌 교직 적격자가 선발될 수 있는 엄격하고 구체적인 선발기준을 계발할 필요가 있을 뿐만 아니라, 양성기관의 교육프로그램, 교과성적 및 실기능력, 현장실습 및 실무능력, 인성, 교직적성 등을 종합적으로 평가할 수 있는 체제가 요구된다고 하겠다.

구 분	2007년	2008~2009년	2010년
1차	선택형 필기시험, 대학성적, 가산점	기존 방식에 중등영어는 듣기평가 포함	기존 방식과 같음
2차	논술, 면접, 실기평가	논술형시험(중등 외국어는 해당 외국어로 실시)	초등교사 과목 축소
3차	없음	교직적성 심층면접 수업실연(중등 외국어는 해당언어로 실시)	수업실연 시간, 점수 확대
합격자 사정	1, 2차 점수 합산	1, 2, 3차 점수 합산	1차로 일정 범위 수 가린 뒤 2, 3차 점수만 합산
특징	필기시험 중심	수업능력, 인성평가 중심	필기시험 영향력 대폭 줄고 수업능력 평가 강화

그림 5-3 교원임용시험 평가방식 변화

자료 : 교육과학기술부

2) 현직연수

교원은 교직에 종사하면서 직업적 성장을 위한 자율적, 의무적인 교육 및 제반 활동을 의미하며, 전문적인 지식과 기술을 습득하기 위한 장기적이고 계속적인 교육이 필요하고 엄격한 자격 기준이 요구된다. 따라서 현직연수는 교직수행의 필수적 사항임에 틀림없다. 현직연수는 특정한 교육프로그램의 수행이나 임용과 직접적으로 관련하여 제공되는 공식적인 교육·훈련으로 협의의 개념으로 볼 수 있지만, 범위를 확대하여 교직 생활 전 기간 중에 다양한 형태로 제공되는 모든 교육·훈련 등을 현직연수로 볼 수 있다.

현직연수의 목적은 크게 ① 학교 교원 전체 또는 교원 일부집단의 직무수행 능력을 개선시키려는 목적의 연수, ② 개개인 교사의 직무수행 능력을 개선시키려는 목적의 연수, ③ 승진 또는 승급을 위한 개개인 교사의 사전경험을 확장시키려는 목적의 연수, ④ 개개인 교사의 전문적 지식 및 이해를 증진시키려는 목적의 연수, ⑤ 교사의 개인적 욕구를 충족시키거나 일반교양을 증진시키려는 목적의 연수 등을 들 수 있다.

연수기관의 종류는 교육연수원·교육행정연수원·종합교육연수원 및 원격교육연수원 등으로 구분된다.

① **교육연수원** : 16개 시·도 교육연수원, 교육과학기술연수원, 한국교원대학교 종합연수원, 교육대학 부설 초등교원연수원, 국·공·사립대학 부설 중등교원연수원 등

② **교육행정연수원** : 서울대학교 부설 교육행정연수원

③ **원격교육연수원** : 대학, 산업대학, 교육대학, 방송통신대학, 교육청, 교육인적자원부장관이 지정하는 기관 및 법인

교육연수원은 「유아교육법」 제7조 및 「초·중등교육법」 제2조에 따른 학교에 근무하는 교원을 연수대상으로 한다<개정 1996.3.11, 1997.7.29, 2000.2.28, 2008.2.19>. 이에 반해 교육행정연수원은 각급 학교에 근무하는 교장·교감·원장·원감 및 「교원자격검정령」 제23조의 규정에 의하여 교장·원장의 자격인정을 받은 자를 연수대상으로 한다<개정 1997.7.29, 2000.2.28, 2008.2.19>. 종합교육연수원 및 원격교육연수원은 제1항 및 제2항에 규정된 연수대상자를 연수대상으로 한다<개정 2000.2.28, 2008.2.19>.

현직연수의 종류는 직무연수, 자격연수, 특별연수로 대별할 수 있으며 주로 기관중심(교육기술과학부, 시·도교육청 등 국가의 교육행정기관이 주체가 되어 실시하는 연수)의 연수가 이루어지고 있다. 그리고 자체연수는 학교중심 연수(교과교육연구회, 학회 등)이며, 자율연수는 개인중심 연수로 볼 수 있다.

(1) 직무연수(60시간 이상)

직무연수의 내용은 주로 교육의 이론과 방법 및 직무수행에 필요한 능력배양을 위한 연수로 진행되는 것으로, 각종 교육연수원에서 교사, 교감, 교장 등을 대상으로 학교 직무 및 경영능력 향상을 위한 직무연수를 예로 들 수 있다.

(2) 자격연수

자격연수는 교원의 자격을 취득하기 위한 연수로 1·2급 정교사 과정, 전문상담교사 과정, 사서교사 과정, 보건교사 과정, 원장 및 교장 과정, 원감 및 교감 과정 등으로 구분된다. 즉 상위 자격취득을 위한 연수를 들 수 있다. 참고로 1급 자격연수와 교감 자격연수는 180시간 이상으로, 교장 자격취득을 위한 연수는 360일 이상을 요구하고 있다.

(3) 특별연수

국가 또는 지방자치단체가 계획을 수립하여 교육공무원을 국내외의 교육기관 또는 연구기관에서 일정 기간 동안 연수를 받게 하는 것이며, 특별연수에 소요되는 경비는 예산의 범위 안에서 지급이 가능하다.

그 밖에 자율연수는 교원 스스로 전문적인 지식을 얻기 위해 교육을 받는 것을 의미하며, 해외연수는 국제화 시대에 적응하기 위한 교육력을 제고하며, 선진국의 과학기술정보를 습득하는 데 있다.

끝으로 현직연수의 발전을 위하여 고려되어야 할 주요 방향을 몇 가지 제시하면 다음과 같다.

첫째, 현직연수의 편성·운영에 교사들의 필요와 요구가 적절히 반영되며, 교사들이 참여할 수 있어야 한다. 연수를 계획하는 단계에서는 연수를 받게 될 교사들을 대상으로 하여 연수의 내용, 방법, 강사진 등에 관련하여 사전에 적절한 요구조사를 실시하며, 연수를 실시하는 단계에서는 다양한 참여식 연수활동이 이루어지며, 연수가 끝난 후에는 보다 효과적인 향후 연수계획 수립을 위하여 교사들의 의견을 수집하는 평가

활동이 적절하게 마련되어야 한다.

둘째, 현직연수의 주제와 내용이 교사들의 전문적 발달을 도와줄 수 있는 내용, 교사들이 근무하고 있는 학교현장의 문제나 과제의 해결에 기여할 수 있는 보다 현장중심적이고 구체적인 내용들로 다양하고 조화롭게 선정되어야 할 것이다.

셋째, 현직연수의 운영에 있어서 다양한 교수-학습방법과 교수-학습자료 및 매체를 활용하며, 특히 참여식 교육방법을 적극 활용하도록 한다. 전통적인 강의중심의 방법을 탈피하여, 다양한 교수-학습방법을 활용하고, 성인학습의 원리에 입각하여 참여식·경험식 교육방법을 활용하려는 노력이 확대되고 있음은 바람직한 현상이라 하겠다. 교사들의 연수에 대한 흥미와 참여를 촉진하기 위하여 강의법 이 외에도 개인연구 및 발표, 분임토의 및 발표, 사례연구, 사례발표, 워크숍, 시뮬레이션 게임, 실험·실습·실기, 현장 견학·관찰 등의 방법을 연수 주제 및 내용에 맞추어 적절하게 활용할 수 있어야 한다. 다양한 교수-학습방법을 활용하는 데 있어서 교사들의 개인적인 작업보다는 교사들 간의 협동작업을 통해 공동 성취를 유도·격려할 수 있는 방법, 즉 서로 가르치며 서로 배울 수 있고, 서로 도움을 주고받을 수 있으며, 동료적·집단적인 성취감을 느낄 수 있는 방법도 매우 중요하다.

넷째, 교사의 발달단계를 고려하여 교사가 받게 될 현직연수 과정의 체계화가 요망된다. 일반교사들을 위해서는 ① 기초과정, ② 정착과정, ③ 발전과정, ④ 심화과정, ⑤ 고급과정 등으로 연수과정을 구분하여 제시한다. 이러한 과정을 '필수과정'으로 지정하여 모든 교사들이 교직생활 중에 필수적으로 이수하도록 한다. '필수과정'은 국가 또는 교육청이 경비를 전액 부담하는 것을 원칙으로 한다.

또한 교사들을 대상으로 한 '희망연수 조사'(교사들이 희망하는 연수내용, 시기, 시간 등)를 토대로 하여 교원들이 원하는 다양한 연수과정을 제공하고, '자율연수' 형태로 교사들이 '선택과정'으로 이수하도록 한다. '선택과정'은 원칙적으로 교원 자비부담으로 이수하도록 하되, 일부 직무연수는 교육청이 경비를 지원하도록 한다.

학교관리직 및 교육전문직에 대한 연수과정은 ① 지도자 기초과정,

② 지도자 정착과정, ③ 지도자 발전과정, ④ 지도자 심화과정으로 구분하여 제공한다. 지도자 기초과정은 기초적인 학교경영 능력과 장학 · 연구지도 능력을 함양시키는 과정이다. 지도자 정착과정은 학교경영 능력과 장학 · 연구지도 능력을 정착 · 발달시키는 과정이다. 지도자 발전과정은 학교의 최고경영자로서 학교경영 능력과 장학 · 연구지도 능력을 발달시키는 과정이다. 끝으로 지도자 심화과정은 학교 및 교육행정기관의 최고경영자로서 기관 경영능력과 장학 · 연구지도 능력을 심화 · 완성시키는 과정이다.

교원의 현직 연수과정은 국가 간의 무한경쟁의 시대, 지식과 정보가 국가발전의 원동력이 되는 시대에 들어서 질적 · 양적으로 우수한 인적자원을 개발하기 위해서는 무엇보다도 충실한 교육과 우수한 교원의 중요성이 매우 높다. 이를 위하여 교직 전 기간에 걸쳐 Carrer-long Teacher Education이라는 관점에서 체계적인 연수과정이 마련되어야 한다.

3) 전직과 전보

전직은 직급은 동일하나 직렬이 달라지는 횡직 이동을 말한다. 교육공무원의 직렬을 장학직, 교육연구직, 교원직, 교육행정직 등으로 구분한다면 다른 직렬과 교류하는 임용행위를 말하는 것으로 교사, 교감 및 교장이 장학사(관)나 연구사(관)로, 장학사가 교감으로, 교장이 장학관 또는 교육장으로 임용되는 것은 동종이 아닌 타 직종으로 이동하는 것이므로 전직이라고 할 수 있다. 전직방법에 대한 특별한 규정은 없고 자격증이 있거나 자격기준에 해당하면 가능한 것이다.

전보는 직렬이나 직급의 변화 없이 근무지 이동 내지 보직을 변경하는 임용행위를 말하는 것으로 동일 직위 내에서의 수평이동을 말한다. 전보는 개인의 측면에서 보면 직무에 대한 구성원 개인의 흥미 변동, 주거지 변동, 동료와의 인간관계 변화 등을 배려하여 줌으로써 생활안정과 직무만족을 도모해 주려는 것이라고 할 수 있으며, 조직의 입장에서는 부서 간의 인원수 조정이나 조직 기능의 변화로 인한 자질 여건의 변화에 대응하기 위하여 부서의 기능과 업무의 양에 적절한 사람을 배속 또는 배치시킴으로써 조직의 목적을 활성화하는데 그 목적이 있다. 즉 전보는 동일 직위 또는 지역에서의 장기근무로 인한 침체를 방지하고 능률적인 직무수행을 기할 수 있도록 교원의 생활 근거지 근무 또는 희망 근거지를 최대한 보장하여 사기진작 및 생활안정을 도모하게 하는데 그 의의가 있다.

4) 승진

승진이란 직렬 내에서의 수직적 이동, 즉 직위 상승을 말한다. 구체적으로 말해, 책임과 권한의 증가, 위신의 증대, 기능의 확대, 임금의 인상, 기타 근무시간이나 근무조건의 개선이 수반되는 새로운 상위직으로 임용되는 것을 말한다.

승진은 조직구성원에게 중요한 욕구충족의 수단이 되며, 조직의 목표달성을 위한 효율적인 수단이 된다. 따라서 승진제도는 보다 중요한 직위에 대한 내적 충원이라는 인재 선발과정을 통해 조직의 능력을 최대한 발휘하도록 하는 수단으로서, 또 승진 전의 직위에서 직무를 잘 수행한 사람에 대한 논공행상으로서 구성원들에 대한 포상과 인력 계발, 그리고 조직의 인력 확보라는 다층적인 기능을 가지는 중요한 인사행위인 것이다.

교육공무원의 승진임용에 관한 사항은 정책적 논의를 거쳐 국가공무원법, 교육공무원법, 교육공무원승진규정 등에 규정되었다. 국가공무원법 제40조에 의하면, 공무원의 "계급 간 승진임용은 근무성적 평정, 경력평정, 기타 능력의 실증에 의한다"고 규정하고 있으며, 교육공무원법 제13조에는 "교육공무원의 승진임용은 동종의 직무에 종사하는 바로 하위직에 있는 자 중에서 대통령령이 정하는 바에 의하여 경력평정, 재교육 성적, 근무성적, 기타 능력의 실증에 의하여 행한다."고 규정하고 있다.

따라서 초・중등교원의 승진임용은 임용권자 또는 임용제청권자가 경력평정, 근무성적 평정, 연수성적평정, 기타 가산점 평정에 의하여 순위를 매기고 자격별로 승진후보자 명부를 작성한 후 승진후보자 명부의 고순위자 순으로 승진 예정인원의 3배수 범위 안에서 임용 또는 임용 제청하기로 되어 있다.

교원승진제도의 현황은 2007년 개정 교육공무원승진규정과 2010년 1월에 공포된 교육공무원승진규정 일부 개정령안을 들 수 있다. 승진대상자는 교육공무원승진규정이 정하는 바에 따라 교원의 근무성적 평정(100점), 경력평정(70점), 연수성적평정(30점), 가산점(13점) 등의 연수성적평정에 의거하여 선발한다.

(1) 근무성적 평정(100점)

근무성정평정은 100점 만점을 기준으로 하며, 교사에 대하여는 매년 12월 31일을 기준으로 하여 해당 교사의 근무실적 · 근무수행 능력 및 근무수행 태도에 관하여 근무성적 평정과 다면평가를 정기적으로 실시하고, 각각의 결과를 합산하는 것이다. 2007년 5월 25일 「교육공무원승진규정」이 새로 개정되어 교사가 교감으로 승진하는 데 반영되는 근무성적 평정점은 2년에서 10년(교감에서 교장으로 승진하는 경우는 3년)으로 늘어났다. 또한 2010년 승진개정령안에서 다시 수정되어, 최근 5년 이내의 기간 중 유리한 3개년을 선택하여 반영한다. 평정자/확인자의 근무성적은 승진후보자 명부 작성권자가 정한다. (당해 학교 교감이 성적 평정자, 학교장이 확인) 다면평가자는 근무성적의 확인자(학교장)가 구성, 평가대상자의 근무실적 · 근무수행 능력 및 근무수행 태도를 잘 아는 동료교사 중에서 3인 이상으로 구성된다. 결과 합산은 근무성적의 평정자와 확인자(교감, 교장)가 합산한다. 평정의 채점 방식은 근무성적과 다면평가를 합하는 방식이며, 근무성적은 성적평정자의 채점을 100점에서 30% 환산하고 확인자의 채점을 100점에서 40%로 환산하여 70점 만점으로 한다. 다음으로 다면평가는 다면평가자의 채점을 30%로 환산하여 30점을 만점으로 한다. 상대평가이기 때문에 수(95점 이상) 30%, 우(90점 이상~95점 미만) 40%, 미(85점 이상~90점 미만) 20%, 양(85점 미만) 10% 분포를 맞춘다. 평정 결과의 공개는 평정대상자의 요구가 있는 때에는 특별한 사정이 없는 한 본인의 최종 합산점을 알려주어야 하고,

근무성적 평정의 결과는 전보·포상 등 인사관리에 반영하여야 한다.

근무성적 평정에 관한 2007년 교육공무원승진규정 개정의 주요내용은 다음과 같다.

표 5-1 근무성적 평정에 관한 승진규정 개정(2007)

구분	개정 전 근무성적 평정	개정 후 다면평가 도입	비고
평정방법	교장 50%, 교감 50%	• 교사의 근무실적·근무수행 능력 및 근무수행 태도에 관해 실시 • 동료교사 중 3인 이상으로 다면평가자 구성 • 다면평가자 구성 기준, 절차 등 필요사항은 명부작성 권자가 정함	다면평가를 '07년에는 시범 실시하고, '08년부터 시행 ※'07년에는 근평점을 100점 만점으로 적용
평정 점수	80점	100점 = 근무성적 70점(교장40, 교감30) + 다면평가 30점(다면평가자 30)	
산정기간	2년	근평 및 다면평가 합산점 10년 2010년 교육개정령안에서 다시 수정되어, 최근 5년 이내의 기간 중 유리한 3개년을 선택하여 반영한다.	'10년 명부 작성 시부터 매해 1년씩 확대 ('10년 : '09년+'08년+'07년) 위 내용은 2010년에 교육개정령안에서 수정됨
평정 결과	비공개	본인의 최종 근평 및 다면평가 합산점 공개	'07년부터 시행

(2) 경력평정(70점)

경력평정은 연공서열 내지 경력에 기초하여 평정하는 것으로서 직관성을 갖고 있는 평정이다. 경력은 기본경력과 초과경력으로 구분되며, 경력종별, 평정기간을 정확히 구분하여 평정하도록 되어 있다. 경력평정은 매년 12월 말에 정기적으로 실시하며, 기본경력은 평정 시기로부터 최근 20년간을 평정기간으로 하고, 초과경력은 기본경력 전 5년을 평정기간으로 한다. 평정대상경력은 교육경력, 교육행정경력, 교육연구경력,

기타 경력으로 하되 그 경력의 내용은 가경력, 나경력, 다경력으로 나눈다. 경력평정자는 소속기관의 인사담당관이며, 소속기관장이 확인한다.

경력평정에 관한 2007년 교육공무원승진규정 개정의 주요내용은 다음과 같다.

경력평정의 기간이 종전 25년에서 '08년부터 매해 1년씩 단축하여 2011년까지 20년으로 단축되며, 총점이 90점에서 70점으로 축소된다.

표 5-2 경력평정에 관한 승진규정 개정(2007)

구분	개정 전	개정 후	비고
평정 기간 (제8조)	25년 (기본 20년 + 초과 5년)	20년 (기본 15년 + 초과 5년)	'08년부터 매해 1년씩 단축
평정 점수 (별표2)	90점 (기본 : 84점, 74점, 64점)	70점 (기본 : 64점, 60점, 56점)	'07년부터 시행
기간 계산 (제11조 제2항)	15일 이상은 1월로 계산, 15일 미만은 미산입	1월 미만은 일단위 계산	'09년부터 시행

(3) 연수성적 평정(30점)

교육성적평정과 연구실적평정으로 구분되어 있는데 다음과 같다.

① 교육성적평정(직무연수 성적 18점+자격연수성적 9점)

교육성적평정은 직무연수 성적과 자격연수성적으로 나누어 평정한 후 이를 합산한 성적으로 한다. 직무연수 성적의 평정은 당해 직위에서 「교원 등의 연수에 관한 규정」에 의한 연수기관 또는 교육과학기술부장관이 지정한 연수기관에서 10년 이내에 이수한 60시간 이상의 직무연수 성적을 제33조 제1항 제1호에 따라 환산한 직무연수환산 성적 및 직무연수 이수실적(교장 · 장학관 · 교육연구관 승진후보자 명부작성 대상자는 제외한다)을 대상으로 평정한다. 자격연수성적에 대한 평정은 승진대상 직위와 가장 관련이 깊은 자격연수성적 하나만을 평정대상으로 한다.

직무연수 성적은 교감 승진후보자 명부작성 대상자를 대상으로 다음과 같이 평정한다.

6점 × 직무연수환산 성적/직무연수 성적 만점 + 6점 × 직무연수 횟수 (2회에 한한다).

직무연수 성적은 다음 〈표 5-3〉에 따라 환산한다.

표 5-3 직무연수 성적 환산점수

직무연수 성적	직무연수환산 성적
95점 초과	100점
90점 초과 ~ 95점 이하	95점
85점 초과 ~ 90점 이하	90점
85점 이하	85점

② 연구실적평정(연구대회 입상 실적 + 학위 취득 실적)

연구대회입상 실적평정은 다음에 해당하는 실적을 대상으로 한다.

가. 국가·공공기관 또는 공공단체가 개최하는 교육에 관한 연구대회로서 교육과학기술부장관이 인정하는 전국 규모의 연구대회(이하 "전국 규모연구대회"라 한다)에서 입상한 연구실적

나. 특별시·광역시 또는 도(이하 "시·도"라 한다)의 교육청·지방공공기관 및 공공단체 등이 개최하는 교육에 관한 연구대회로서 시·도교육감이 인정하는 시·도 규모의 연구대회(이하 "시·도 규모 연구대회"라 한다)에서 입상한 연구실적

학위취득 실적평정은 교육공무원이 당해 직위에서 석사 또는 박사학위를 취득하였을 경우 그 취득학위 중 하나를 평정의 대상으로 하고, 교육공무원이 전직된 경우에는 전직 이전의 직위 중 학위취득실적을 포함하여 평정한다. 또한, 연구실적평점점은 3점을 초과할 수 없다. 연구대회 입상 실적평정과 석사 및 박사학위취득 실적은 다음 〈표 5-4〉에 의하여 평정한다.

표 5-4 연구대회입상 실적평정과 학위 취득실적 평정점수

구분		개정 전		개정 후	
연구대회	입상등급	전국 규모 연구대회	시 · 도 규모 연구대회	전국 규모 연구대회	시 · 도 규모 연구대회
	1등급 2등급 3등급	1.00점 0.75점 0.50점	0.50점 0.375점 0.25점	1.50점 1.25점 1.00점	1.00점 0.75점 0.50점
학위	박사	직무와 관련 있는 학위 2점 기타의 학위 1점		직무와 관련 있는 학위 3점 기타의 학위 1.5점	
	석사	직무와 관련 있는 학위 1점 기타 학위 0.5점		직무와 관련 있는 학위 1.5점 기타 학위 1점	

연수성적평정에 관한 2007년 교육공무원승진규정 개정의 주요내용은 〈표 5-5〉와 같다. 연구실적의 경우에는 총점 3점을 유지하되, 연구대회 입상등급별 점수와 학위취득실적 요소별 점수를 아래와 같이 상향 조정하였으며, 개정된 연수성적평정 규정은 2009년부터 시행되고 있다.

표 5-5 연수성적평정 규정

구분	개정 전	개정 후	비고
직무연수	• 직무연수 성적 계산 -6점×직무연수 성적/직무연수 성적 만점	• 직무연수 성적 계산 -6점×직무연수 환산 성적/직무연수 성적 만점 • 전직 전에 이수한 직무연수 반영 • 교육성적을 만점의 8할로 평정하는 사례에 교육성적이 없는 경우 포함	'09년부터 시행
연구실적	-	연구대회 입상등급별 점수와 학위취득 실적 요소별 점수 상향 조정	

(4) 가산점(13점)

가산점 평정은 공통가산점과 선택가산점으로 구분하여 평정한다. 공통가산점의 평정은 다음과 같이 한다.

가. 교육과학기술부장관이 지정한 연구학교의 교원으로 근무한 경력은 월 0.021점(총합계는 1.25점을 초과할 수 없다)
나. 교육공무원으로 재외국민교육기관에 파견근무한 경력은 월 0.021(총합계는 1.25점을 초과할 수 없다)
다. 연수이수실적이 학점으로 기록·관리되는 경우에는 1학점당 0.01점(이 경우 명부작성권자는 0.08점의 범위 안에서 연도별 상한점을 정할 수 있고, 1점의 범위 안에서 가산점의 총합계를 정할 수 있다)으로 평정한다.

선택가산점은 다음과 같은데 그 총합계는 10점을 초과할 수 없다.

가. 「도서・벽지교육진흥법」 제2조에 따른 도서벽지에 있는 교육기관 또는 교육행정기관에 근무한 경력이 있는 경우
나. 읍・면・동 지역의 농어촌 중 명부작성권자가 농어촌 교육의 진흥을 위하여 특별히 지정한 지역의 학교에 근무한 경력이 있는 경우
다. 그 밖의 교육발전 또는 교육공무원의 전문성 신장 등을 위해 명부작성권자가 필요하다고 인정하는 경력이나 실적이 있는 경우

가산점에 관한 2007년 교육공무원승진규정 개정의 주요내용은 〈표 5-6〉과 같다. 가산점은 공통가산점을 총점 3.5점에서 3점으로 축소하였으며, 선택가산점은 종전 15점 범위 내에서 교육감이 항목 및 점수의 기준을 산정하였던 것을 10점의 범위 내에서 세부 항목을 정할 수 있도록 개정하였다. 또한, 가산점 중복인정 기준에 대한 권한을 교육감에게 위임함으로써 가산점 제도가 지역실정에 맞춰 합리적으로 운영될 수 있도록 하였으며, 변경된 가산점 제도는 2009년부터 시행되고 있다.

표 5-6 변경된 가산점 제도(2009년)

구분	개정 전	개정 후	비고
공통 가산점	• 총점 3.5점 -재외국민교육기관 파견 경력 : 총 1.25점 -직무연수 이수실적 : 연도별 상한점 0.08점 이내	• 총점 3점 -재외국민교육기관 파견 경력 : 총 0.75점 -직무연수 이수실적 : 연도별 상한점 0.12점 이내	2009년부터 시행

선택 가산점	• 총점 15점 범위 내에서 교육감이 기준 결정 • 기준은 평정기간이 시작되기 전에 공개	• 총점 10점 범위 내에서 교육감이 기준 결정 • 기준은 평정기간이 시작되기 6개월 전에 공개 • 가산점의 중복인정 기준 권한을 명부작성권자에게 위임	
기간 계산	15일 이상은 1월로 계산, 15일 미만은 미산입	1월 미만은 일단위 계산	

※가산점 : 공통가산점(3.5 → 3점) 및 선택가산점(15 → 10점) 총점 축소

5.3. 교원의 휴직 및 휴가

5.3.1. 교원의 휴직

휴직 중인 자의 처리에서 휴직의 효력은 공무원의 신분은 보유하되, 직무에 종사하지는 못한다. 휴직 연장할 시는 만료 전 15일까지 신청할 경우나 휴직 허용기간 범위 내에서 휴직 연장 가능에만 가능하다. 또한 휴직자의 동태파악은 6개월마다 소재지와 휴직사유 지속여부를 소속기관장에게 보고해야 한다. 휴직 후 복직할 시 휴직기간 중 휴직사유 소멸 시 30일 이내에 임용권자 또는 임용 제청권자에게 신고하면 지체 없이 복직 조치한다. 또한 휴직기간 만료 시 30일 이내에 복귀신고를 하면 당연 복직 조치한다.

휴직의 종류는 〈표 5-7〉와 같이 직권휴직과 청원휴직으로 구분할 수 있다. 구체적으로 직권휴직에는 질병휴직, 병역의무, 교원노조 책임자의 휴직 등을 말하며 청원휴직에는 해외유학, 연수, 간병휴직 등이 있다.

표 5-7 휴직의 종류

종류	휴직관련 호와 사유	휴직조건	휴직 기간	승급	경력평정	봉급	구비서류
직권휴직	1. 질병휴직(요양)	• 신체·정신상의 장애로 장기요양	1년 이내	제한	불인정	7할(결핵성: 8할)	휴직원 진단서 (공상증명서)
	(공상)	• 공상으로 장기요양	1년 이내	인정	인정	전액지급	
	2. 병역의무(병역)	• 병역복무를 위한 징집 또는 소집	복무기간	인정	인정	불지급	휴직원 입영증명서
	3. 생사소재불명(행불)	• 천재지변·전시·사변 기타 사유로 생사소재불명	3월 이내	제한	불인정	불지급	휴직원 증빙서류
	4. 법정의무수행(의무)	• 법률의 규정에 의무 수행을 위하여 직무 이탈	복무기간	인정	인정	불지급	휴직원 증빙서류
	5 교원노조전임자	• 교원의 노동조합 설립 및 운영 법률	전임기간	인정	인정	불지급	휴직원 증빙서류
청원휴직	6. 해외 유학(연구·연수)	• 학위취득 목적 해외유학, 1년 이상 외국에서 연구 또는 연수	3년 이내(3년 연장 가능)	인정	인정(5할)	5할	휴직원 입학허가서 유학계획서
	7. 외국기관고용	• 국제기구·외국기관 • 재외국민교육기관 임시고용	고용기간	인정(상근 10할 비상근 5할)	인정(상근 10할 비상근 5할)	불지급	휴직원 고용계약서
	8. 양육휴직	• 자녀(6세 이하의 초등학교 취학 전) 양육이나 여교원이 임신 또는 출산하게 된 때	1년 이내(*여교원 2년 연장 가능)	최초 1년 인정	최초 1년 이내 인정	불지급	휴직원 진단서 주민등록등본
	9. 국내 연수(연수)	• 교육과학기술부장관이 지정하는 국내 연구기관 • 교육기관 등에서 연수	3년 이내	제한	인정(5할)	불지급	휴직원 입학허가서

	10. 간병휴직(간호)	• 사고 · 질병으로 장기 요양을 요하는 부모, 배우자, 자녀 또는 배우자의 부모 간호	1년 이내 (재직기간 중 3년 이내)	제한	불인정	불지급	휴직원 진단서 간병확인서
	11. 배우자 동반	• 배우자 외국 근무, 또는 제5호에 해당된 때	3년 이내 (3년 연장 가능)	제한	불인정	불지급	휴직원 증빙서류

5.3.2. 교원의 휴가

교원의 휴가에는 연가, 병가, 공가, 특별휴가 등으로 구분할 수 있으며, 구체적으로 제시하면 다음과 같다.

1) 연가

연가란 1년 동안에 받을 수 있는 휴가를 말한다. 연가일수는 다음과 같이 근속시간에 따라 다르다.

첫째, 근속기간이 3월 이상 6월 미만인 경우 연가일수는 3일이다. 둘째, 근속기간이 5월 이상 1년 미만인 경우 연가일수는 7일이다. 셋째, 근속기간이 1년 이상 2년 미만인 경우 연가일수는 8일이다. 넷째, 근속기간이 2년 이상 3년 미만인 경우 연가일수는 11일이다. 다섯째, 근속기간이 3년 이상 4년 미만인 경우 연가일수는 17일이다. 여섯째, 근속기간이 5년 이상인 경우 연가일수는 20일이다. 결근, 휴직, 직위해제, 정직일수는 연가일수에 산입한다. 단, 법령상의 의무수행, 공무상 질병 또는 부상으로 인한 휴직은 제외한다. 지참 또는 조퇴 3회는 결근 1일로 간주한다. 근속기간별 연가일수 중에서 미사용 일수에 대하여 예산의 범위 내에서 매년 말에 지급하고 연가에 갈음할 수 있다.

표 5-8 재직기간별 연가일수

재직기간	연가일수
3개월 이상 ~ 6개월 미만	3일
6개월 이상~ 1년 미만	6일
1년 이상 ~ 2년 미만	9일
2년 이상 ~ 3년 미만	12일
3년 이상 ~ 4년 미만	14일
4년 이상 ~ 5년 미만	17일
5년 이상 ~ 6년 미만	20일
6년 이상	21일

단, 당해 연도에 결근·휴직·정직·직위해제 사실이 없는 교원으로서 병가를 활용하지 않은 교원과 연가실시 일수가 3일 미만인 교원에 대해서는 다음 해 재직기간별 연가일수에 각각 1일(합계 2일)을 가산한다.

2) 병가

질병 또는 부상으로 인하여 직무수행이 불가능하거나 전염으로 인하여 다른 공무원의 건강에 영향을 미칠 우려가 있는 경우에는 병가를 허용한다. 병가기간은 일반적으로 질병 또는 부상의 경우에는 연 2월의 범위 내에서 공무상 질병 또는 부상인 경우에는 연 6월의 범위 내에서 허용할 수 있다. 7일 이상의 병가 시에는 의사의 진단서를 첨부하여야 한다.

표 5-9 일반 병가와 공무상 병가

일반 병가	공무상 병가
• 질병, 부상, 전염병 • 연 60일 범위 안에서 허가	• 공무상 질병 또는 부상 • 연 180일 범위 안에서 허가
• 조퇴·외출은 누계 8시간을 병가 1일로 계산 • 병가일수 7일 이상인 경우 진단서 제출	

3) 공가

공가는 병역법 기타 법령에 의한 징병검사, 소집, 검열점호, 동원, 훈련참가, 공무에 관련하여 국회, 법원, 검찰 등 국가기관에 소환된 때, 법률의 규정에 의한 투표참가, 천재지변·교통차단·기타 출근 불능 시에 허용된다. 공가일수는 최소한의 실제 소요 또는 필요기간이다.

4) 특별휴가

특별휴가는 특별한 사유가 있을 때에 허용된다.

① 공무원은 본인이 결혼하거나 그 밖의 경조사가 있을 경우에는 별표 2의 기준에 따른 경조사휴가를 받을 수 있다.<개정 2011.7.4>

② 행정기관의 장은 임신 중인 공무원에 대해서는 그 출산 전후를 통하여 90일의 출산휴가를 허가하되, 출산 후의 휴가기간이 45일 이상이 되게 하여야 한다.<개정 2011.7.4>

③ 여성공무원은 생리기간 중 휴식과 임신한 경우의 검진을 위하여 매월 1일의 여성보건휴가를 받을 수 있다. 다만, 생리기간 중 휴식을 위한 여성보건휴가는 무급으로 한다.<개정 2011.7.4>

④ 생후 1년 미만의 유아를 가진 여성공무원은 1일 1시간의 육아시간을 받을 수 있다.<개정 2011.7.4>

⑤ 한국방송통신대학교에 재학 중인 공무원은 「한국방송통신대학교 설치령」에 따른 출석수업에 참석하기 위하여 제15조의 연가일수를 초과하는 출석수업 기간에 대한 수업휴가를 받을 수 있다.<개정 2011.7.4>

⑨ 풍해·수해·화재 등 재해로 인하여 피해를 입은 공무원과 재해지역에서 자원봉사활동을 하려는 공무원은 5일 이내의 재해구호휴가를 받을 수 있다.<개정 2011.7.4>

⑩ 행정기관의 장은 소속 여성공무원이 유산(「모자보건법」 제14조 제1항에 따라 허용되는 경우 외의 인공임신중절에 의한 유산은 제외한다. 이하 같다)하거나 사산한 경우 해당 공무원이 신청하면 다음의 기준에 따라 유산휴가 또는 사산휴가를 주어야 한다.<개정 2011.7.4>

휴가는 근무상황부에 의하여 소속기관장이 정하는 감독자의 휴가

명령을 받아서 실시한다. 휴가기간 중의 토요일 또는 공휴일은 그 휴가 일수에 산입하지 아니한다. 다만, 휴가 일수가 30일 이상 계속되는 경우에는 그 휴가 일수에 토요일 또는 공휴일을 산입한다. [전문개정 2011.7.4] 이 영에서 정한 휴가 일수를 초과한 휴가는 결근으로 본다. [전문개정 2011.7.4]

표 5-10 특별휴가 일수

구분	대상	일수
결 혼	• 본인	5일
	• 자녀	1일
출 산	• 배우자	5일
입 양	• 본인	20일
사 망	• 배우자 • 본인 및 배우자의 부모	5일
	• 본인 및 배우자의 조부모 · 외조부모	2일
	• 자녀 • 그 자녀의 배우자	2일
	• 본인 및 배우자의 형제자매	1일
출산 휴가	• 임신 중의 여자 공무원	90일
여성보건 휴가	• 여자공무원의 매 생리기와 임신한 경우(단, 생리로 인한 휴가는 무급)	1일(매월)
한국방송통신대학 수업휴가	• 방송통신대학의 수업에 참석하기 위해 연가일수를 초과하는 수업기간에 대한 수업휴가	초과기간
재해구호 휴가	• 재해 · 재난 피해 공무원 • 재해 · 재난 발생지역에서 자원봉사 활동을 희망하는 공무원	5일

5.4. 교원의 징계

5.4.1. 교원의 징계

교원의 징계 사유(국가공무원법 제78조 1항)는 ① 국가공무원법 및 동법에 의한 명령에 위반하였을 때, ② 직무상의 의무위반이나 직무를 태만했을 때, ③ 직무 내외를 불문하고 체면이나 위신을 손상시키는 행위를 했을 때로 구분할 수 있다.

징계사유의 시효는 징계사유 발생일로부터 2년(단, 금품 및 향응수수와 공금횡령의 경우는 5년)으로 규정하고 있다.

※「국가공무원법」이 개정(법률 제9296호, 2008.12.31. 공포・시행, 2009.4.1. 시행)됨에 따라「공무원징계령」에 신설

징계의 종류는 중징계에 속하는 것으로 파면, 해임, 강임, 정직이 있고, 경징계에 속하는 것으로 감봉과 견책 등으로 구체적인 내용은 〈표 5-11〉과 같다.

소청심사 및 소송은 교원의 징계처분 및 기타 그 의사에 불리한 처분에 대해 불복이 있을 때 이루어진다. 교원소청심사위원회(교육과학기술부 소속)는 처분이 있음을 안 날로부터 30일 이내에 소청심사 가능하며, 기타 행정소송은 심사위원회의 결정에 대하여 60일 이내에 소송을 제기할 수 있다.

5.4.2. 직위해제

직위해제란, 공무원에게 직위를 계속 유지시킬 수 없다고 인정되는 사유가 있는 경우 직위를 해면하는 행정행위의 일종이다. 이는 복직되지 않으면 직권면직 처분을 받게 되는 불이익 처분이다.

직위해제의 사유 및 조치사항은 국가공무원법 제73조의 3에 근거한 다음의 각 호에 해당한다.

① 직무수행 능력이 부족하거나 근무성적이 극히 나쁜 자
② 파면・해임 또는 정직에 해당하는 징계의결 요구 중인 자
③ 형사사건으로 기소된 자(약식명령이 청구된 자는 제외)

직위해제 사유가 소멸되면 임용권자는 지체 없이 직위를 부여해야 하며, 직무수행 능력이 부족하거나 근무성적이 극히 나쁜 자는 3개월의 범위에서 대기하여야 한다. 대기 명령을 받은 자는 능력 회복이나 근무성

표 5-11 징계의 종류

종류 (국가공무원법 제79조, 교육공무원 징계령 제1조의 2)		기간 (국가공무원법 제80조)	신분 (국가공무원법 제33조) (공무원임용령 제32조)	보수, 퇴직급여 등 (국가공무원법 제80조, 공무원보수규정 제14조, 공무원연금법시행령 제55조)
중징계	파면	-	• 공무원 관계로부터 배제 • 5년간 공무원에 임용될 수 없음	• 재직기간 5년 미만자 퇴직급여액의 1/4, 5년 이상인 자 1/2 감액 지급
	해임	-	• 공무원 관계로부터 배제 • 3년간 공무원에 임용될 수 없음	• 퇴직급여 전액 지급
	강임	-	• 동종의 직무 내에서 하위의 직위에 임명(교수, 하위직이 없는 교사는 제외) 직무종사 금지(3개월)	• 3개월 2/3 삭감
	정직	1~3월	• 신분은 보유하나 직무에 종사 못 함 • 18월+정직 처분기간 승진제한 • 처분기간 경력평정에서 제외	• 18월+정직 처분기간 승급제한 • 보수의 2/3 감액
경징계	감봉	1~3월	• 12월+감봉 처분기간 승진제한	• 12월+감봉 처분기간 승급제한 • 보수의 1/3 감액
	견책	-	• 6월간 승진제한	• 6월간 승급제한

※ 현행 공무원의 징계 종류 중 '해임'과 '정직' 사이에 '강등'을 신설하는 내용으로 「국가공무원법」이 개정(법률 제9296호, 2008.12.31. 공포 · 시행, 강등 관련 개정규정은 2009.4.1. 시행)됨에 따라 「공무원징계령」에 '강등'을 신설하였다.

적의 향상을 위한 교육훈련 또는 특별한 연구과제 부여 등의 조치가 필요하다.

직위해제 기간 중에 있는 자는 당해 기간 동안 승진임용 및 승급이 불가하며, 봉급은 8할을 지급한다. 만약 징계의결 요구 중이거나 형사사건으로 기소되어 직위해제 후 3개월 이후 직위를 부여받지 못할 때에는 봉급의 5할을 지급해야 한다.

5.4.3. 면직

면직이란 공무원 관계를 소멸시키는 것이다. 그 종류에는 직권면직, 징계면직, 사망, 의원면직 등이 있다.

1) 직권면직

본인의 의사에도 불구하고 면직을 시키는 경우이다. 이에 해당하는 경우는 아래의 각 호와 같다.

① 직제와 정원의 개폐 또는 예산의 감소 등에 따라 폐직(廢職) 또는 과원(過員)이 되었을 때
② 휴직기간이 끝나거나 휴직사유가 소멸된 후에도 직무에 복귀하지 아니하거나 직무를 감당할 수 없을 때
③ 직위 해제되어 3개월간의 대기 명령을 받은 자가 그 기간에 능력 또는 근무성적의 향상을 기대하기 어렵다고 인정된 때
④ 전직시험에서 세 번 이상 불합격한 자로서 직무수행 능력이 부족하다고 인정된 때
⑤ 징병검사·입영 또는 소집의 명령을 받고 정당한 사유 없이 이를 기피하거나 군복무를 위하여 휴직 중에 있는 자가 군복무 중 군무(軍務)를 이탈하였을 때
⑥ 해당 직급에서 직무를 수행하는 데 필요한 자격증의 효력이 없어지거나 면허가 취소되어 담당 직무를 수행할 수 없게 된 때

2) 징계면직

징계위원회의 의결 절차를 거쳐 파면, 해임시키는 경우이다.

3) 사망

사망으로 인한 면직은 사망한 다음 날에 면직 처리된다. 사망자 보고는 발생 7일 이내에 임용권자에게 보고한다.

4) 의원면직

본인의 의사 표시에 의하여 공무원 관계를 소멸시키는 경우이다. 하지만, 중징계에 해당한다고 판단되는 경우에는 의원면직을 허가할 수 없다. 의원면직을 제한하는 경우는 아래의 각 호와 같다.

① 비위와 관련하여 형사사건으로 기소 중인 때
② 징계위원회에 중징계 의결 요구 중인 때
③ 감사원, 검찰, 경찰 및 수사기관에서 비위와 관련하여 조사 또는 수사 중인 때
④ 각급 행정기관의 감사부서 등에서 비위와 관련하여 내사 중인 때

5.5. 교원의 보수

구성원의 동기를 유발하고 근무의욕을 고취시키는 가장 중요한 요인 중의 하나는 보상이라고 할 수 있다. 보수를 핵심으로 하는 보상문제는 인사행정의 지주이며, 요체이다. 즉 보수는 피고용인의 근무에 대하여 반대급부로 주어지는 금전적인 대가라 할 수 있다.

현행 교육공무원의 보수는 동등한 학력과 자격 및 경력을 가진 교원의 경우 학교급별, 성별 등의 조건에 관계없이 동일한 보수를 지급하는 것을 원칙으로 하는 단일호봉제를 지향하고 있다.

구체적으로 교원의 보수는 봉급과 기타 각종 수당을 합산한 금액으로 이루어진다. 다만, 연봉제 적용대상 공무원은 연봉과 기타 각종 수당을 합산한 금액을 말한다. 봉급은 직무의 곤란성 및 책임의 정도에 따라 직책별로 지급되는 기본급여 또는 직무의 곤란성 및 책임의 정도와 재직기간 등에 따라 계급(직무등급 또는 직위 포함)별·호봉별로 지급된다. 수당은 직무 여건 및 생활 여건 등에 따라 지급되는 부가급여이다.

교원은 임용될 때에 최초로 획정되는 호봉에 따른 초임금이 봉급액으로 지급된다. 초·중등교원의 초임호봉은 공무원 보수규정에 따라 경력, 학력 등을 감안하여 기산호봉을 정한다. 교원은 매년 1호봉씩 상위의 호

봉으로 승급이 이루어진다.

유치원·초·중고등학교 교원의 봉급 월액은 동규정 별표11의 해당 봉급표에 명시된 금액으로 한다. 이 봉급은 별표1의 공무원별봉급표 구분표에 따라, ① 고등학교 이하의 각급 학교에 근무하는 교원, ② 장학관 및 교육연구관(교육인적자원부, 국사편찬위원회, 국립교육평가원, 중앙교육연수원, 국제교육진흥원, 교원징계재심위원회, 국립특수교육원, 국립대학교에 근무하는 장학관 및 교육연구관 제외), 교육장, 장학사 및 교육연구사(보수규정 5)에게 적용한다. 또한 전문대학 및 대학 교원 등의 봉급 월액은 동 규정 별표12의 해당 봉급표에 명시된 금액으로 한다. 이 봉급은 별표1 봉급표 구분에 따라, 별표11의 봉급표를 적용받지 않는 교육공무원, 통일연수원·외교안보연구원·국방대학교사법연수원·경찰대학국립보건원·중앙공무원교육원 기타 공무원 교육훈련기관의 교수·부교수·조교수·전임강사 및 조교에게도 적용한다.

공무원보수규정 제19조에 의거 보수는 다른 법령에 특별할 규정이 있는 경우를 제외하고는 현금 또는 요구불 예금으로 지급하며, 본인에게 직접 지급하되 출장, 항해 기타 부득이한 사유로 인하여 본인에게 직접 지급할 수 없을 때에는 본인이 지정하는 자에게 지급하는 방법을 규정하고 있다. 또한 교육부 및 그 소속기관의 보수지급일은 17일로 하되 지급일이 토요일 또는 공휴일일 때에는 그 전일에 지급한다(동 규정 제20조).

교원의 보수계산은 동 규정 제21조~제30조에 의거하여 신규채용, 승진, 전직, 승급, 감봉, 기타 어떠한 경우의 임용에 있어서도 발령일을 기준으로 그 월액을 일할계산하며, 2년 이상 근속한 공무원의 월중 면직 또는 병역법, 기타 법률이 규정에 의해 의무를 수행하기 위하여 휴직된 때는 면직 또는 휴직된 날이 속하는 달의 봉급 전액을 지급한다. 당해 교원의 연가일수를 초과한 결근일수의 매 1일에 대하여 봉급 일액의 3분의 2를 감안하여 지급한다. 또한 연가·병가·공가·특별휴가 및 공무상 질병 휴직기간 중에는 보수의 전액을 지급하지만, 신체정신상 장애의 병휴직은 그 기간 중 봉급의 7할(결핵은 8할)을 지급하며 해외유학 및 1년 이상의 국외 연수를 위해 휴직한 교원에게는 그 기간 중 봉급의 5할을 지급할 수 있다. 직위해제된 자에 대해서는 봉급의 8할을 지급하며, 최고 호봉(유・초・중등교원 40호봉)을 받고 정기승급일 현재로 승급기간(1년)을 초과할 때마다 근가호봉 1호씩 부여하되 10회를 초과할 수 없다.

국가공무원법 제80조에 의하면 파면 및 해임, 정직 처분자, 감봉 처분자, 견책 처분자, 일반사면 및 특별사면된 자, 징계처분 등이 최소된 자(공무원보수규정 제30조)는 법적 조항에 의해 보수를 감하여 지급한다. 이 밖에 신규채용자에 대한 보수규정(공무원보수규정 제22조), 면직 시 보수지급(공무원보수규정 제22조 및 제24조, 공무원수당 등에 관한 규정 제21조), 휴가(연가, 병가, 공가, 특별휴가)기간의 보수지급(공무원수당 등에 관한 규정 제19조 제6항), 결근기간의 보수지급(공무원수당 등에 관한 규정 제19조 제4항), 호봉정정자에 대한 보수지급(공무원보수규정 제18조)에 근거하여 봉급을 계산한다.

보수결정의 원칙은 교육공무원법 제34조에 규정되어 있다. "교육공무원의 보수는 자격 및 경력과 직무의 곤란성 및 책임의 정도에 따라 보수가 지급된다." 자격과 경력에 따라 보수가 결정된다 함은 동등한 학력과 동등한 임금의 직무급의 원칙을 뜻한다.

5.5.1. 호봉

1954년 이후 독자적으로 교육공무원 보수규정이 제정, 운영되어 오다가 1982년 12월 공무원보수규정 개정 시 이에 통합되었다. 현행 교원의 보수체계는 자격과 경력에 의한 보수지급을 원칙으로 하는 이른바 단일호봉제를 채택하고 있다. 그러나 단일호봉제를 지향하면서 초・중등학교와 전문대학, 그리고 대학교에서 각기 호봉제와 기산호봉, 승급연한, 봉급 및 수당을 정하는 삼원체계로 형성, 운영되고 있다.

공무원보수규정 제8조에 의하면 신규채용하는 교육공무원의 경우에는 초임호봉을 획정하며, 교원의 초임호봉은 별표15 공무원의 초임호봉에 의해 획정한다고 규정하고 있다. 또한 공무원보수규정 제9조에 의거 초임호봉의 획정공무원이 재직 중에 다음 각 호의 1에 해당하는 경우에는 호봉을 재획정한다. ① 새로운 경력을 합산해야 할 사유가 발생한 경우,

② 15조 2호의 규정에 의해 승급제한 기간을 승급기간에 산입하는 경우, ③ 당해 공무원에게 적용되는 호봉 획정의 방법이 변경되는 경우, 위 ①의 경우에는 공무원 경력은 경력합산을 신청한 날이 속하는 달의 다음달 1일에, 유사경력은 전력조회가 완료된 날이 속하는 달의 다음달 1일에, ②의 경우는 15조(승급기간의 특례) 2호(징계처분을 받은 자의 승급기간)의 규정에 의한 기간이 경과한 날이 속하는 달의 다음달 1일에 각각 이를 합산하여 재획정한다. 다만, 휴직정직 또는 직위해제 중인 자에 대하여는 복직일에 재획정한다.

5.5.2. 승급

승급이라 함은 일정한 재직기간의 경과 기타 법령의 규정에 의하여 현재의 호봉보다 높은 호봉을 부여하는 것을 말한다. 공무원보수규정 제13조의 정기승급에 의하면 교육공무원의 호봉 간 승급에 필요한 기간(이하 '승급기간')은 1년으로 하며, 공무원의 호봉은 매년 1월 1일, 4월 1일, 7월 1일 및 10월 1일자로 승급한다. 위 규정에 불구하고 14조(승급의 제한)의 규정에 의해 승급제한을 받고 있는 공무원은 승급제한 기간이 만료된 다음날에 승급한다.

공무원보수규정 제14조의 승급제한에 의하면 ① 징계처분 · 직위해제 또는 휴직(공무상 질병으로 인한 휴직 제외) 중에 있는 자, ② 징계처분의 집행이 종료된 날로부터 다음의 기간이 경과되지 아니한 자, ㉮ 정직 : 18월, ㉯ 감봉 : 12월, ㉰ 영창 · 근신 또는 견책 : 6월, ③ 법령의 규정에 의한 근무성적 평정점이 최하등급에 해당되는 자 또는 군근무성적 평정규정에 의한 평정결과가 각군 참모총장이 정하는 기준에 미달되는 자로서 최초 정기승급예정일로부터 6월이 경과되지 않은 자, ④ 17조 1항(연구직공무원의 승급심사)의 규정에 의한 승급심사에 합격되지 못한 연구관으로서 최초 정기승급예정일로부터 1년이 경과되지 않은 자, ⑤ 군인보수법 8조 2항 후단의 규정에 의하여 복무기간에 해당하는 호봉보다 다액의 호봉을 부여받고 당해 호봉에 상응하는 복무기간에 미달된 자 중 1에 해당하는 자는 당해 기간 동안 승급시킬 수 없다. 위 규정에 의하여 승급제한 기간 중에 있는 자가 다시 징계처분이나 기타 사유로 승급을 제한받는 경우의 그 승급제한 기간은 승급제한 기간이 만료된 날로부터 기산한다. 공무원이 징계처분을 받은 후 당해 계급에서 훈장, 포장, 국무총리 이상의 표창, 모범 공무원 포상 또는 제안의 채택으로 포상을 받은 경우에는 최근에 받은 가장 중한 징계처분에 한하여 승급제한 기간의 ½을 단축할 수 있다.

제6장 교원능력개발 평가

6.1. 도입 배경 및 필요성

교원의 능력을 개발하기 위한 약칭 교원평가는 10여 년간의 우여곡절 끝에 2010년 3월 1일부터 시·도 교육규칙에 근거하여 전국의 모든 학교에서 시행 중에 있다. 향후 법제화라는 숙제를 남긴 채 교원능력개발평가(이하 교원평가)는 교장, 교감, 동료교사, 학부모, 학생에 의한 다면평가를 통해 교원 개개인의 능력개발을 위한 자료로 활용되는 것이다. 더구나 우리나라 교원들은 입직 단계에서는 우수한 교사가 선발되고 있으나 재직하는 동안에는 자신의 능력을 개발할 수 있는 제도적 장치가 미흡하다는 것이 평가의 도입 취지이기도 하다. 아무튼 교원평가는 교원의 수업 전문성을 제고하고 공교육의 경쟁력 확보를 위한 시대적 요구사항임에 틀림없다. 이에 교원능력개발평가의 추진 배경 및 필요성을 살펴보면 다음과 같다.

첫째, 교원능력개발평가의 추진 배경은 2000년 '교직발전종합방안' 수립 시 '교원평가제' 도입을 최초로 검토하였다. 시안에 대하여 학부모는 찬성하였으나, 교직사회의 반발로 추진과제에서 제외되었다.

그 후 2003년 OECD 교원정책검토단에 의한 '능력개발을 위한 교원평가제' 도입을 다음과 같이 권고하였다. 한국의 교원제도는 우수 자원이 교직에 입직하고 안정적인 교육활동에 임할 수 있는 장점을 지닌 반면, 지속적으로 능력을 개발할 수 있는 기제가 부족하므로 교원평가제 도입을 권고하였다. 한편 우리나라 교원제도의 취약점은 우수 인재들이 한번

입직하면, 높은 직업적 안정성 때문에 정년인 62세까지 근무하는 동안 본인이 원하지 않는 한, 체계적으로 꾸준히 능력개발을 할 수 있는 기제가 부족하다는 점을 들 수 있다. 교사들은 미성년자인 학생들을 대상으로 교실 안에서 독립적이고 자율적으로 직무를 수행하고 있다. 장기 교직에 종사하다 보면 아무리 우수한 인재라 하더라도, 전문성 신장에 필요한 영역을 객관적으로 진단하여 확인해 주는 피드백이 없이는, 자칫하면 불안한 주관성과 고립성에 빠질 위험이 높다는 것이다.

이는 세계 각국에서 지적되는 문제점으로 OECD 교육국이 2005~2006년 전략목표로 '평생학습정책과 다른 사회경제 정책들과의 연계(Connecting Lifelong Learning Policy with Other Socio-economic Policies)', '평가를 통한 교육의 성과 향상(Evaluating and Improving Outcomes of Education)', '품질 높은 교수의 증진(Promoting Quality Teaching)'을 꼽았던 점은 우리나라를 포함하여 각국이 교원정책에 시사하는 바가 크다.

둘째, 현행 교원근무평정제도는 승진에 초점이 맞추어져 있어 능력개발 지원에 도움을 주지 못한다는 비판이 지속적으로 제기되고 있다. 근무평정제도 관련 설문조사 결과에 의하면, 교원의 94.3%가 개선의 필요성에 공감하고 있다(KEDI, 2004). 교육공무원승진규정에 의한 교원 직무수행의 실적과 능력을 평가하는 근무성적 평정제도는 교감, 교장 등 관리직 후보자를 선별하기 위한 총괄적 성격의 상대평가로 제한되어 있다. 하지만 개별 교사들의 전문성 신장에 도움을 줄 수 있는 피드백 기능이 없다는 점이 문제점으로 지적되어 왔다. 이에 교원능력개발평가는 교원의 전문성 신장에 도움이 되는 방향으로 구안되어 있으며, 근무성적 평정이나 성과급 평가에는 없는 피드백 기능으로, 진단적이며 형성적 성격을 가진 평가로서 발달 지향적으로 운영되어야 한다는 지적이 있었다. 이에 정부는 교원들에 대한 공정한 평가를 통해 능력개발 및 전문성 신장을 위한 피드백을 제공하고, 능력개발을 위한 기회를 부여하여 교육의 질과 신뢰도를 높이자는 국민적 요구에 따라 교원능력개발평가의 도입과 법제화를 추진하고 있다.

교원의 지속적인 전문성 신장은 국민 전체에 대한 봉사자로서 교사들이 학교교육의 질을 높이기 위하여 반드시 수행하여야 하는 직무 중 하나이며, 동시에 국민의 질 높은 교육을 받을 권리를 보장하기 위한 전제 조건임에 틀림없다. 교원의 전문성 신장은 교원의 사용자인 국민이 질 높은 교육을 받을 권리의 보장을 위하여 교원들에게 요구하는 의무이며, 전문성 신장이 필요한 영역을 진단받기 위한 교원의 능력개발평가 또한 교원의 당연한 직무로 판단된다. 즉 교원의 평가를 통해 교원의 능력개발 계기를 제공하여 전문성을 신장함으로써 공교육 내실화 및 학부모의 신뢰를 제고할 필요가 있다.

현 시점에 이르기까지 교원능력개발평가의 주요 경과 사항을 개괄적으로 제시하면 다음과 같다.

- "교원평가제도 개선" 정책연구 및 교직단체와 협의('04～'05)
  - 「교원평가제도 개선」 정책연구('04.8～'05.2) : 한국교육학회, 한국교육행정학회, 한국교육평가학회
- 『학교교육력 제고를 위한 특별협의회』 운영('05.6.24～11월)
  - 정부, 교직 3단체, 학부모 2단체 등 대표(7명)로 구성
  - 2005.6～11월, 특별협의회 5회, 실무지원단 회의 15회 개최
- 『교원평가를 포함한 학교교육력 제고 시범사업』 및 교원 업무경감, 승진 · 양성 · 연수 개선 등 Road Map 발표('05.11.4).
  ※학교교육력 제고 시범학교 48교 선정('05.11.17) → 19교 추가 지정(총 67교, '06.1).
- 정부의 초 · 중등교육법 개정법률안 국회 제출 ('06.12.29).
- '07년도 교원능력개발평가 선도학교 506교 선정 및 운영('07.2～'08.2)
- 대국민 여론조사('07.9.13～14. Research & Research)
  - 교원평가제 도입 필요 82.1%, 시범학교 수 확대 필요 74.4%
- '08년도 교원능력개발평가 선도학교 669교 선정 및 운영('08.2～'09.2)
- 교원평가 관련조항 개정, 초 · 중등교육법 교육위 법안소위 계류 중 17대 국회 임기만료로 자동 폐기('08.5)
- 새 정부 국정과제(중점과제)로 선정 · 추진('08)
- '09년도 교원능력개발평가 선도학교 1,570교 선정 및 운영('09. 2～'10.2)
- '09 하반기 교원능력개발평가 선도학교 1,594개교 추가 지정

('09.9.22)

- 현재 시 · 도 교육규칙에 의거 2010년 3월 전국 국 · 공 · 사립, 초 · 중 · 고 일반학교 및 특수학교의 교원(교장 · 교감 · 교사) 대상평가 실시
- 특수교사, 보건교사, 영양교사, 전문상담교사, 사서교사 포함
- 교육청 소속 전문상담 순회교사, 교육청 배치 순회교사, 기간제 교사 포함

6.2. 교원능력개발평가의 현황

6.2.1. 기본방향

교원능력개발평가는 교원의 전문성 신장에 목적을 두고 교원들이 자신의 능력을 스스로 진단하고 개선하기 위하여 동료교원에서 수업평가를 받고, 학생과 학부모의 만족도를 확인하는 평가제도이다. 특히 교사의 학습지도 및 생활지도를 평가하여 수업의 질적 개선과 생활지도 능력 신장을 도모하고자 한다. 그리고 교육공동체 구성원(교원, 학부모, 학생)이 참여하는 평가를 실시하고, 평가결과는 교사의 전문성 향상을 위한 능력개발 자료로 적극 활용, 교원 상호 간 지식과 경험이 원활하게 공유되고 지속적으로 학습이 일어날 수 있는 체제를 구축하는 데 있다.

6.2.2. 교원능력개발평가의 개요

교사능력개발평가는 공정하고 타당한 평가 실시 및 결과 활용을 통해 교사의 학습 및 생활지도에 관한 전문성을 진단하고 교원의 지속적인 능력개발을 유도한다. 또한 교사가 자신의 수업을 새로운 관점에서 검토, 분석할 수 있도록 자기 발전에 필요한 자료를 제공한다. 이에 준하는 교사능력개발평가의 종류로는 동료교원 평가, 학생 만족도 조사, 학부모 만족도 조사가 있다. 평가시행 주체는 시 · 도교육감이며, 단위학교장이 주관하여 실시하며 그 대상자는 국 · 공 · 사립, 초 · 중 · 고 일반학

교 및 특수학교의 교원(교장 · 교감 · 교사)이 된다. (특수교사, 보건교사, 영양교사, 전문상담교사, 사서교사 등 포함) 평가 참여자는 평가대상자로 결정된 교원 전체, 교사로부터 직접 지도를 받는 학생 전체, 직접 지도를 받는 학생의 학부모 전체이다. 매년 1회 이상 실시하는 것을 원칙으로 하나 교육청 단위학교 '교원능력개발평가 관리위원회'의 결정에 따라 학기별 실시 등 2회 이상 실시가 가능하다. 평가 시기는 3월에서 10월 말일까지 완료하도록 하며 그 결과에 따른 맞춤형 연수를 11월부터 그 다음해 2월 말까지 실시한다. 구체적인 실시 시기는 평가시행계획으로 정한다. 대체적으로 학생 · 학부모 만족도 조사는 1학기 말에 실시할 것을 권장한다. 이와 같이 교사능력개발평가를 통해 교원의 전문성 신장을 지원함으로써 학교교육의 질 향상 및 공교육에 대한 신뢰를 제고한다.

6.2.3. 교원능력개발평가의 종류

1) 동료교원 평가

교장, 교감 및 동 학년, 동 교과 교사들이 교사 각각의 학습 · 생활지도 영역 및 교장 · 교감의 학교경영 영역에 대하여 평가하는 것이다. 평가를 받는 만큼 교사평가에 참여할 권리가 있을 뿐만 아니라 지도 · 감독의 책임자로서 교사평가에 1인 이상 참여할 의무가 있다.

평가자	참여 범위	선정 방식
교장	소속 학교 교장	교장 · 교감의 협의에 따라 평가대상자별 1인 이상 의무 참여
교감	소속 학교 교감	
교사	① 초등 : 소속 학교 동 학년 교사 또는 전체 ② 중등 : 소속 학교(병설 포함) 동 교과 · 동일 계열 교사 또는 전체	① 3인 이상의 동료교사 등으로 평가자 그룹 구성 ② 동 학년(초등), 동 교과(중등) 교사가 참여하는 것을 원칙으로 하되, 학교 실정에 맞게 탄력적으로 운영 ③ 동료교사 평가자의 구체적인 참여 범위 등은 학교 특성을 반영하여 평가관리위원회에서 결정 ④ 지역청 소속 순회교사 등은 순회학교의 동료교사들로 평가 그룹 구성

(1) 평가실행단계

평가방법은 평소 관찰 및 공개수업 관찰, 수업활동자료(포트폴리오) 검토 등 다양한 방법을 활용하여 종합적으로 평가한다. 수업장면을 동영상 촬영하여 학교 홈페이지에 탑재하는 등 평가자의 평가에 필요한 정보를 제공한다.

1단계 준비	평가자는 평가대상 교사, 평가영역, 평가관리위원회에서 선정된 지표 및 평가문항을 확인하고, 동료교원 평가표 작성 방법을 숙지하며, 수업참관 시기 및 방법 등에 대한 협의회를 실시하고 평가 일정을 확인한다.
⇩	
2단계 수업참관 및 관찰	평가자는 평가대상 교사의 수업을 참관하거나, 수업 동영상 녹화 자료, 수업활동 자료 등 학습지도 상황을 분석하고, 평소 생활지도 상황을 관찰하고 기록한다.
⇩	
3단계 평가	평가관리자로부터 아이디를 부여받아 정해진 평가 일정에 따라 온라인 평가에 참여한다.(온라인평가학교 문의, 확인)

2) 학생 만족도 조사

교사의 지도를 받는 모든 학생은 원칙적으로 학생 만족도 조사에 참여할 권리가 있다. 학생들(초 4~고 3)이 교사의 교육활동(학습지도, 생활지도), 개별 교사에 대하여 해당 학급 또는 수업을 받는 학생 전체가 만족도 설문 응답하는 것이다. 특수교사의 경우, 학생의 특성에 따라 학생의 만족도 조사를 실시하지 않고 학부모에 의한 만족도 조사로 대체할 수 있다.

평가자	참여 범위	
초1~초3	참여하지 않음	※ 학생 응답 능력을 고려하여 제외
초4~고3	① 담임 학급 학생 전체 ② 교과전담교사 등으로부터 직접 지도를 받은 학생 전체 ③ 평가대상자가 담당한 교과의 지도 학생 전체	※ 학교 규모나 학년 특성을 고려하여 평가관리위원회에서 구체적 참여 범위 결정

(1) 평가 실행단계

1단계 준비	평가관리위원회에서 조사문항 선정, 시기 및 추진방법 등을 정한다.
⇩	
2단계 안내 및 홍보	학생들에게 조사문항, 조사 시기 등을 예고하고, 올바른 만족도 조사 방법 및 태도를 홍보한다(시청각 자료 등 활용).
⇩	
3단계 만족도 조사	학생들은 교사에 대한 만족도 설문지에 응답한다(학교실정에 맞게 온라인 조사, OMR 카드 등을 활용).

학생 만족도 조사는 지속적인 사전교육을 실시하여 공정하고 신뢰성 있는 조사가 이루어질 수 있도록 조치가 필요하다. 또한 수업 결손 및 부담을 최소화하도록 하며, 정규 수업시간에 이루어지는 것을 지양한다.

※학년에 따른 학생의 이해 수준 및 과목별 특성을 반영하여 재구성, 활용하도록 한다. 학생이 담당교과 교사의 이름을 모를 경우가 많으므로, 평가대상 교사의 사진을 게시하도록 하며 학생의 경우, 종이설문지보다 On-line 응답을 선호하는 것으로 조사된 바 있다.

3) 학부모 만족도 조사

학부모들이 자녀의 학교생활 전반(학습지도, 생활지도, 학교경영 영역)에 대한 만족도에 응답하는 것이다. 학부모 만족도는 개별 교원(교장, 교감, 담임, 교과 및 비교과 교사 각각)을 대상으로 한다. 참여율 50% 이상을 권장하지만, 만족도 조사 참여는 학부모의 권리이지 의무는 아니다.

1단계 준비	교원능력개발평가 관리위원회에서 조사문항 선정, 참여 학부모의 규모, 시기 및 추진방법 등을 정한다.
⇩	
2단계 안내 및 홍보	학부모들에게 조사문항, 조사 시기 등을 예고하고, 올바른 만족도 조사 참여방법을 홍보한다(가정통신, 홈페이지 등 적극 활용).
⇩	
3단계 만족도 조사	자녀의 학교생활에 대한 학부모 만족도를 묻는 내용으로 제작된 설문지(또는 학교 홈페이지)에 응답한다.

※학부모에게 참여 권리를 부여하는 취지인 만큼, 모든 개별교사에 대한 의무적 조사 참여는 아니다. On-line으로 실시할 수 있으나, 인터넷 접근성이 취약한 학부모를 위하여 밀봉된 종이설문지를 병행한다.

6.2.4. 교사에 대한 평가자별 평가영역

평가자	평가영역 / 평가요소	학습지도			생활지도		
		수업 준비	수업 실행	평가 · 활용	개인 생활지도	사회 생활지도	학생지원 (비교과)
교 원	교 장	○	○	○	○	○	○
	교 감	○	○	○	○	○	○
	교 사	○	○	○	○	○	○
학 생	초 1~초 3	×	×	×	×	×	×
	초 4~고 3	○	○	○	○	○	○
학부모	초 1~고 3	○	○	○	○	○	○

※학생의 응답 능력을 고려하여 초 1~초 3은 제외.

① 비교과 교사(보건, 영양, 사서, 상담교사)가 수업을 할 경우 '학습지도' 영역은 일반교사의 평가지표와 동일하게 적용하며 '생활지도' 영역은 「학생지원」 요소로 간주하여 평가한다.

② 동료교원 평가와 학생 만족도 조사에서는 학습지도와 생활지도 영역을 모두 포괄한다.

③ 학부모 만족도 조사에서 담임교사에 대하여는 학습지도 · 생활지도 영역을, 담임 이 외의 교과(전담) 교사에 대하여는 학습지도 영역을, 비교과 교사에 대하여는 학생지원 요소 등을 대상으로 한다.

1) 일반교사에 대한 평가영역 · 요소 · 지표

평가영역	평가 요소	평가(조사) 지표 내용
학습지도	수업 준비	• 교육과정의 이해 및 교수 · 학습방법 개선노력 • 학습자 특성 및 교과내용 분석 • 교수 · 학습전략 수립

	수업 실행	• 수업의 도입 • 교사의 태도 • 학습자료의 활용 • 학습정리	• 교사의 발문 • 교사-학생 상호작용 • 수업의 진행
	평가 및 활용	• 평가내용 및 방법	• 평가결과의 활용
생활지도	개인생활지도	• 개인문제의 파악 및 창의 · 인성지도 • 가정 연계지도	• 진로지도 및 특기 · 적성지도
	사회생활지도	• 기본생활 습관지도 • 민주 시민성지도	• 학교생활 적응지도
	학생지원 (비교과 교사)	※제각기 다른 비교과 교사별 직무영역 요소 · 지표들을 포괄하여 「학생지원」으로 간주함.	

※동료교원에 의한 평가에서는 위에 제시한 평가지표별로 2~5개의 문항을, 학생이나 학부모의 만족도 조사에서는 평가요소별로 고르게 분포되도록 「교원능력개발 평가 관리위원회」의 심의를 거쳐 자율적으로 선정 가능하다.

2) 비교과 교사에 대한 평가영역 · 요소

① 특수교사의 경우 수업준비, 수업실행, 평가 및 활용에 이르는 '학습지도' 부분과 개인생활지도와 사회생활지도를 포함한 '생활지도' 측면에서의 평가가 이루어진다.

② 보건교사의 경우 수업을 담당할 경우 일반교사와 평가지표가 동일한 학습지도 부분과 학생건강 증진사업, 보건의료서비스, 재량수업을 통한 보건교육을 할 때 생활지도를 포함하여 평가가 이루어진다.

③ 영양교사의 경우 영양교육, 위생 및 안전관련 지도, 식단작성, 식재료 선정 및 검수에 해당하는 생활지도 면에서의 평가가 이루어진다.

④ 사서교사의 경우 도서관 경영, 정보자료 관리, 교육 및 수업지원을 포함한 생활지도 면에서의 평가가 이루어진다.

⑤ 전문상담교사의 경우 상담계획, 상담수행, 추수관리를 포함한 생활지도 면에서의 평가가 이루어진다.

6.2.5. 평가관리체제

교육과학기술부	• 교원능력개발평가 기본계획 수립 • 교원능력개발평가 시행 상황 점검 ※중앙컨설팅단과 지역컨설팅단 연계
⇕	
교육청 교원능력개발평가 관리위원회	• 시 · 도 교원능력개발평가 시행계획 수립 -교장 · 교감능력개발평가 시행계획 포함 ※교육감은 초 · 중학교 교원에 대한 평가관리를 위해 지역교육청별로 평가관리위원회를 구성
⇕	
교육청 교원능력개발평가 관리자	• 교육청과 학교 간 연락업무, 관내 학교평가 운영지도, 소속 교장 · 교감 평가업무 추진
⇕	
학 교 장	• 학교평가시행계획 수립 • 자체 능력개발 조치 시행 및 교육청 보고
⇕	
학교 교원능력개발평가 관리위원회	• 교원능력개발평가관리자 추천 • 교원능력개발평가 시행계획 심의 • 결과보고서 심의
⇕	
학교 교원능력개발평가 관리자	• 단위학교 평가관리위원회 실무처리 전담

6.2.6. 교원능력개발평가 시행계획에 포함될 주요내용

① 교사능력개발평가의 기본방향
② 교사능력개발평가 관리체계 및 시행절차
③ 평가자료의 수집 및 정리
④ 결과 처리
⑤ 결과 활용

6.2.7. 평가 준비

• 평가관리자 임명은 평가관리위원회의 추천을 받아 동 위원회의 교

원 위원 중에서 학교장이 임명한다. 평가관리자들은 교원능력개발평가 대상 명부작성 및 평가를 실시하며, 아울러 교장·교감 능력개발평가를 지원한다. 결과를 수합·정리하고 개인별 최종평가 결과를 작성·분석하여 평가관리위원회에 제출한다. 평가관리자 업무의 원활한 수행을 위해 전담부서 구성도 가능하다.

- 평가관리위원회 운영규정안은 학교운영위원회의 심의를 거쳐 학교장이 공포하며 학교장은 교원능력평가 관리위원회 운영규정이 마련된 후, 동 규정에 의거하여 평가관리위원회를 구성한다.
- 평가관리위원회 위원이 확정되면, 학교장은 제1차 협의회를 개최하고 평가관리자는 회의자료, 위촉장, 서약서, 관리위원 연수자료 등을 준비한다. 제1차 협의회에서는 평가관리위원에 대한 위촉장 수여, 경과 설명, 운영에 관한 사항 심의, 교원능력개발평가 관리위원회 운영계획 안내 등을 실시한다.
- 교원능력개발평가 관리위원회 위원은 성실한 직무수행과 직무상 취득한 비밀엄수를 내용으로 하는 서약서를 제출하며 관리위원의 역할 및 위원회의 기능에 대한 연수를 실시한다. 연수는 워크숍 등의 다양한 방식으로 실시하되, 교사능력개발평가의 개요설명 → 질의·응답 → 협의·토론 → 교사능력개발평가의 기본방침 잠정 합의 등의 순서로 진행한다.
- 평가관리위원회 연수 및 협의 등을 통해 잠정 결정된 기본방침을 토대로 평가대상, 평가내용 등 평가시행의 기본방향을 수립한다. 구체적인 시행방안을 수립하여 교사능력개발평가의 기본방향, 평가절차 및 일정, 평가대상 확정, 평가그룹 구성, 평가추진을 위한 업무분담, 평가자료의 수집 및 정리, 결과처리, 결과 활용 등을 포함한다. 교사능력개발평가 시행계획은 평가관리위원회의 심의를 거쳐 학교장이 최종 확정한다.

6.2.8. 평가결과 통보

평가관리자는 평가대상자별, 과목별, 학년별, 응답반응별 및 환산점·

평어로 정리된 개인별 평가결과(합산표 포함)를 학교장에게 보고하고, 학교장의 위임을 받아 해당자에게 통보한다. 통보방식은 온라인 본인 한정 열람, 우편 발송, 이메일 전송 등 학교실정에 맞는 방식을 강구하되, 타인이 알 수 없도록 보안을 유지한다.

6.2.9. 결과 분석 및 능력개발 계획서 작성

1단계 통보자료 검토	자신에게 통보된 교원에 의한 평가결과, 학생·학부모에 의한 만족도 조사 결과 등을 있는 그대로 검토한다.
⇩	
2단계 자기평가 및 분석	평가자(응답자)들의 평가결과를 바탕으로 자신의 수업활동 및 생활지도 활동을 성찰하면서 자기평가를 실시하고, 자신의 수업활동에 대한 객관적인 분석을 실시한다.
⇩	
(필요시) 평가결과 열람	평가자(응답자)들의 평가결과가 자신의 평소 교육활동 노력에 비해 현저히 왜곡되어 나타났을 경우, 원자료의 열람을 요구할 수 있다.
⇩	
3단계 종합평가 및 개선 계획 수립	자기평가 결과 및 분석 결과를 바탕으로 자신의 수업활동에 대한 종합적인 평가를 실시하고, 수업개선을 위한 향후 계획을 수립한다.

교사는 평가영역별로 자신의 평가 견해를 동료교원, 학생, 학부모의 평가 견해와 비교하여 종합의견을 기술하고 향후 개선 계획 및 수업개선을 위해 필요한 지원요청 사항을 포함한 '결과분석 및 능력개발 계획서'를 작성하여 제출 후 실천한다. 자신에게 미흡한 부분에 대해서는 직무연수를 신청하여 이수하면 된다.

※결과보고서에 포함되는 사항을 예시로 들면 평가대상 및 참여 현황, 교사능력개발평가 결과 개요 및 분석, 교사의 자율적 능력개발 계획, 능력개발을 위한 연수 및 기타 요청 사항, 교사 능력개발 지원계획이라 할 수 있다.

6.3. 교장 및 교감 능력개발평가

6.3.1. 개요

교장·교감의 학교경영 전반에 대한 직무수행 능력을 다양한 집단이 참여하여 평가하는 것으로 평가결과는 교장·교감의 전문성 및 능력개발을 위한 자료로 활용하게 된다. 교장·교감 능력개발평가에 따른 단위학교의 업무부담과 부작용을 최소화하고, 학교 및 지역 여건에 맞는 평가방식을 적용하고자 한다. 각급 학교(국립학교 포함) 교장·교감에 대한 평가는 당해 학교를 관할하는 교육감 또는 위임에 따른 교육장이 주관하여 시행하며 교장과 교감의 지도성 함양과 직무수행 및 교육활동지원능력을 향상시킨다. 평가대상으로는 국·공·사립, 초·중·고 일반학교 및 특수학교의 교장 및 교감으로 동료교원에 의한 평가와 학부모 만족도 조사가 있다. 매년 1회 이상 실시하며 원칙적으로는 교사능력개발평가와 동일한 시기에 실시하고 교육청 평가관리위원회의 심의를 거쳐 동료교원 평가 및 만족도 조사 시기의 조정도 가능하다. 평가시행 주체(주관)는 시·도교육감이며 교육규칙상 위임이 있을 경우, 초등·중학교 교장·교감에 대한 평가는 교육장이 주관하게 된다.

6.3.2. 평가의 종류

1) 동료교원에 의한 평가

교사, 교감, 교장이 교장, 교감의 학교경영 전반에 대하여 각각 평가한다. 각 평가지표에 대한 이해 및 수행수준을 「매우 우수」, 「우수」, 「보통」, 「미흡」, 「매우 미흡」 등 5단계 척도로 구분하여 평가한다.

2) 학부모 만족도 조사

교장·교감의 학교경영과 관련된 학교생활 전반에 대한 학부모 만족도 조사를 실시한다. 학부모의 만족도는 「매우 그렇다」, 「그렇다」, 「보통이다」, 「그렇지 않다」, 「전혀 그렇지 않다」의 5단계 척도 및 「잘 모르겠다」 항목으로 구분하여 정의적·주관적으로 판단하여 표기하도록 한다. 학교에 대한 판단 정보가 없을 경우에는 「잘 모르겠다」에 표기하도록 한다.

6.3.3. 교장·교감에 대한 평가자별 평가영역

1) 교장 대상

평가(조사) 영역 / 평가요소 / 평가자		학 교 경 영			
		학교교육 계획	교내 장학	교원 인사	시설 및 예산
교 원	교 감	○	○	○	○
	교 사	○	○	○	○
학 부 모		○	○	○	○

※학교경영 목표관리, 교육과정 편성·운영, 창의·인성 학생관리, 교실수업 개선, 자율장학 운영, 교원 인사관리, 시설관리, 예산 편성·집행이 교장에 대한 평가지표별 준거에 해당한다.

2) 교감 대상

평가(조사) 영역 / 평가요소 / 평가자		학 교 경 영			
		학교교육 계획	교내 장학	교원 인사	시설 및 예산
교 원	교장(교감)	○	○	○	×
	교 사	○	○	○	×
학 부 모		○	○	○	×

※학교경영 목표관리지원, 교육과정 편성·운영 지원, 학사업무 관리, 교실수업 개선지원, 자율장학 지원, 인사업무 수행이 교감에 대한 평가지표별 준거에 해당한다.

3) 교장 · 교감 평가영역 · 요소 · 지표

평가 영역	평가(조사) 요소	평가(조사) 지표	
		교장	교감
학교 경영	학교교육계획	• 학교경영 목표관리	• 학교경영 목표관리 지원
		• 교육과정 편성 · 운영	• 교육과정 편성 · 운영 지원
		• 창의 · 인성 학생 관리	• 학사업무 관리
	교내 장학	• 교실수업 개선	• 교실수업 개선지원
		• 자율장학 운영	• 자율장학지원
	교원인사	• 교원 인사관리	• 인사업무 수행
	시설 및 예산	• 시설관리	해당사항 없음
		• 예산 편성 · 집행	

교장, 교감에 대해 별도의 동료교원 평가 및 학부모 만족도 조사문항을 사용한다.

6.3.4. 평가관리체계

교육청 단위 교원능력개발평가 관리위원회	• 시 · 도 교원능력개발평가 기본계획 수립 • 교장 · 교감 능력개발평가 시행계획 수립
⇕	
시도교육청 · 지역 교육청 교원능력개발평가관리자	• 교육청과 학교 간 연락업무 수행 • 관내 학교(초 · 중) 교원능력개발평가 운영 지도 • 교장 · 교감 능력개발평가 실시
⇕	
단위학교 교원능력개발평가관리자	• 평가관리위원회 실무처리 전담

6.3.5. 교원능력개발평가 시행계획에 포함될 주요내용

① 당해 연도 소속 교원 능력개발평가 시행 기본방향
② 당해 연도 소속 교장·교감 능력개발평가 운영계획
③ 평가 기본방향, 평가대상, 평가자 및 평가도구, 평가지표 문항 및 만족도 조사
④ 교장·교감 평가의 주요 절차 및 일정, 연수 및 홍보 방안, 평가결과 활용 방안 등
⑤ 교원능력개발평가에 따른 교원 연수계획

6.3.6. 교원능력개발평가의 준비

첫째, 교육감은 교원능력개발평가를 위하여 평가관리위원회 설치 계획을 수립하고 교육청별로 평가관리위원회를 운영하기 위한 관련 규정을 제정한다. 교육감(교육장)은 각계로부터 추천받아 교원·학부모·외부 전문가 및 교육청 관계자 등 5인 이상 11인 이내의 위원으로 평가관리위원회 위원을 위촉하며 교육청 평가관리위원회는 학습연구년 대상자 또는 단계별 연수대상자 등을 선정하는 기능을 수행하는 만큼 외부 전문가(평가 전문가, 법조인, 의사 등) 및 학부모 등으로 적정하게 구성한다.

둘째, 교육감은 제1차 협의회를 개최하여 평가 관리위원에 대한 위촉장 수여, 위원 상견례, 경과 설명, 위원장 선출, 운영에 관한 사항 심의, 평가관리위원회 운영계획 안내 등을 실시한다. 교원능력개발 평가관리위원회 위원은 성실한 직무수행과 직무상 취득한 비밀엄수를 내용으로 하는 서약서를 위원장에게 제출하고 교원능력개발 평가에 대한 이해 제고 및 업무의 효율적 추진 등을 위해 협의회에서 관리위원에 대한 연수를 병행하여 실시한다. 연수는 다양한 방식으로 실시하되, 교원능력개발평가의 목적달성에 기여하도록 실시한다.

셋째, 교육감은 소속 교원의 능력개발평가를 위한 전담 부서를 지정하여 평가관리위원회의 심의를 거쳐 평가전담 부서 책임자(과장급)를 교원

능력개발평가 교육청 평가관리자로 임명한다. 교육청 평가관리자의 교원능력개발평가 관련업무 보조를 위해 실무자를 배치하고, 평가관리자와 실무자는 교원능력개발평가에 대한 제반 업무를 확인·숙지한 후 서약서를 제출한다.

넷째, 교육감은 소속 교원에 대한 교원능력개발평가 시행계획(교장·교감 능력개발평가 시행계획 포함)을 수립하고, 평가관리위원회 심의를 거쳐 확정한다. 시행계획 수립 시 학교현장의 의견을 적극적으로 수렴하여 반영하고, 수립된 계획은 각 학교별로 통보하여 평가를 준비한다. 교원능력개발평가의 기본방향, 평가절차 및 일정, 평가대상, 평가추진을 위한 업무분담 등을 포함하며 평가관리위원회의 심의를 거쳐 교육감이 최종 확정한다.

6.3.7. 교원능력개발평가의 결과 통보

단위학교 평가관리자는 평가자(응답자)들의 평가결과가 자신의 평소 교육활동 노력에 비해 현저히 왜곡되어 나타났을 경우, 본인에 대한 원자료 열람을 교육청 평가관리위원회에 요청할 수 있다. 지역교육청 평가관리자는 관할 학교 교장·교감에 대한 평가대상자별 평가(만족도) 결과를 취합·정리하여 『교장·교감능력개발평가 결과표』를 해당 교장·교감에게 통보한다.

6.3.8. 결과분석 및 능력개발 계획서 작성

교장·교감은 각 평가영역별로 자신의 평가 견해를 동료교원 평가, 학부모 만족도 조사 결과와 비교하여 종합적으로 자기평가를 실시하고, 향후 개선 계획 및 학교경영 개선을 위해 필요한 지원요청 사항, 연수희망서 등을 포함한 『결과 분석 및 능력개발 계획서』를 작성하여 교육감(교육장)에게 제출한다.

6.3.9. 결과 활용

교장 및 교감은 자기평가에 기초하여 향후의 학교경영 전반에 대한 개선 계획을 수립하여 시행한다. 교육청 평가관리자는 정리·통계처리(자료화)된 평가결과를 교육청 내 관련 부서에 교장·교감의 능력개발 지원대책 수립을 위한 기초 자료로 활용하도록 통보하며 교육청은 결과에 따른 지역단위 연수 수요 파악 및 연수계획 수립에 참고하고 능력개발을 위한 행·재정 지원대책을 마련한다. 그리고 현장 교원의 의견 수렴 등을 통해 교원능력개발 평가제도 개선을 위한 방안을 마련하고, 개선책을 강구한다.

6.4. 2010년 교원능력개발평가의 결과

6.4.1. 평가 상황

평가가 완료된 상황을 점검한 결과, 전국의 평가대상 학교 총 11,406개교 중 사립 특수학교 등 3개교를 제외한 11,403개교가 평가에 참여하였다(*전북 103개교는 시행 중 중단).

6.4.2. 평가 참여율

학부모의 경우 총 669만 명 중 54%인 363만 명이 만족도 조사에 참여하였으며, 학생은 80%가 참여하였다. 한편, 교원의 89%가 동료교원 평가 평가자로 참여하였다.

표 6-1 참여율 현황

학교급	동료교원 참여율	학생 참여율	학부모 참여율
초등학교	92.41	83.65	66.42

중학교	87.40	81.00	50.87
고등학교	84.69	76.10	39.16
특수학교	94.04	10.57	60.56
계	88.74	80.11	54.24

6.4.3. 평가결과 경향

2010년 전국 교원평가에 따른 대상별, 평가 종류별 결과를 살펴보면, 일반교사에 대한 동료교원 평가결과 환산평균은 4.7, 학생 만족도 조사는 3.8, 학부모 만족도 조사는 4.1로 각각 나타났다. 동료교원 평가에서의 관대화 경향이 나타나고 있지만, 교원능력개발평가를 통한 소통이 확대되면 향후 교육주체 간의 격차가 점차 줄어들 것으로 예상된다.

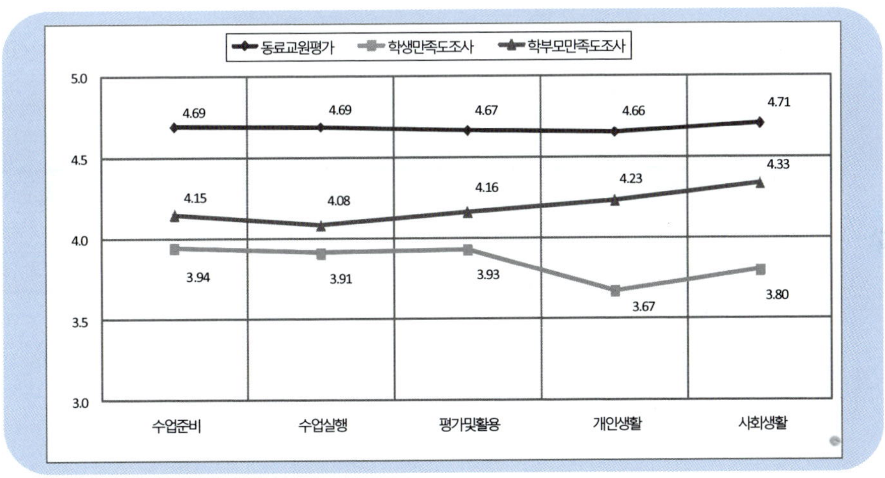

※학교급별 평가결과 분석에 의하면, 초 > 특 > 중 > 고등학교 순으로 평가주체별 평가결과가 나타났다.

구분	초등학교	중학교	고등학교	특수학교
동료교원 평가	4.80	4.64	4.56	4.65
학생 만족도 조사	4.25	3.87	3.55	4.23
학부모 만족도 조사	4.32	4.09	4.03	4.43

※교장(감)에 대한 동료교원 평가결과 환산평균은 4.5, 학부모 만족도 조사는 4.0으

로 각각 나타났다.

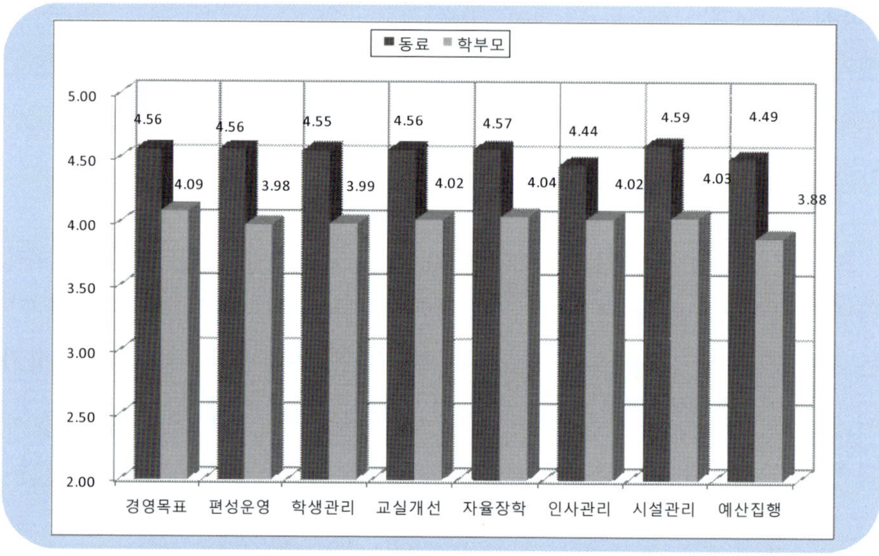

※학교급별 평가결과 분석(교장·감)에 의하면, 초 > 중 > 특 >고등학교의 순으로 동료교원 평가결과가 나타났다.

구분	초등학교	중학교	고등학교	특수학교
동료교원 평가	4.70	4.49	4.37	4.40
학부모 만족도 조사	4.11	3.93	3.86	4.10

6.4.4. 문제점 및 개선 요구 사항

1) 평가종류별 참여 관련

학부모 만족도 조사에서는 응답 대상·문항 과다, 정보 부족, 참여율 저조, 익명성 보장 불안 등이 문제점으로 지적되었으며, 이에 대한 대안으로는 응답 대상 및 문항 축소, 정보제공 다양화·확대, NEIS 연계 등을 들 수 있다.

학생 만족도 조사에서의 문제점으로는 응답 대상 및 문항 과다, 익명성 보장 불안 등을 들 수 있으며, 이에 대한 대안으로는 응답 대상 및 문항 축소, NEIS 연계 등이 필요하다.

또한 동료교원 평가에서는 온정적 평가, 문항 수 과다, 관찰기회 부족, 결과 수치화에 따른 서열화 의구심, 동료 간 갈등 유발 등이 문제점으로 지적되고 있으며, 해결방안으로는 문항 수 축소, 결과표의 척도별 응답 수 제외, 전문평가단 구성, 동료장학으로의 대체 등의 요구를 들 수 있다.

2) 평가방법 관련

평가도구·방법에서는 5단 척도 점수화 불만, 학부모 수업참관 사전 안내·연수 부족을 문제점으로 들 수 있기에, 5단 척도 문항(체크리스트) 축소 또는 폐지, 서술형만 실시, 교사가 제시한 교육계획에 대한 포트폴리오 평가로의 대체 등 요구를 고려해야 할 것이다.

온라인평가에서는 수업 미참관 학부모의 참여 제한, 익명성 보장 불안 등이 지적되고 있으며, 이에 대한 해결방안으로는 전국·시·도 단위 온라인 시스템 개발, 학부모 대상 홍보 강화 등을 들 수 있다.

3) 평가관리기구 관련

평가관리위원회에서의 문제는 지역 및 학교 여건에 따라 외부 평가관리위원 50% 이상 구성 곤란 등을 들 수 있으며, 이를 위해 지역 여건에 맞게 외부위원 구성 비율 설정이 자율적으로 허용되어야 할 것이다.

이상의 내용을 요약 정리하면 다음과 같다.

평가모형 개선 주요 방향

- 표준모형 획일적 적용 ⇒ 시도 및 학교 자율성 확대 및 명료화
- 평가대상 과다 및 문항의 적합성 결여 ⇒ 평가대상 및 문항의 간소화
- 평가 정보 부족 및 객관성 결여 ⇒ 평가제의 공정성과 객관성 제고
- 평가 참여상 애로점 발생 ⇒ 평가방법 및 절차의 정교화

제7장

교직윤리 및 교직단체

7.1. 교직윤리의 의의

인간이 살아가는 모든 사회는 그 사회의 존속과 발전을 위하여 소속 구성원들이 지켜야 할 규범들이 있다. 이러한 규범들 중에는 사회의 질서를 유지하기 위하여 의무적으로 준수해야만 하고 만일 위반하면 처벌을 받게 되는 강제적인 규범이 있는가 하면, 위반하더라도 처벌을 받지는 않으나 개인이나 사회에게 좋지 않은 영향을 미치는 규범이 있다. 전자처럼 의무적이고 강제성이 수반되는 규범을 법률이라고 하고, 후자처럼 자발적 준수가 요구되는 규범을 윤리라고 한다. 즉 법률은 국민의 권리보장이나 국가의 발전을 위하여 지켜야 할 규칙들을 국회나 정부에서 정한 성문율을 말하며, 윤리는 강제성은 없으나 개인생활이나 사회생활에서 꼭 지켜야 할 도덕실천으로 생활을 바르게 이끌어 줄 규범을 말한다. 그러므로 법률이 사회질서를 유지하기 위한 외적 공식적 통제체제라면 윤리는 바람직한 사회를 위한 당위적이고 이상적인 내적·자율적 통제체제이다(윤종건 외, 1993 : 131).

윤리(ethics)와 도덕(moral)은 엄밀한 의미에서는 구분되기도 하지만, 일반적으로는 동일한 의미로 사용되기도 한다. 어원학적으로 윤리와 도덕은 희랍어의 ethos에서 유래한 ethics와, 라틴어의 mores에 기원을 갖는 moral과 같은 의미로서 '풍속', '관례', '관습'에서 유래한 말이다. 그러므로 「윤리적 행동」과 「도덕적 행동」이란 풍속 또는 관습, 관례에 따른 행동을 의미한다(한국사회연구소(편), 1990 : 422). 따라서 윤리는 사회적 의식의 한 형태로 인간이 마땅히 따라야 할 행위규범의 총체를 의미하며, 인간이 다른 사람과 더불어 사는 가운데 인간관계·사회관계 속에서 지켜야 할 것으로 기대되는 사회적 규범이라고 할 수 있다. 즉 인간이 다른 사람과의 관계 속에서 삶을 영위하기 위하여 개인으로서나 집단으로서 지켜나가야 할 것으로 기대되는 규범을 의미하는 것이다.

이러한 맥락에서 교직윤리란 교직자가 그 직무수행과 관련하여 스스로 지켜야 할 것으로 기대되는 사회적 규범을 의미한다고 할 수 있다. 그러므로 교직윤리는 비록 강제를 수반하는 법률적 성격을 갖지는 않지만 교사가 교육활동을 수행하면서 사표(師表)로서 마땅히 지키고 실천해야 할 행동규범 또는 도덕적 의무인 것이다.

교직은 개인의 성장은 물론 사회 및 국가발전의 원동력이 되는 교육활동을 수행하는 직업이므로 국민의 생활과 국가의 발전에 지대한 영향을 미치는 직업이다. 따라서 교원에게는 법규적, 공식적인 규칙인 국가공무원법, 교육법, 복무규정 등의 준수도 요구되지만 교육활동에 종사하는 교사로서 스스로 지키고 준수해야 할 행동규범인 교원윤리의 실천이 더 중요한 것이다. 이처럼 교사가 준수하지 않으면 신분상·인사상의 불이익은 당하지 않더라도 사회적 비난이나 지탄의 대상이 되기 때문에 교원으로서 당연히 실천해야 할 규범을 교직윤리라고 한다. 따라서 교직윤리는 교직사회의 존속과 발전 및 교권확립을 위한 토대로서, 교직사회의 질서를 유지하기 위한 전제인 동시에 교직사회의 구성원들이 지켜야 할 행동규범이요, 질서와 기강유지를 위한 준칙이라고 할 수 있다.

7.2. 교직윤리의 중요성

교직은 전문직 혹은 전문직을 지향하는 직업이다. 따라서 교직에 종사하고 있는 교원들에게는 전문가로서 탁월한 지적 능력과 교수-학습지도 기술이 요구되는 동시에 고도의 윤리성과 도덕성이 요구된다. 이러한 맥락에서 1966년 UNESCO와 ILO가 채택한 「교원의 지위에 대한 권고」에서도 교직은 전문직이므로 전문적 지식과 기능을 갖추어야 할 뿐만 아니라 전문가의 식견과 판단에 따라 교육문제를 해결할 수 있는 자율성과 이에 수반되는 책임이 중요하다고 언급하고 있다. 이러한 전문가로서의 책임감이 곧 윤리성과 도덕성이라고 할 수 있다.

특히 교육은 인간을 형성하고 인격을 변화시키는 정신적인 기업이며, 교직이 그러한 고귀한 활동을 수행하는 전문직적 성격을 갖고 있기 때문에 그 어떤 직업보다도 더 높은 수준의 윤리의식이 요구된다. 따라서 교원들에게는 법규적, 공식적 규칙의 준수도 중요하지만 학생지도나 조직생활에서 요구되는 윤리의 실천도 매우 중요하다고 할 수 있다. 특히 우리 사회 전반에 도덕성 회복의 문제가 화두(話頭)가 되고 있고, 교육계의 부정과 부패 등으로 인해 교원의 권위가 추락한 지금, 교육을 바로 세우고 교원의 권위를 회복하기 위해서는 무엇보다도 교직윤리의 확립이 중요하다고 할 수 있다. 이러한 교직윤리의 필요성에 대한 여러 학자들의 주장을 제시하면 다음과 같다(황의일 외, 1997 : 256-258).

첫째, 교직은 인간을 형성하는 직업이기 때문에 고도의 윤리성이 요구된다. 교직은 사물을 대상으로 하는 다른 직업과는 달리 인간을 대상으로 하며, 그중에서도 인간의 정신영역을 주요 대상으로 하기에 전문직인 것이다. 사물을 대상으로 물건을 만들거나 물건을 판매하는 직업은 한 번 잘못하더라도 후에 얼마든지 보완이 가능하다. 그러나 인간을 가르치는 교육행위는 한 번 잘못되면 회복하기가 쉽지 않다. 이처럼 교직은 인간을 대상으로 하고, 그것도 자라나는 성장세대를 대상으로 하기에 어떤 직업보다도 윤리성이 요구되는 것이다.

둘째, 교직이 전문직이기 때문에 윤리성이 요구된다. 일반적으로 전문직은 직업윤리를 필요로 한다. 의사나 변호사나 법관과 같이 전문직종에 종사하는 사람들은 그들의 직업이 전문직이기 때문에 직무의 수행에 있어서 법규의 규정 외에도 윤리규정이나 윤리강령을 준수하도록 요구받는다. 전문직의 판단이나 결정은 사회에 많은 파급효과를 초래하기 때문이다. 그러므로 전문직으로서의 교원 역시 행동규범으로서 윤리규정이 필요한 것이다. 특히 자라나는 학생들과 사회인들에게 교사는 동일시 대상이 되는 동시에 사회적으로는 모범인으로서의 역할이 기대되기 때문에 고도의 윤리성이 수반되어야 하는 것이다.

셋째, 교사로 하여금 강력한 교육력을 갖도록 하기 위해서 교직윤리가 요구된다. 교육력에 영향을 미치는 요소들은 다양하지만 그중에서도 교원의 윤리는 교육력에 영향을 미치는 매우 중요한 요소 중의 하나이다. 왜냐하면 교육은 본질적으로 교사가 학생에 대하여 미칠 수 있는 영향력을 전제로 하는 작용으로 교육의 과정에서 교사의 영향력이 미치지 못한다면 교육은 성립할 수 없기 때문이다. 이처럼 교사가 학생들에게 미치는 영향력, 즉 그것을 권위라고 한다면 이러한 권위를 가능하게 하는 중요한 요소 중의 하나가 교원의 윤리라고 할 수 있다.

특히 사람다운 사람을 만드는 것이 교육의 궁극적 목적이라는 관점에서 보면 교육을 담당하는 교원의 윤리는 교육력 강화를 위한 필수 불가결한 전제조건이 된다. 즉 교원윤리가 확립될수록 교사의 권위와 영향력이 커지고, 교사의 권위와 영향력이 커질수록 교원이 학생들과 사회에 미치는 교육력은 더욱 강화된다. 반대로 교원의 윤리가 확립되지 못하면 교사의 권위나 영향력은 약화되고, 교원의 권위와 영향력이 약화될수록 교원의 교육력은 약화된다. 특히 최근 들어 교원능력개발평가제 도입, 체벌금지, 학생인권조례 제정, 일부 교원의 부정부패 등으로 인해 교권의 실추, 교원의 사기저하, 공교육 약화 등의 제반 교육적 문제가 야기되는 이때에 교원윤리의 확립은 교권회복과 바람직한 교직풍토 조성을 위해서 무엇보다도 중요한 과제라고 할 수 있다.

넷째, 효과적인 학생지도(학습지도 및 생활지도)를 위해서 교직윤리가 요구된다. 학생의 도덕적·윤리적 측면의 발달은 학생을 둘러싸고 있는 환경에 의해 결정된다. 이러한 학생을 둘러싸고 있는 주요 환경은 기성세대를 대표하는 부모와 교사이다. 특히 교사는 사회적 측면에서는 부모와 함께 기성세대를 대표하며, 심리적 측면에서는 아동의 동일시 대상이 된다. 그러므로 교사의 인격, 윤리성 등은 직접적으로 아동들에게 영향을 미친다. 즉 아동들은 교사와의 인격적 접촉을 통하여 감화를 받기도 하고 교사를 동일시 대상으로 삼기도 한다. 교사의 윤리적 특성은 학생들의 학습지도에도 영향을 미치지만, 특히 생활지도 영역에 있어서 교사의 윤리성과 도덕성, 그리고 이에 근거한 인품은 가장 효과적이면서도 중요한 지도방법이라고 할 수 있다. 왜냐하면 학생들은 교사들의 삶을 통해서 윤리와 가치를 내면화하고 배우기 때문이다. 이런 점에서 교사에게 높은 윤리의식과 실천이 요구된다.

7.3. 교직윤리의 실제

7.3.1. 교사 자신에 관한 윤리

교직윤리에 있어서 무엇보다도 교사 자신에 관한 윤리가 중요한 것은 앞에서 언급한 바와 같이 교사가 아동의 동일시 대상인 동시에 사회의 모범이 되어야 한다는 점 때문이다. 즉 교육의 근본적 원리나 궁극적 목적이 사람다운 사람을 만드는 것이라면 먼저 교사 자신이 인간적, 인격적으로 성숙하지 않고서는 교육력이 약화될 뿐만 아니라 교육에 임하기도 어렵기 때문이다.

무엇보다도 교사는 자기 자신의 가치관과 철학이 확립되어 있어야 한다. 삶에 대한 철학과 가치관이 확립되어 있을 때 건전한 교육관이 정립될 수 있으며, 교직에 대한 사명감과 신념을 가질 수 있다. 교사가 교육에 대한 확고한 철학과 신념을 가지고 교육에 임할 때 학생을 이해하고 사랑할 수 있으며, 헌신하고 봉사할 수 있다. 페스탈로치가 한평생을 가난한 민중을 위해 헌신하고 봉사할 수 있었던 것은 인간에 대한 사랑과 이에 근거한 교육적 신념이 있었기 때문이다.

한편 교사가 전문가로서의 직무를 성공적으로 수행하기 위해서는 항상 연구하고 탐구하는 자세를 견지해야 한다. 지식과 정보가 폭증하는 현대사회에서 실력 있는 교사로 인정받기란 쉬운 일이 아니므로 교사는 해당교과에 대한 전문지식은 물론 교육과정, 교육방법, 수업매체, 교육평가 등에 관한 심오하고 해박한 지식을 소유해야 한다. 뿐만 아니라 교사가 가르치는 아동들과의 연령차나 세대차이를 극복하고 아동들을 이해하고 공감하기 위해서는 끊임없는 노력이 필요하다.

마지막으로 교육은 국가와 민족의 번영과 발전에 기여하는 공공기업이라고 할 수 있으므로 교사는 국가와 민족의 장래를 염려하고 이를 준비하는 민족혼의 소유자여야 한다. 자라나는 아동들에게 민족과 국가를 사랑하고 민족중흥에 사명감을 심어주기 위해서는 교사 자신이 삶 속에서 민족과 국가를 위해 헌신·봉사하는 모습을 보여줄 수 있어야 한다.

이처럼 교사 자신에게 요구되는 건전한 도덕성, 원만한 인간관계, 사명감, 전문성, 책임감 등에 관한 윤리는 교원의 윤리 중에서도 가장 중요하면서 기본이 되는 윤리로서, 평소 교사가 자기 자신에 대한 관리를 얼마나 철저히 하느냐에 달려 있다고 하겠다. 이런 점에서 교직은 아무나 할 수 없는 무척 어려우면서도 힘든 직업이다.

7.3.2. 학생과의 윤리

흔히 교육의 질은 교사의 수준에 의해 결정된다고 한다. 이 말은 교사의 수준이 교육의 질을 결정하는 가장 중요한 요인임을 의미하는 것이다. 이러한 교사의 수준을 결정하는 기본적인 요인 중의 하나를 교사의 윤리성이라고 할 수 있다.

교사의 외적인 권위가 중시되던 전통적인 교육에서는 사실 교사와 학생 간의 윤리는 논의의 대상이 되지 않았다. 그러나 교사의 교육할 권리 못지않게 학습자의 학습할 권리도 중시되는 현대교육에 있어서는 교사와 학생 간의 윤리도 중요한 교육적 문제가 된다. 특히 최근 들어 학부모의 교육수준이 향상되고 교육에 대한 사회일반의 의식이 제고되어 학습권에 대한 주장이 제기되면서 교사와 학생 간의 관계에 대한 문제가 이제는 윤리 차원을 넘어서 법적 차원의 문제로 비화되는 사례가 빈번히 발생하고 있다. 이러한 비교육적인 문제의 발생은 교사-학생 상호 간의 이해와 윤리 부재에 기인한다고 할 수 있는데, 여기서는 교사의 학생에 대한 윤리를 중심으로 살펴보고자 한다.

교사와 학생과의 윤리 덕목으로 김영돈(1974 : 274-276)은 인격존중, 개인차 존중, 불편부당, 비밀엄수, 체벌금지와 사기앙양, 솔선수범을 들고 있고, 홍익대학교 교육연구소에서는 성실성, 사랑, 헌신, 학생의 개성존중, 공정성, 책무성 등의 덕목을 들고 있는바, 여기서는 교사의 솔선수범, 인격과 개인차 존중, 공평한 지도, 학생의 비밀엄수, 학생에 대한 사랑 등을 중심으로 언급하고자 한다.

교육에 있어서 최고의 덕목은 사랑이다. 교사의 사랑은 교육의 실제에 있어서 학생에 대한 이해와 관심으로 나타난다. 능력과 기술의 부족은 교육적 사랑으로 보충할 수가 있다. 그러나 아무리 뛰어난 기술과 능력을 가지고 있다고 할지라도 학생에 대한 사랑이 없으면 교육은 성공할 수 없다. 특히 교육이 인간의 지적, 신체적 능력뿐만 아니라 정의적 영역의 변화를 주요 대상으로 한다는 점에서 교사의 사랑은 교육의 필수불가결한 전제조건이라고 할 수 있다.

또한 교사는 학생 개개인을 존중하고 개인차를 인정해 주어야 한다. 인간이 지닌 소질이나 능력은 개인에 따라 다를 수밖에 없다. 특히 가소성이 큰 학생들은 각자의 개성과 소질이 다르기 때문에 학생들의 개인차를 인정해 주는 것이 무엇보다도 중요하다. 따라서 교사는 학생 개개인을 자신과 동일한 인격체로 인정하고 개체로서의 자존심을 인정해 주어야 한다. 그럼에도 불구하고 지금까지 우리의 교육은 대량 양산체제의 중앙집중식 교육정책에 의해 학생들을 획일적이고 균일하게 취급함으로써 개성이나 개인차가 무시되었던 것이 사실이다. 엄격한 의미에서 다름을 다르게 취급하지 않는 것 역시 불평등이라고 할 수 있으므로 각자의 개성과 능력을 고려한 교육이 실시되어야 한다. 이러한 개인차의 인정은 지적 영역의 학습에 있어서는 물론 정의적 영역의 지도에 있어서도 동일하게 적용되어야 한다.

또한 교사는 학생지도에 있어서 공평하고 객관적이어야 한다. 학생들이 가장 싫어하는 교사가 '편애'하는 교사라는 것은 이미 여러 연구를 통해 확인되었다. 따라서 교사는 학생들의 개인적 능력(특히 지적 능력)이나 종교, 성, 인종, 가정적 배경 등에 관계없이 학생들을 공평하게 대우해야 하며, 편애하지 않아야 한다. 뿐만 아니라 교사는 학생과의 상담 등 교직 수행의 과정에서 알게 된 비밀에 대하여 업무수행상 부득이한 경우를 제외하고는 공개해서는 안 된다. 비록 나이 어린 학생들이라고 할지라도 개인적으로 공개하기 싫은 비밀이 있을 수 있으며, 그로 인해 심리적, 정서적 문제를 초래할 수 있기 때문이다.

이런 맥락에서 학생들을 사랑하고 그들의 인격과 개인차를 존중하고 배려하며, 학생 개개인의 능력을 최대한으로 발전시켜야 하는 것은 법규적인 규범은 아니라고 할지라도 교사가 준수하고 실천해야 할 윤리적 의무인 것이다.

7.3.3. 교원 상호 간의 윤리

사회적 존재로서의 인간이 바람직한 직장생활을 영위하기 위해서는 집단구성원들과 원활하고 조화로운 관계를 유지하는 일이다. 특히 교사가 아동의 동일시 대상이 된다는 점과 사회의 모범인이 되어야 한다는 점에서 동료교원들과 조화롭고 원만한 관계를 형성하는 일은 중요하다고 할 수 있다. 이러한 교원 상호 간의 윤리는 관리자들과의 공식적 관계인 수직적 관계의 윤리와 동료 간의 윤리인 수평적 관계의 윤리로 구분해 볼 필요가 있다.

먼저 공식적 관계인 수직적 관계에 있어서 중요한 것은 상호 존중하는 인격적 관계가 전제되어야 한다. 직급상 상사에 있는 교장·교감은 공식적 관계로서 상사의 권리와 복종만을 주장할 것이 아니라 민주적이고 공평한 학교경영을 통하여 교사들로부터 신뢰와 존경을 받을 수 있어야 한다. 또한 민주적이고 허용적인 자세로 학교를 경영함으로써 교사들이 자발적으로 학교경영에 참여할 수 있는 민주적인 분위기를 조성해야 하며, 교사들의 발전적인 건의를 수렴하고, 공과 사를 구별하여 공평하게 대하는 한편 항상 교사들을 이해하고 그들의 고충과 애로사항을 경청하며, 배려하는 입장이 되어야 한다.

교사들은 무엇보다도 교장·교감을 신뢰하고 존경해야 한다. 즉 인생의 선배로서뿐만 아니라 직무상의 경륜이나 경력을 인정함으로써 인격적인 예우와 존경을 보여야 한다. 교사들은 효율적인 학교경영을 위해서 혁신적이고 창의적인 의견을 제시함으로써 학교경영에 적극 동참하되, 자신들의 입장만 견지하기보다는 전체적인 입장에서 교장·교감의 입장을 이해하고 협력하는 자세가 되어야 한다.

한편 동료교사들과의 관계에 있어서 무엇보다도 중요한 것은 상호 인격을 존중하고 협력하는 것이다. 즉 선배교사들은 후배교사들을 아끼고 배려하는 가운데, 학습지도, 생활지도 등에서 존경의 대상이 되어야 하며, 후배교사들은 선배교사들의 경륜을 존중하고 따르며 매사에 배우는 자세로 임하여 인간적인 학교분위기를 조성하여야 한다.

이러한 인간적인 분위기 조성을 위해서는 무엇보다도 교사 상호 간의 이해와 사랑, 그리고 협력이 전제되어야 한다. 능력중심의 승진체계, 시도 간·학교 간 각종 평가, 다면평가, 성과급 등의 실시와 가중되는 잡무 등으로 인해 교원의 사기가 떨어지고, 인격적인 관계가 단절되어가는 이때에 동료교사들 간에 상호 존중하고 협력하는 분위기는 무엇보다도 중요하다고 할 수 있다. 아울러 학교의 행정직원들 역시 학교의 교육활동이 원만하게 전개될 수 있도록 지원하는 학교 구성원이므로 원만한 관계를 형성할 수 있도록 노력해야 한다.

이처럼 교원들 간에 서로 이해하고 협력하며 존중함으로써 원만하고 바람직한 인간관계가 형성될 때 비로소 교육 전반에 바람직한 분위기가 성립될 수 있을 것이다.

7.3.4. 학부모 및 사회와의 윤리

교원은 국민의 사표로서의 역할이 기대되기에 교원의 윤리는 학교 내에서만 존재하는 것이 아니라 사회와의 관계 속에서도 존재한다. 이러한 사회와의 윤리는 크게 학교교육에 직접 관계되는 학부모와의 관계와 지역사회와의 관계로 구분할 수 있다.

우선 사회와의 윤리에 있어서 가장 중요한 것은 학교교육과 직접 관계되는 학부모와의 윤리라고 할 수 있다. 학생뿐만 아니라 학부모 역시 교사에게 높은 수준의 윤리의식과 도덕성을 기대하고 있다. 따라서 일반인이라면 쉽게 허용될 수 있는 행동일지라도 교육을 담당하는 교사이기에 용납되지 않는 경우도 있다. 그러므로 교사는 자신의 행동이 학생과 학부모뿐만 아니라 사회 전체의 도덕적·윤리적 표준이 된다는 사실을 인식하고 학생과 학부모 및 일반인들로부터 신뢰받고 존경받을 수 있도록 행동과 태도에 각별한 주의와 노력을 기울여야 한다.

교육이 성공적으로 이루어지기 위해서는 무엇보다도 교사와 학생, 학부모와의 유기적이고 협조적인 관계형성이 중요하다. 다시 말하면 교사는 학부모로부터 신뢰받고 존경받는 위치에 있어야 하고, 학부모는 교사의 교육방침을 이해하고 적극 협력하는 관계에 있어야 한다. 학교교육에서 가르치는 내용과 가정에서 가르치는 내용이 모순될 때 학생은 갈등하고 혼란에 빠지게 된다. 따라서 교사가 학교에서 가르치는 내용을 학부모가 신뢰하고 이해하고 있어야 협조할 수 있고, 또 효과적인 교육이 전개될 수 있다. 또한 교사는 자신의 교육방침을 학부모에게 전달하여 이해시키고 적극적인 협력을 얻어낼 수 있어야 한다. 이를 위한 방법으로 교사는 학부모와의 직접 혹은 전화상담, 간담회, 가정통신문 등의 방법을 적극적으로 활용할 필요가 있다.

학교 역시 사회의 한 기관이요, 교사 또한 자신이 속한 사회의 소속 구성원이기에 사회의 발전을 위한 노력에 동참해야 한다. 이를 위해 교사는 사회의 주요 구성원인 학부모와 지역 유관기관들과 적극 협력하고 지역사회의 행사를 지원하고 선도해야 한다.

최근 들어 교원능력개발평가에 학생 및 학부모의 참여, 체벌논란, 학생인권조례 제정 등의 문제로 인해 교사와 학생, 학부모 간의 관계가 소원해진 측면이 있다. 물론 사안에 따라 입장이 다를 수는 있지만, 궁극적으로 성공적인 교육이 실현되기 위해서 교육 주체인 교사와 학생, 학부모는 상호 대립하는 관계가 아니라 이해하고 협력하는 사이가 되어야 한다. 이러한 문제를 해결하기 위해서는 이해 당사 간의 노력이 무엇보다도 중요하며, 정부 또한 교육 주체 간의 우호적이고 협력하는 분위기가 형성될 수 있도록 적극 지원해야 한다.

7.4. 교원단체의 정의와 기능

7.4.1. 교직단체의 의의와 중요성

교직단체는 '학교 교원을 그 구성원으로 하는 단체'로서 그 성격에 따라 전문직 단체와 노동조합 형태로 구분될 수 있다.

'교육기본법'의 제15조 1항과 2항에 의하면 "교원은 상호 협동하여 교육의 진흥과 문화의 창달에 노력하며, 교원의 경제적·사회적 지위를 향상시키기 위하여 각 지방자치단체 및 중앙에 교직단체를 조직할 수 있고 조직에 관한 필요한 사항은 대통령령으로 정한다"라고 규정하고 있다. 하지만 교육기본법에 의한 일반화된 교직단체의 개념으로는 '교원의 노동조합 설립 및 운영 등에 관한 법률'에 근거한 교원노동조합을 포함하지 못하는 입법체계의 한계를 지니고 있다. 하지만 일반적으로 교원으로 구성된 교직단체라는 개념 속에 교원노조를 포함시켜 사용하고 있다.

따라서 교직단체라 함은 교원이 자주적으로 단결하여 전문성을 신장하고 근무조건 개선 및 기타 교원의 경제적·사회적 지위향상을 도모하기 위하여 결성된 단체를 말한다.

교원은 교직단체를 통하여 여러 가지 중요한 사항을 정부와 협의하고 또 스스로 자율적인 실천목표를 제시하며, 교원의 권익신장과 전문성 개발, 사회, 경제적 지위향상 등을 위한 과제들을 공동의 노력과 책임 아래 추진한다. 특히 교직단체는 교사 개개인들로서는 달성하기 어려운 일들을 집단과 단체의 힘을 통하여 보다 효과적으로 이룩할 수 있다는 데 그 의의가 있다. 특히 교직단체는 교원들 개개인으로서는 도저히 생각할 수 없는 커다란 힘을 결집·발휘할 수 있게 하는 원천이 될 수 있으며, 그것은 교직단체가 다음과 같은 성격을 지님으로써 가능해진다.

첫째, 교직단체는 교원들의 대변단체로서의 성격을 가진다. 교원들은 저마다 교육과 교직에 관련된 공동의 관심사에 대하여 다양한 견해를 가진다. 그와 같은 다양한 의견과 주장들을 수렴하여 교육 및 교원정책 등을 국가사회의 정책에 반영하고 교육과 사회의 발전에 기여할 수 있는 위치에 있다는 점에서 교직단체는 곧 교원들의 견해를 대변하는 단체인 것이다.

둘째, 교직단체는 교원 자신들은 물론 교육을 받는 학생들의 이해관계를 대변하는 압력단체라 할 수 있다. 민주사회의 기본적 특징의 하나는 다양한 단체들이 소속 구성원뿐만 아니라 관련 집단의 이익과 권익을 대변하고 이를 관철하는 기능을 수행한다는 점일 것이다. 즉 교직단체가 교원들의 자원(自願)단체로서 교원은 물론이고 학생들의 권익신장과 교육의 발전을 도모하기 위한 직능 압력단체로서 중요한 역할과 기능을 수행한다는 것은 무엇보다 교육의 발전을 위해서 그 의의가 크다고 할 수 있다.

셋째, 교직단체는 교원들로 구성된 전문단체이다. 교직단체는 전문직 단체로서 내적으로는 교원들의 전문적 자질을 향상시키고, 외적으로는 교원들의 지위를 향상시키는 동시에 이의 효과적인 성취를 위하여 교원 및 교육정책에 능동적으로 참여한다.

이러한 맥락에서 교직이 하나의 전문직이며, 교직단체가 전문직 단체라고 본다면 그것은 위의 세 가지 상호 연관된 조건을 충족시킴으로써 가능하다고 하겠다.

7.4.2. 교직단체의 역할 및 기능

교직단체는 교육기본법 제15조의 '교원의 경제적 사회적 지위향상'과 유네스코(UNESCO)와 세계노동기구(ILO)가 제안한 '교원의 지위에 관한 권고'에 의해 그 지위에 따른 역할을 수행하고 있다.

현행 교육기본법 제15조(교원단체) 1항에 '교원은 상호 협동하여 교육의 진흥과 문화의 창달에 노력하며, 교원의 경제적 · 사회적 지위를 향상시키기 위하여 각 지방 자치단체 및 중앙에 교원단체를 조직할 수 있다'고 규정하고 있다. 더구나 교원들을 위한 국제적 헌장과 같은 의의를 가지고 있는 UNESCO와 ILO가 작성한 「교원의 지위에 대한 권고문」에서도 그 기본원칙의 하나로써 '교원단체는 교육발전에 크게 이바지할 수 있는 하나의 세력으로 인정되어야 하며, 따라서 교원단체는 교육정책 결정에 관여하여야 한다'고 규정하고 있다. 권고문에서 열거하고 있는 교직단체의 역할 및 기능은 다음과 같다.

① 교원의 직무수행에 관한 기준을 규정하는 일
② 학생과 교육활동을 위하여 당국과 협의하는 일
③ 교원의 윤리강령이나 행동강령을 제정하는 일
④ 시간제나 임시로 채용된 교원의 봉급을 지급함에 있어서 정규의

교원에게 지급되는 봉급표의 수준을 유지하는 일

이와 같은 법적 근거를 토대로 교원단체는 교원의 권리를 확보하고 그들의 직무를 효과적으로 수행하기 위해 단체활동을 하고 있다. 말하자면 교원단체는 교원들 자신의 지위향상을 위한 역할과 그들의 전문적 자질향상을 위한 역할, 그리고 교육정책에의 효과적 참여를 위한 역할을 수행하며, 이러한 역할을 수행하기 위한 기능은 다음과 같다.

1) 사회 · 경제적 지위향상

교원단체는 무엇보다도 교원들의 사회경제적인 지위향상을 위해 노력해야 한다. 교직단체 결성의 가장 절실한 이유는 교원들이 개별적으로는 효과적으로 성취하기 어려운 사회경제적 지위향상을 교직단체를 통하여 성취할 수 있으리라고 기대하기 때문이다.[1] 따라서 교원단체는 교원들을 위한 하나의 이익단체 · 압력단체로서 작용할 것이 기대되며, 이러한 기대에 부응하기 위하여 가장 본질적인 기능으로서 교권회복 기능과 교권신장 기능을 수행해야 한다. 교권의 옹호가 소극적인 측면이라면 교권신장은 적극적인 측면인 바 교권을 옹호하고 교권을 신장함으로써 교원의 사회경제적 지위를 향상하는 것은 교원단체가 존재하는 가장 중요한 이유이다. 이처럼 교원단체의 사회경제적 지위향상을 위한 노력은 교직에 우수한 인력을 유치함으로써 교육의 질을 높이는 관건이 된다는 점에서 그 중요성은 아무리 강조해도 지나치지 않는다. 이러한 맥락에서 교원의 물질적 처우를 높이고 근무여건의 개선 및 복지향상 등을 위해 단결하고 조직적인 활동을 하게 되는 것이다.

1) 여기서 사회경제적 지위란 교원이 타 직종에 종사하는 사람들과 비교하여 볼 때 상대적으로 경제적 처우나 사회적 대우 또는 존경의 정도 내지 위치를 의미한다.

2) 전문적 자질함양

교원단체는 전문직에 종사하는 교원들로 구성되어 있기 때문에 일차적인 관심은 보다 학생들을 잘 가르치고 지도할 수 있는 자질 함양에 두게 된다. 교원들의 자질과 능력은 교육의 질을 좌우한다. 그러므로 교원들의 자질향상을 위한 역할 수행은 매우 중요한 의의를 지닌다. 이러한 기능으로서는 교원연수 강화의 기능과 교원윤리 향상의 기능이 있다. 교원들의 자질향상과 능력개발은 도덕적 측면과 학문적, 기술적 측면의 양면을 포괄하여 다양한 문제영역과 활동영역에 관계되고 있다. 즉 교원이 전문적인 자질을 향상시키기 위해서는 교과목별·활동영역별 조직을 만들어 전문적인 연구와 교육·훈련활동 등을 장려해야 한다.

이러한 교원 자질향상은 교원을 위한 처우개선과 사회·경제적 지위향상을 위해서도 불가결한 선행조건이 아닐 수 없다. 즉 자질이 우수한 교원들이 최선의 노력을 기울이면서 그에 걸맞은 대우를 요구할 때 사회나 국가도 그에 상응하는 대우 및 처우를 제공할 수 있는 것이다. 그러므로 교원의 자질향상과 교원의 사회·경제적 지위향상은 상호 보완적이며 불가분의 관계에 있다.

3) 교육정책 형성에의 참여

교육정책은 교육의 운영과 발전에 관한 기본지침과 방향을 제시하는 것이며, 교육정책이 어떠한 방향으로 결정되느냐는 교원들의 중요한 관심사가 된다. 따라서 교원단체는 그 본질적·핵심적 기능의 수행을 위해서뿐만 아니라 그들의 지대한 관심사인 교육의 끊임없는 발전과 혁신을 위해서 교육정책에 참여해야 한다. 교원의 지위향상이나 자질향상도 교육정책의 중요한 관심대상이며, 교육정책의 뒷받침 없이는 그 성과를 기대할 수 없다. 교원 개개인은 이러한 교원정책의 결정이나 집행 및 평가과정에 직접 개입하는 데 한계가 있기 때문에 교직단체를 통하여 그 과정에 참여하고 영향력을 발휘함으로써 바라는 방향으로 정책을 이끌어 나가려고 노력하게 된다.

이러한 교육정책에의 효과적 참여를 위하여 교원단체는 두 가지 관련된 기능을 수행한다. 그 하나는 교육정책의 연구개발 기능이고 다른 하나는 교육정책에 관한 교섭협의의 추진기능이다. 즉 교원단체는 연구를 통하여 새로운 교원정책의 대안을 교육정책·행정당국에 제시하고 당국이 정책결정 시에 그것을 반영할 수 있도록 교섭협의의 과정을 계속해야 한다. 이처럼 교원단체는 교원들의 복지와 기타 교원정책뿐만 아니라 교육정책 전반에 대하여 관심을 가지고 교육정책의 결정 집행 평가의 기능에 참여할 수 있어야 한다.

7.5. 한국교원단체의 전개과정과 현황

우리나라의 교직단체는 크게 교원단체와 교원노조로 구분할 수 있다. 해방 이후 단일의 교원단체를 시작으로 1999년 교원노조 합법화 이후 교원단체와 교원노조로 대별되어 있다. 우선 전문직능단체를 지향하는 한국교원단체총연합과 노조지향단체인 전국교직원노동조합과 한국교원노동조합, 그리고 자유교원조합, 대한민국교원조합을 들 수 있다.

한국교총은 정부수립 이전인 1947년 11월 23일 조선교육연합회로 창립하였다. 이듬해인 1948년 8월 15일 대한민국정부 수립과 함께 대한교육연합회로 개칭하고, 1989년 11월 다시 한국교원단체총연합회로 명칭을 변경하여 현재에 이르고 있다. 한편, 교원노조는 1998년에 교원의 노동조합 결성권을 보장하기로 합의하고 "교원의 노동조합 설립 및 운영 등에 관한 법률안"이 1999년에 법률로 제정되면서 교원노조의 합법화를 이루었다. 우리나라 교직단체의 변천과정을 간략히 소개하자면 다음의 [그림 7-1]과 같다.

1947년
한국교원단체총연합회가 창립된 이래 50여 년 동안 유일한 교직단체로서 교원을 대표해 오며 교직단체의 과업을 수행(일원적 정책 고수)

⇨

1980년대
교원노조의 활동

⇨

1991년대
한국교총은 단체 교섭권과 유사한 형태의 교섭·협의권을 <교원지위 향상을 위한 특별법>의 제정에 의해 확보함으로써 지위권을 독점적으로 행사하게 됨

1999년
<교원의 노동조합 설립 및 운영 등에 관한 법률>이 제정되어 교원에게 단체 교섭권이 부여 → 이원화 정책

⇨

1999년 7월 1일 기점
전문직 교직단체(한국교총)와 교원노동조합(전교조, 한교조 등)이 교원의 지위와 권익향상을 목표로 경쟁하는 복수 교직단체 시대가 개막

그림 7-1 우리나라 교직단체의 변천과정

7.5.1. 한국교원단체총연합회

1945년 민족의 광복과 더불어 자주와 민주교육의 흐름 속에 다양한 교원단체들이 형성되기 시작하였다. 당시의 좌우파 정치 이데올로기의 영향으로 인하여 교원단체 역시 좌파와 우파, 그리고 중도파 성격의 단체가 만들어졌다.

한국교원단체총연합회(약칭 한국교총)는 8·15해방 직후 오천석·정건영·최병칠 등이 중심이 되었던 새 교육협회의 후신으로 조선교육자협회 등 좌익계 교원단체의 활동을 견제할 목적으로 1947년 11월 23일 '조선교육연합회'(이하 조선교련)가 공식적으로 창설되었다.

조선교육연합회는 1948년 8월 15일 정부수립과 함께 그 명칭을 '대한교육연합회'(이하 대한교련)로 개칭하였다. 대한교련은 교직의 전문성을 제고하고 교직의 사회적·경제적 지위를 향상시키며 교육정보를 교류하기 위하여 조직한 교직자 단체로서 출발하여, 1949년 교육법에 의하여 그 법적 제도적 토대가 마련되었으나 처음부터 문교부의 영향력 아래 관리자 중심의 운영을 면치 못하였고 재정이 취약하였다. 그러나 대한교련은 시·군, 시·도 교육회 연합체로서 초·중·고등의 학교 급별 구분이나 공·사립의 설립별 구분, 또는 남녀의 성별 차등 및 평교사와 관

리자 등의 구별을 초월하는 하나의 통합된 교직단체로서 발족되었다는 점은 큰 의의를 지닌다. 또한 대한교련은 교육전문지인 『새교육』과 『방학책』, 초등학교 교사용 지침서인 『새교실』 등을 간행하여 교원의 전문성 향상에 기여하였으며, 세계교원단체총연합(WCOTP)에 정식 가입하여 국제 교원단체와 유대를 강화하기도 하였다.

전교조 파동과 교원민주화 운동의 추세 속에 대한교련은 1989년 11월 29일 개최된 대의원대회에서 지금의 한국교원단체총연합회로 명칭을 바꾸었다.

한국교총은 최고의결기관으로 매년 1회 정기적으로 대의원회를 개최하고 있으며, 회장, 부회장, 이사회, 대의원 등의 임원진이 있다. 교총의 조직은 지역조직과 산하단체 및 직능조직으로 구성되었는데, 16개 시·도 교원단체연합회와 산하단체 및 직능조직으로 구성되었다. 산하단체의 경우 모두 23개를 가지고 있는데, 한국특수교육총연합회, 한국초등교육여자행정협의회, 한국교육방송연구회 등 전공별 단체 13개와 한국초등교육협의회, 한국중등교장협의회, 한국국·공립중학교장회, 한국국·공립인문교장협의회 등 학교급별, 직위별, 설립별, 성별 단체 10개로 이루어져 있다. 그리고 직능조직의 경우 초등교사회, 중등교사회, 초등교장(감)회, 중등교장(감)회, 대학교수회 등으로 이루어져 있다.

1991년에는 「교원지위 향상을 위한 특별법」이 제정되고, 1992년에 동법시행령이 공포됨으로써 한국교총은 교육행정 당국과의 교섭·협의권을 제도화하고, 1992년 하반기부터 교섭협의를 정례화하였다. 국제단체와의 교류는 1952년 세계교직단체총연합(WCOTP)에 25개 회원단체의 하나로 가입했고, 1958년 아시아 위원회가 창설되면서 5개 위원국가의 하나로 지명되었다. 1978년 국제자유교원조합연맹(IFFTU)과 교류하기 시작하여, 1989년 5월 29일 정식회원 단체가 되었고, 1993년 세계교직단체총연합과 국제자유교원조합연맹의 통합기구인 세계 교원단체 연합(Education International : EI)의 창립회원 단체가 되었다.

한국교총은 1947년 조선교육연합회라는 명칭으로 창설된 이래 약 반세기 이상 유일한 전문직 교원단체로서의 위상을 지켜왔다. 물론 전개과정에서 관변 단체로 전락한 경우도 없지는 않았으나 우리나라 교원의 전문성 신장과 복지정책 등에 지대한 공헌을 한 것은 사실이다. 앞으로도 새로운 교육정책의 개발을 통해 교원의 자질과 전문성을 신장시킴은 물론 교원의 복지와 교육의 발전을 위해 전문직 단체로서의 기능을 다 해야 할 것이다.

7.5.2. 전국교직원노동조합

4 · 19혁명 직후 대한교원조합연합회가 일시적으로 조직되었으나 1961년 5 · 16군사정변으로 불법화되었으며, 이 사건 이후 28년 만에 노동조합단체의 형태로 새로 조직되었다. 그동안은 대한교육연합회(지금의 한국교원단체총연합회)만이 유일한 교사단체로 인정되어 교사들의 노동조합은 물론이고 어떠한 다른 교사단체도 공식적인 활동을 하지 못했다. 유신체제 아래 학교교육이 정치권력에 의해 통제되고 입시에 편중되며, 학교조직이 관료화되는 등 교육문제가 누적됨에 따라 1980년대 들어서는 교사들이 소모임을 만들거나 여타 사회운동조직과 관련을 맺는 현상이 생겨나게 되었다. 1981년 8월의 아람회사건, 1981년 9월의 부림사건, 1982년 12월의 오송회사건, 1983년 11월의 교과서 분석사건 등은 교사들의 소모임활동의 결과들이다. 사회단체를 통한 교사들의 활동으로는 대한기독청년회연맹(YMCA) 초등교육자협회, YMCA 중등교육자협회, 대한여자기독교청년회연합회(YMCA) 사우회, 흥사단 교육문화연구회 등이 있었다. 1986년 5월 10일에는 이들 교사모임을 중심으로 교육민주화 선언이 발표되었고, 1987년 6.29선언 직후인 9월 27일에는 소규모 교사단체를 통합한 전국 규모의 교사협의회로 민주교육추진 전국교사협의회(약칭 전교협)를 창립했다. 전교협은 공식적인 교사단체가 아니었기 때문에 1988년 하반기에 교육법개정을 요구했으나 인정받지 못했고, 이후 전국 규모의 공식적인 교사단체를 조직하기 위한 노력은 1989년 하반기에 교육법개정을 요구했으나 인정받지 못했다. 이후 전국 규모의 공식적인 교사단체를 조직하기 위한 노력은 1989년 5월 28일 '민족 민주 인간화 교육'을 기치로 내걸고 전국교직원노동조합(약칭 전교조)의 결성으로 이어졌다. 전교조는 교사의 기본적 권익 옹호, 민주교육 발전에의 기여,

참교육 실현을 목적으로 내걸고 있다. 주요활동으로는 교사들의 근무조건 개선 및 조직강화에 관한 활동, 교육환경 및 교육제도 개선을 위한 활동, 교육의 민주화와 자주성 확립을 위한 활동, 노동 삼권의 완전보장 등 교육관계법의 개정을 위한 활동, 참교육 실천 활동 등을 설정하고 있다. 결성 당시 정부는 전교조를 현행법을 위반한 불법단체로 규정해 교원조합의 결성을 무효화하고 관련교사를 구속·파면·해임 조치했다. 이 때문에 전교조는 본래의 목적과 관련된 활동을 시작하기도 전에 합법성을 인정받기 위한 정치활동에 주력하게 되었다. 1993년 1월 당시 이 문제로 처벌당한 교사는 구속 107명, 불구속 165명, 파면 134명, 해직 1,560명이었으며, 전교조의 합법화와 해직교사 복직을 위한 투쟁이 계속되었다. 그러다가 전교조는 교육부가 제시한(1993.7.24) '선(先)탈퇴 후(後)복직' 방침을 받아들이게 되었고, 해직교사들은 복직신청서의 전교조 탈퇴 확인란에 확인도장을 찍음으로써 복직이 가능하게 되어 1994년 3월 1,329명의 임용이 확정되었다. 1998년 국제노동기구(International Labour Organization/ILO)의 이사회는 한국 정부에 모든 교원의 노동조합 결성·가입 허용, 전교조 인정, 공무원 결사자유 보장 등을 권고했다. 1999년 교원의 『노동조합 설립 및 운영 등에 관한 법률』이 제정되어 전교조가 합법화되었고, 2000년 6월 처음으로 교육부와 단체협상을 벌여 교육정책협의 기능 확보와 교원의 처우 개선책 보장 등에 대한 합의를 끌어냈다. 합법화 이후 전교조는 교원정책, 교육환경 개선, 사립학교 문제, 교육행정과 교육자치, 교육과정과 입시 등 교육 전반에 관한 의견개진과 개선을 위한 활동을 추진하고 있다. 중앙조직으로 총회·전국대의원대회·중앙위원회·중앙상임집행위원회·회계감사위원회·선거관리위원회·특별위원회·상설위원회가 있으며, 지방조직으로는 전국 16개 시·도시부, 230여 개 지회가 있다. 전교조는 1993년 10월 1일 국제산업별노조연맹의 하나인 세계교원노동조합연맹(Education International/EI)과 전국민주노동조합총연맹에 가입하고 있다.

7.5.3. 한국교원노동조합

한국교원노동조합(이하 한교조)은 한국노총산하의 교원노동조합으로 1999년 2월 22일 여의도 노총 회의실에서 창립대회 및 창립보고대회를 갖고 정식 출범하였으며, 당시 서울을 비롯하여 9개 시도에 지역본부가 결성되었다.

이러한 한교조의 교육이념은 푸른 교육을 지향한다. 즉 한교조는 중도·온건·합리주의 성향의 교원노동조합으로, 급진적 개혁으로 인한 교육의 혼란을 방지하고 예측 가능한 점진적 개혁을 주장한다. 따라서 한교조는 교원의 근무여건과 복지의 향상을 위해 그리고 교육의 민주화와 업무의 효율성을 제고하기 위해 학생과 교원이 함께 하는 정다운 학교구현을 정책이념으로 하고 있다. 이러한 한교조의 교육이념을 실현시킬 교육목표를 보면 다음과 같다.

첫째, 행복하고 자긍심 있는 교사관 확립이다. 즉 교원을 존중하는 학교 내외적 여건을 조성하고, 사회경제적 지위향상을 통한 교원의 자긍심 확립을 목표로 하고 있다.

둘째, 깨끗하고 선명한 교육을 지향한다. 즉 상명하복(上命下服)식의 교육운용이 아닌 조화와 협력 중심의 교육과 학교, 교사, 학생, 학부모가 모두 참여하는 투명한 교육을 목표로 하는 것이다.

셋째, 미래지향적이고 창의적인 교육을 목표로 한다. 다시 말하면 학생을 존중하여 창의력을 발휘하도록 이끌어주는 교육과 사회의 변화 속도를 예측하여 구성되는 미래지향적인 교육을 지향한다.

한교조의 정책방향은 크게 세 가지로 구분된다. 우선 교육여건에 관한 것으로 인사제도 개선과 비효율적 업무 폐지 및 교수-학습자료의 지원 확대, 법정 교원 수 확보 등을 주장한다. 이 외에 교육예산의 지속적 확보와 개혁 주체로서의 교원 등에 관한 주장을 하고 있다. 근무여건 개선에 있어서는 정년단축의 원상회복과 수당 및 출장비 현실화, 교원의 업무경감 및 휴가, 휴직의 철저한 보장을 주장한다. 그리고 교원의 복지에 있어서는 법률구조사업과 여가선용 시설제공 등을 주장하고 있다. 이러한 한교조의 정책은 한국교원단체총연합회나 전국교직원노동조합과 대동소이하다고 할 수 있다.

한교조의 등장으로 인해 우리나라도 복수 노동조합 시대를 맞이하게 되었으며, 앞으로 다양한 교원단체가 탄생할 것으로 예견된다. 즉 교원의 권익을 대변할 수 있는 교원단체가 활성화되고, 다양화되는 것은 바람직한 현상이라고 할 수 있다. 이러한 맥락에서 한국교원단체총연합과 전국교직원노동조합, 그리고 한국교원노동조합은 상호 대립・갈등의 관계를 지양하고 교육의 발전과 교원의 권익을 보호하기 위해 선의의 경쟁과 상호협력을 통해 바람직한 교원단체 문화를 창출해가야 할 것이다.

7.5.4. 교직단체의 이원화

교직단체 이원화 정책은 교직단체를 전문직 단체와 노동조합의 형태로 나누고 전문직 단체는 전문성 향상의 측면에서 교원연수 등을 포함한 교원정책의 일반에 대하여 교섭하고 노동조합 단체는 경제적 사회적 지위향상 측면에서 임금 및 근무조건에 관하여 교섭토록 하는 것을 말한다. 이러한 이원화 정책을 정부가 선택한 배경은 법외노조인 전교조의 합법화라는 대의명분에 따라 노동조합이라는 틀을 벗어날 수가 없었고 기존 교원단체의 중심세력이던 한국교총이 전교조의 실체는 인정하되 노동조합법 체계의 교원단체 입법을 반대하는 입법을 추진한 결과 합일점에 이르지 못하고 교원노조법만 입법화됨으로써 야기된 것이다. 교원의 전문성 신장 부분을 제외시킨 교섭사항을 규정하고 있는 정부가 제출한 교원노조법의 통과로 교직단체 이원화는 기정사실화 되었다.

현행 교직단체에 있어서 이원화 정책은 미완성 단계에 있다. 우선 교섭사항에서 중복되고 있다는 점을 들 수 있고 교섭의 전개 결과 교원노조법상의 협약 체결과 『교원지위 향상특별법』에 의한 합의서 작성이라는 커다란 효력상의 차이를 갖고 있는 것이다. 정부의 방침이 교섭사항을 중심으로 한 이원화 방침이라고 한다면 교원단체의 교섭사항은 전문성 신장 쪽으로 수정되어야 할 것이고 교섭의 효력 면에서 교원단체에게 교섭・협약 체결권을 부여해야 할 것이다. 그러나 교섭사항이 사용자측의 고유권한과 직결되는 경우 교섭의 효력은 반감될 수밖에 없는 것이다. 결국 이원화 방침의 본래 취지와는 달리 교원단체가 교원노조와 동등하게 교섭력을 갖는 부분은 법령 · 조례 · 예산과 무관한 교원의 전문성 신장 영역에 국한되게 되었다. 교직단체 이원화 정책에 대한 비판으로 사회적 · 경제적 지위 측면과 전문성 측면을 나누어 교섭하는 것은 행정력과 예산의 낭비이며, 그것이 아무리 입법론적으로 가능하고 평등권의 침해 소지가 없는 합헌적인 것이라 하더라도 교원노조와 교원단체 구성원이 교육전문가인 교원이라는 본질적인 특성에 비추어 볼 때 명분과 논리가 서지 않으며, 교직단체의 단결권 및 단체 교섭권에 있어서 가장 중요한 것은 교섭의 대상과 효력에 있는 것이기 때문에 노동조합과 전문직 단체라는 설치근거상의 차이를 인정해야 한다 하더라도 교직단체의 교섭에 대하여는 동일 법률의 적용을 받도록 하는 것이 타당하다는 견해이다. 그럼에도 불구하고 이원화 방침이 굳혀진 것에 대해서는 기존의 교직단체 간의 양보 없는 기득권 갈등에 따른 책임이 정치적 선택을 한 정부의 책임보다 가벼운 것이라고 할 수는 없다는 데 있다. 굳이 교직단체를 이원화한다고 했을 때, 교원의 법적 지위형식(국 · 공립학교 교원-공무원, 사립학교 교원-사인)으로 본다면 헌법(근로자의 노동삼권)에 근거한 사립학교교원노동조합과 헌법(공무원 근로자 노동 삼권)에 근거한 국 · 공립학교 교원 노동조합의 이원화가 보다 법리에 충실하다고 보는 견해가 존재한다. 그러나 교원 직무의 동질성과 공교육체제의 표준화 특성을 감안할 때 단일 교직단체법령에 근거하여 규정하되 학교급별, 또는 학교설립별 특징을 반영하는 것이 보다 합리적이라고 보는 견해이다.

구분	교원지위법	교원노조법
법적 근거	• 교육기본법(15조) • 교육지위향상을 위한 특별법 • 교육지위향상을 위한 교섭협의에 관한 규정	• 교원의 노동조합 설립 및 운영 등에 관한 법률 • 교원의 노동조합 설립 및 운영에 관한 법률시행령 • 교원의 노동조합 설립 및 운영에 관한 법률시행 규칙
설립 단위	• 전국 및 시 · 도	• 전국 및 시 · 도
가입대상	• 전 교원	• 교사에 한정

	-교사, 교감, 교장, 교육전문직, 교수	-교장, 교감, 교육전문직, 교수 배제
교섭대상자	• 중앙 : 교육과학기술부장관 • 시 · 도 : 교육감	• 중앙 : 교육과학기술부장관 • 시 · 도 : 교육감 -사학의 경우 : 전국/시 · 도 단위 사학법인 연합회(사립학교 단일 교섭 불가)
교섭창구	• 규정 없음	• 교섭창구 단일화 -자율협상에 의해 교섭대표단 구성, 자율적으로 구성치 못할 경우 비례대표제 도입
교섭사항	• 교원의 처우개선, 근무조건 및 복지후생 • 교원의 전문성 신장에 관한 사항	• 임금, 근무조건, 후생복지 등 경제적 · 사회적 지위향상에 관한 사항
교섭시기	• 1년 2회(1월, 7월) • 특별히 필요하다고 판단될 때	• 최소 2년에 1회
교섭/협약의 노력	• 합의된 사항 성실히 이행	• 단체협약 체결권 인정 -단, 법령, 조례 및 예산에서 규정한 사항과 법령, 조례에 의해 위임된 사항을 규정하는 내용은 제외 • 합의된 사항 성실히 이행
중재기구	• 중앙과 시 · 도에 교원지위 향상심의회 설치 • 교원지위 향상심의회 구성 -중앙 : 7인	• 교원노동관계조정위원회 설치 • 교원노동관계조정위원회 구성 -중앙노동위원장이 지명하는 공익위원 3인으로 구성 -시 · 도는 별도 구성하지 않고 중앙에 조직되는 위원회에서 통합 관장

7.6. 세계의 교원단체

7.6.1. 세계 교원단체 연합(Education International : EI)

제2차 세계대전 후 다양한 형태로 생성되고 존속되어 왔던 국제교원단체는 국제노동운동과 관련하여 세계적으로 전문직능단체(협회형)와 교원노동조합(노조형)의 두 가지 형태로 발전하여 왔다. 전문직능단체와 관련된 국제적인 단체는 '세계교직단체 총연합회(WCOTP)'인데, 이에 관련된 각국의 교원단체는 미국의 NEA, 캐나다의 CTF, 호주의 ATF, 일본의 교직원연맹, 그리고 우리나라의 교총이 여기에 속한다고 볼 수 있다. 이들은 교사를 전문 직업인으로 규정하면서 전문성 신장을 통한 자율성 확보를 목적으로 한다. 또한 이들은 교사들에게 자신의 이익보다는 사회의 이익에 더욱 봉사하도록 하며, 전문지식을 바탕으로 한 자율성을 주장한다. 그리하여 교육 모순의 해결 및 교사의 사회, 경제적 지위향상을 위한 수단으로서 집단행동을 반대하고 다만 압력단체로서 '건의'를 통해 자신들의 목표를 달성하고자 한다.

교원노동조합 형태와 관련된 국제적인 교원단체에는 국제자유교원 노조연맹(IFFTU)이 있으며, 이와 관련된 각국의 교원단체는 미국의 AFT, 프랑스의 SNI, 독일의 GEW, 영국의 NUT 및 일본의 교직원 조합, 그리고 우리나라의 전국교직원 노동조합이 있다. 이들은 교사를 노동자로 인식하여 교사 자신의 제반 권리 보장을 목표로 하고 있는데, 전자인 협회형의 단체가 대부분 평교사들보다 교육 관리직에 종사하는 회원들에 의해 주도되고 있는 것과는 달리 노조형의 단체들은 평교사 중심의 조직으로서 교육활동의 철저한 자율적 통제를 요구하고, 교육 모순의 해결과 교사의 제반 시민적 권리, 특히 노동 삼권을 주장하며, 보다 강력한 집단행동의 행사를 요구한다. 그러나 대부분 선진 자본주의 국가에서는 교원단체가 두 가지 형태로 존재해 왔지만 대립적으로 존재하기보다는 상호 보완적인 관계로 존재해 왔다.

그런데 앞에서 언급한 국제적인 양대 교원단체인 세계 교직단체 총연합회(WCOTP)와 '세계자유교원노조연맹'(IFFTU)은 통합에 대한 논의를 계속해 오다가 1993년 1월 26일 스웨덴의 스톡홀름에서 통합을 결의하고 창립총회를 개최함으로써 양대 교원단체를 통합한 거대 기구인 '교육 인터내셔널(Education International : EI)'을 탄생시켰다. 통합과정에서 "두 단체는 '전문직주의'(professionalism)와 '노동조합주의'(unionism)는 상반되는 개념이 아니라는 점"을 공통적으로 인식하게 되었다.

EI는 노동조합권과 전문적인 권리를 공동으로 추구하고 평화, 정의 및 단결을 천명하고 있다. 이러한 원칙에서 EI는 노동조합주의적인 활동 및 원칙을 추구하지만 회원의 자격요건에 반드시 노동조합적인 단체를 그 조건으로 하지는 않는다. 두 단체의 통합과정에서 가장 중점을 두고 합의하였던 부분의 하나가 바로 '각 회원단체가 해당국가에서 다른 노동조합에 가입하거나 어떠한 조직의 형태를 취할 것인가에 대하여는 전적으로 해당 회원단체가 결정할 사항이지 EI가 이를 간섭하지 않으며, 회원단체 내부의 자유 및 의견의 다양성을 존중한다'는 점이었다.

EI는 인권 및 노동조합권의 기준에 대한 보편성 및 불가분성의 보호를 가장 중요한 우선 과제로 삼고 있다. 그리고 EI의 정관에 나타난 목적을 보면 첫째, 교원의 권익증진을 통하여 노동조합권 및 전문직적 권리옹호, 고용 및 근무조건의 향상을 강조하고, 둘째, 교육의 발전을 통하여 평화, 민주주의, 사회 정의 및 평등사회를 조성하며, 셋째, 교육정책 수립 및 결정과정에의 적극 참여를 보장받도록 노력할 것을 천명하며, 넷째, 모든 형태의 편견 및 차별을 타파하고 여성의 참여를 확대하며, 다섯째, 회원단체 간 유대 및 상호협력 체제를 유지한다라고 하고 있다.

이 목적달성을 위해서 회원단체에 대하여 단 한 건이라도 국제인권선언의 침해가 있다면 무조건적, 무제한적으로 이를 규탄할 것을 천명하였다. 각종 연수프로그램과 국제회의 그리고 홍보물을 통하여 EI는 각 회원단체가 국제인권선언의 중요성을 인식하고 이의 침해행위에 대항하도록 하고 있다. 앞으로도 EI는 국제경제기구와 산업화된 선진국에 교육투자를 강화하도록 범세계적 캠페인과 압력을 극대화할 것으로 보인다.

EI는 전문직 단체와 노조단체가 통합된 가장 큰 교원단체로, 노동조합주의적인 성향이 강화된 조직이며, 완전한 독립적 자율적 조직체인 동시에 내부의 자유 및 의견의 다양성을 존중하며 각 지역의 활동을 강화하고 공정하고 감각 있는 재정운영을 하며, 분야별 급별 활동이 강화되었다. 마지막으로 회원단체의 자격 및 활동에 관한 평가기구가 설치되었고 집행위원 등 임직원을 대폭 증원하였다.

현재 EI는 전 세계 146개국에 272개의 교원노조에 소속된 2,300만 교사들이 가입하고 있는 조직이며, 한국의 교총과 전교조도 가입하고 있는데 이것은 해당국의 교사들이 선택한 결과인 것이다. 우리나라는 이미

1993년 9월 전교조가 이미 EI(세계교원노동조합총연맹)에 가입하여 세계적으로 합법성을 인정받아 왔으며, 1996년 우리나라가 가입한 OECD에서도 한국 정부에 교원의 노동기본권을 보장할 것을 적극 권고하였다.

최근 EI는 한국 정부에게 EI 사무총장 명의로 "교원들의 노동조합권 인정을 추구하고 유지하며, 결사의 자유, 단결권, 단체 교섭권과 쟁의권을 포함한 국제노동 기준을 진전시킨다."는 EI 규약을 들어 ILO 조약 87호와 98호에 명시된 결사의 자유와 단결권을 한국의 교사들에게 허용해야 한다고 강조했다. 이처럼 EI는 국제기구와의 제휴협력, 인권 및 노동조합권 관련활동, 교육 및 고용, 개발협력활동 등 교육 전반적인 내용에 관여하고 있다.

여기서는 EI 소속 세계 주요 국가 교원단체의 종류와 그 활동내용 등을 간략하게 살펴보고자 한다.

7.6.2. 미국의 교원단체 활동

미국은 교육제도가 각 주 정부 주도로 이루어지도록 지방자치제도가 철저히 실시되고 있는데, 연방정부·주 정부·학교구가 각각 역할을 분담하고 있다. 즉 연방정부는 공교육의 발전을 위해 재정지원 및 연구 등을 담당하며, 주 정부는 해당 주의 교육에 관한 최고 핵심기관으로서 대부분의 주가 정책결정기구인 주 교육위원회와 집행기관인 주 교육감 제도를 두고 있으며, 학교구(School District)는 정책결정기구인 지방교육위원회와 집행기관인 교육감제도를 취하고 있다.

미국 교원의 인사제도는 주마다 그리고 주 안에서도 학교구마다 다양하고 천차만별이다. 신분은 공립학교 교원은 각 학교구에서 교육위원회와의 계약에 의해 결정되며[2], 사립학교는 연령제한이 없고 학교가 요구하는 자질 기준에 해당하면 계속 고용하되 1년 단위로 매년 계약하기도 하고, 교원단체의 설립 및 가입에는 제한이 없다.

미국 최초 교원단체는 1794년에 결성된 뉴욕교사연합회(The Society

2) 국공립학교의 Tenure(종신제)는 대개 교직에 들어온 지 2년 후 종신 임용될 수 있는 여건이 주어지고 정년제도는 없고 본인이 원할 때, 주로 25년 혹은 30년 후 퇴직을 한다.

of Associated Teachers of New York City)이다. 이어 지역 교원단체가 조직되었으며, 1840년에서 1861년 사이에 30개 주의 교원단체가 결성되어, 현재 교육이념 · 업무내용 · 소속지역 등에 따라 다양하게 구성되고 활동하고 있다(Hessong and Weeks, 1987).

현재 미국에서는 전국적인 규모의 두 교원단체가 경쟁적으로 활동하고 있는데 하나는 '전미국교육연합회'(The National Education Association : NEA)로서 전문직능단체의 성격을 갖고 있으며, 다른 하나는 교원노조 성격을 가진 '미국교원연맹'(The American Federation of Teacher : AFT)이다.

전미국교육연합회(The National Education Association : NEA)는 1857년 전국교사연합회로 창립되어 현재 약 200만여 명의 회원을 가진 미국 최대의 교원단체로서 NEA는 교육기회의 균등실현, 교육내용 및 방법의 개선, 교원의 사회 · 경제적 지위향상 등을 목적으로 활동하고 있다.

회원의 자격은 모든 수준의 학교에 종사하는 사람들에게 개방되어 있을 뿐만 아니라 교육전문연구기관, 정부의 교육기관 및 사설 교육기관에 종사하는 사람들에게도 가입을 허용하고 있다. 그러나 결성 당시 '전국교장협의회'(National Association of School Superintendents)와 '사범대학협의회'(American Normal School Association)가 주도했다는 전통이 계승되어 1960년대 이전에는 주로 교육행정 · 관리자 · 대학교수 등이 중심이었고 그 활동내용 역시 교육분야의 정보교환, 교사교육 개선 및 교육과정 개편에 관심을 두었다.

NEA는 전문 교원단체로서 경제적 처우개선보다 전문 직업주의를 강조해 왔으나 1960년대 초반부터 뉴욕 시에서 미국교사연맹의 단체 교섭권 획득에 자극받아 경제적 처우에 대해 적극적인 방향으로 선회하였으며, 노동단체에 속하지 않은 채 독립적인 교원단체임을 주장하고 있다. 이러한 NEA에서는 60년대 이전에는 교직의 전문성 신장에 주력하였으나 최근에는 교원의 경제적 · 사회적 권익 향상에 관심을 기울이고 있고, 교육의 자주성과 질 향상을 내세우는 교직단체의 성격을 지니고 있다.

특히 1962년 NEA가 단체 교섭을 위한 프로그램을 시작한 것은 활동의 획기적 전환으로 평가된다. 이것은 각 지부가 지방교육위원회와 단체 교섭을 할 수 있는 근거를 마련해 준 것이며, 이에 따라 각 지부에서는 지방헌법에 단체 교섭권을 인정해 주도록 강력히 요구하게 된 것이다. 그러나 이 단체는 자신들의 단체 교섭은 노동조합의 단체 교섭과는 그 성격이 다르다고 주장하며, 노동법에 따른 단체 교섭이 아니라 전문직적인 협의임을 강조하고 있다(전국교사협의회, 1988).

또한 NEA는 다양한 교육전문 잡지와 신문을 발간하고 있으며, 다양한 연구주제를 설정하여 그 결과를 보급하고 있고, 회원 권리보호를 위한 각종 사업을 전개함과 동시에 최근에는 회원들의 권리보호를 위해 파업도 고려하고 있다.

미국교사연맹(American Federation of Teachers : AFT)은 1916년 노동조합적 성격을 갖고 평교사 중심으로 결성되어 1955년 미국 노동자 연맹에 가입하였으며, 뉴욕 주를 비롯한 북동부 지역에서 강세를 보이고 있다. NEA가 본래 교육문제에 국가정책기관으로 출발된 것과는 달리 AFT는 1916년 시카고에서 조직되었는데 이 조직은 최초의 교사조합(Teachers' Union)으로 1897년 결성된 평교사 중심의 시카고교사연맹(Chicago Teachers Federation, CTF)이 주축이 되고 4개의 지방교사조합(Local Union)이 통합되어 결성되었으며, 당시 미국교원연맹(AFT)이 내세운 조직의 주된 목적은 자유학교의 실현, 교과서 무상공급, 의무교육의 실현 등 공교육 개선에 중점을 두었다(Hessong and Weeks, 1987).

AFT는 출발부터 노조를 표방하는 진보적 교직단체로서, 산업노동자 조직인 미국노동자연합(American Federation of Labors, AFL)과 산업노동자조직회의(Congress of Industrial Organization, CIO)와 연대하여 '교사는 공장에서 혹사당하고 있는 노동자와 한 치도 틀리지 않고, 지배권력자들의 이익을 위해 고용된 존재'라고 선언하면서 투쟁 지향적 교원노조 활동을 하고 있다.

AFT는 전통적인 보수적 교육사상을 극복하고, 아동중심교육을 지향하는 진보주의 교육사상을 실천에 옮길 것을 강조했고, 복선적인 중등학교 제도를 종합제로 개편할 것을 요구하였으며, 특히 미국노동총연맹에 가입하여 AFL과 공동으로 공무원들의 단체협상권 획득과 공무원보수의 형평성보장, 교육관련법 개정을 위한 강력한 대의회 활동 등을 전개하고 있다. 이러한 AFT의 목적은 다음과 같다(안창선, 1999).

① 교사단체들이 상호 원조하고, 상호 협동하는 방향으로 나아가도록 인도한다. ② 교사들이 향유할 수 있는 제반 권리를 확보할 수 있도록 노력한다. ③ 최선의 직업적 서비스를 할 수 있는 조건을 확보함으로써 교직의 질적 향상을 도모한다. ④ 학생들이 졸업 후 지역사회에서 산업적・사회적・정치적 생활을 잘할 수 있도록 교육하기 위해서 학교의 민주화를 촉진한다. ⑤ 모든 아동과 청소년들에게 좀 더 나은 교육기회를 주기 위해서 아동복지를 촉진한다.

AFT는 교육의 전문성 향상을 위한 혁신적 교육프로그램을 만들거나 지지하는 노력과 교원의 보수와 노동조건 협상을 위해 교육당국과 협상하는 등 단체 교섭 활동을 벌이고 있으며, 특히 미국노동총연맹인 AFL(American Federation of Labour : AFL)에 가입하여 AFL과 공동으로 공무원들의 단체협상권 획득과 공무원보수의 형평성 보장과 교육관련법 개정을 위한 강력한 대의회 활동 등을 전개하고 있다.

이 두 단체의 중요한 차이점은, NEA가 자신들이야말로 최대 규모로서 전체교원을 대표하며 다른 노동단체로부터 독립되어 있다고 주장하는 반면, AFT는 미국노동총연맹 산업별회의(AFL-CLO)에 가맹되어 있어 광범한 인적・재정적 지원을 교사들에게 제공할 수 있기 때문에 실질적으로 교원을 위한 교원의 단체라는 것이다. 그러나 현재 이 두 단체는 활동내용 및 방법에 있어서 상호 접근되어 가고 있다고 할 수 있다. 즉 노동조직의 노선에 따라 AFT가 교육문제의 해결과 교사의 권익보호를 위해 단체행동을 비롯한 고도의 집단행동 전술을 선도적으로 사용하여 왔으며, NEA 역시 1960년대에 이르러 유사한 방법을 사용하기 시작하였고, 1970년대에는 '미국공무원연합'(Coalition of American Public Employees)에 가입하여 공무원들의 단체 교섭권 쟁취에 일익을 담당하고 있다(안창선, 1999). 그러나 두 단체가 목표성취를 위해 방법상의 유사성을 보이고 있긴 하지만 AFT는 NEA보다 교육문제를 정치・경제구조 등을 고려한 전체적인 맥락 속에서 파악하고자 한다고 할 수 있다.

즉 단체 교섭 허용 여부와 교섭내용의 범위에 대해서는 교원단체들

간 상당한 차이를 보이고 있는 바, NEA는 교사의 경제적 문제와 학생들에게 영향을 주는 사항만 교섭대상으로 하고 있으며, AFT는 교섭범위를 제한하지 않고 있다. 교육당국과의 교섭은 교육자치구별로 교사들의 투표로 대표 교섭단체를 결정한 후, 이 대표 교섭단체가 단체 교섭의 당사자로 나서는 것이 특징이다.

이처럼 미국의 교원노조는 근무조건의 개선과 교사의 지위향상을 위한 단체 교섭을 적극적으로 추진시킬 뿐 아니라 교육의 민주적 개혁을 위해서 적극적인 운동을 전개해 왔다. AFT가 주도하는 미국 교원노조운동은 1962년 뉴욕 시의 교사 4만여 명이 단합하여 일제히 파업을 감행한 것이 계기가 되어 활기를 띠기 시작했다. 그 해에 케네디(J. F. Kennedy) 대통령은 행정명령을 발표하고, 교사와 공무원에게 단결권은 물론 단체 교섭권에 준하는 권리를 줌으로써 교원노동운동의 새 장을 열었다. 그 후 점차적으로 교원노조에게 행동권까지 부여하는 주가 늘어나자 현재에는 32개 주에서 교사의 노동 삼권을 보장하고 있다. 대부분의 주에서 공립교원들의 파업행위는 불법화하고 제한하지만, 봉급인상, 단체 교섭 승인, 교육과정 통제, 지역사회 지원 부족 등의 문제를 가지고 매년 파업을 하고 있다.

7.6.3. 영국의 교원단체 활동

영국은 교육이 세계 어느 나라보다 일찍 발달했으나 국가에 의한 국민교육은 늦게 발달하였다. 이러한 이유로 영국의 교원단체는 19세기 후반 초등교원조합이 태동한 후 1870년 포스터 교육법에 의해 교직이 전문직으로 인정받으면서 교원단체가 결성되기 시작했다.

영국에서 교원의 신분은 국·공립학교 교사는 정년제(65세)이고 사립학교 교사는 계약제이면서 동시에 정년제이다. 전통적으로 영국의 교직단체와 고용자와의 계약관계는 1919년에 설치된 번햄위원회에 의하여 결정되는데, 각 교직단체의 구성비율을 참작하여 문교부장관이 대표권자의 수를 결정하도록 되어 있는 번햄교육위원회와 번햄행정위원회를 구성하여 6년마다 교원위원회가 보수 및 근무조건에 대하여 완전합의에 이르면 이를 다시 행정위원회에서 최종 결정하는 방법을 택하는 것이었다.

그러나 너무 다양한 복수단체가 서로 이해관계를 달리하며 분배협상권을 가지고 참여하고, 고용주격인 행정기관 또한 서로 이해관계와 정당적 색깔을 달리하는 조직으로 구성하여 협상에 임하기 때문에 중재에 어려움이 뒤따르고 있다. 이처럼 복수단체의 협상권이 분산됨으로 인하여 1984년에서 1986년 동안에는 교원들의 파업사태가 더욱 격심해지는 결과를 낳게 되었으며, 그리하여 1987년에는 코벤트리와 노팅햄협정 이후 교원보수와 근무조건령을 통과시키고 거의 90년간 유지해온 동 위원회를 폐지하는 결과를 낳게 되었다(안창선, 1999).

영국의 교원단체는 등록 의무는 없으나 단체가 자발적으로 상공부 소속 반독립 정부기관인 Certification Office에 등록하고 있으며, 정부 측의 각종 자문위원회에 참여하거나 교육부장관 등 관계 당국, 의회와 접촉함으로써 교육정책에 영향을 미치고 있다.

한편 영국의 교원노조는 복수조합주의(multi-unionism)를 택하고 있다. 근본적으로 복수조합주의를 채택하고 있는 영국에서는 노사문제를 당사자의 자치에 맡겨두는 전통이 형성돼 같은 학교에서도 다수의 교원단체가 존재하고 개인은 복수단체에 가입할 수도 있으며, 사용자 측은 어느 단체와 단체 교섭을 할 것인가에 관해서 아무런 법적 구속 없이 결정할 수 있다. 또 단체협약을 체결하더라도 양 당사자가 법적 구속력을 갖는 협약임을 분명히 밝히지 않는 한 협약은 '신사협정'으로만 간주된다.

복수조합주의로 인해 교사, 교수, 전문직 단체는 물론 교장들까지도 지역별로 노조형태의 단체를 별도 구성하는 등 수많은 교원단체들이 난립해 있어 단체 교섭방식을 강구하지 않을 수 없게 되었고 그 형태도 지역과 협상대상에 따라 복잡·다양하며, 각종 선거에서 특정 후보를 공식적으로 지원하여 당선시키기도 한다.

영국의 교원단체는 교원의 복무조건에 대하여 교섭하며, 사용자와 교직단체 간의 단체협상 결과는 법적 구속력을 지닌다. 교섭방식으로 국가차원의 협상기구인 번햄위원회를 운영해 오다가 1987년부터 직원보수와 근무조건법에 따라 교사의 봉급과 근무조건을 정부가 결정할 수 있도록 하고 있다.[3] 1960년대 이후에는 파업[4]이 교원단체 활동의 주요 전략으로 부상하여 보수인상, 아동의 급식 감독활동 면제 요구, 무자격 교사임용 반대 등 그때그때의 목표달성을 위하여 빈번하게 사용되고 있으며, 영국 교원 운동사에서 파업은 대규모화되고 정치성을 나타냄으로써 이른바, '영국병'의 한 현상으로 거론되기에 이르렀다. 번햄위원회는 교원단체의 대표와 정부대표로 구성되었는데, 번햄위원회 협상을 위한 파업이 정치성을 띠고 대규모화함에 따라 1987년 보수당 정부는 교사의 파업을 막기 위하여 번햄협상 시스템(Burnham Bargaining System)을 폐지하고 교원의 보수와 근무조건에 관한 사항을 법률로 규정하였다. 결국 번햄협상 시스템의 폐지로 인해 교원단체의 정부 측 협상을 이유로 한 파업은 사실상 봉쇄되었다고 할 수 있다. 영국에서 공무원의 파업권을 특별히 규제하는 법률은 없으나 행정명령(Executive Order)에 의하면 파업은 복무규율을 위반하는 것으로서 징계의 대상이 된다. 이러한 맥락에서 영국은 1988년 국가 교육과정인 교육개혁법(1988 Education Reform Act)을 도입함으로써 중앙정부의 권한을 대폭 강화하고 교육과정에 대한 교사들의 권한을 축소하였다.

영국의 교원단체는 다양한 성격과 노선을 가진 단체들이 15개 이상 공존하고 있는데 대표적인 단체로는 전국교원조합(NUT), 전국남여교사연합회(NASUWT), 교사 · 강사연합회(ATL), 대학교 및 단과대학강사조합(NATFHE), 스코틀랜드교육협회(EIS), 전국교장연합회(NAHT), 대학교수연합회(AUT) 등이 있다(1998).

영국의 교원단체는 초기 생성단계를 지나 그들의 이익을 추구해 오는 과정에서 나타난 노선과 방법상의 차이에 따라 여러 개의 단체로 분화되어 상호 경쟁과 보완관계를 이루며 변천해 왔다. 즉 이들 교원단체들은 단체가 가진 고유의 목적을 달성하기 위하여 경쟁을 할 때도 있지만

---

3) 잉글랜드와 웨일즈의 경우 교원단체와 고용자 간의 단체 교섭은 1919년부터 1987년까지 번햄체제(Burnham System)를 통하여 이루어졌다. 번햄체제는 번햄위원회(Burnham Committee)를 통하여 각 교원단체의 대표들과 고용자 측 대표들이 참가하여 국가수준에서 교섭을 하는 것으로 매 6년마다 이 체제를 가동하여 교원의 보수를 국가수준에서 결정한다.

4) 파업행사에서는 주로 전국교사연합(NUT, The National Union of Teachers)이 주도적 역할을 하고 다른 단체가 가담하는 형식임.

일반 노동단체인 노동조합연맹(TUC) 및 국제교원연합(EI)과 연대하여 활동을 벌이기도 한다. 주목할 만한 사실은 '노동단체'인 이들 교원단체가 거의 모두 전문직 주의를 단체의 주요 목적으로 내세우고 있는 것이 특징이다.[5] 이러한 영국의 대표적인 교원단체는 전국교사노동조합(National Union of Teachers : NUT)과 전국남여경력교사연합회(National Association of Schoolmaster : NAS)를 들 수 있다.

전국교사노동조합은 교원전문단체이며 동시에 노동조합의 성격을 지니고 있는 영국의 대표적인 교원단체로서 1870년에 결성되어 343개의 지부를 가지고 있으며, 회원은 교사 또는 예비교사를 포함하여 1998년 현재 약 20만여 명의 회원을 가지고 있다.[6] 1970년에 영국노총인 TUC(Trade Union Congress)에 가입한 이후 과격한 성향을 나타내고 있으며, 잉글랜드, 웨일즈 지방에서 강세를 보이고 있다. 주요활동을 보면 교육의 평등성을 추구하는 데 있어서 주도적인 영향력을 발휘하고 있으며, 교원의 연합과 단결을 통하여 교원과 사용자와의 관계를 정립하고, 교원의 봉급과 근무조건에 대해 협상을 한다. 또한 각 지역사무소에는 경험 있는 전문가와 법률자문 직원이 회원들에게 전문성 신장, 고충처리 등 다양한 서비스를 제공하기도 하며, 문교부 장관 등 교육관계 관료 및 의회와 접촉하여 영향력을 행사하고, 대국민 홍보활동 등을 전개하기도 한다. 최근 들어 내부에서의 좌익성향 활동과 같은 교육 외적 쟁점에 휘말려 영향력이 약화되기도 했다. '전국남여경력교사연합회'는 1922년 전국경력교사연합회로 설립되었으나 1976년에 여교사 조합과 통합하여 현재의 명칭을 사용하고 있으며, 장기간 근무한 경력교사의 권익에 관심을 갖고 있으며 약 12만여 명의 회원을 가지고 있다. 이 외에도 6만여 명의 회원

5) NUT의 웹사이트는 '전문직 단체 및 노조'(both a professional association and trade union)임을 자처하고 전문성 향상을 위해 노조의 힘을 결집해야 한다고 주장하고 있으며, 전문직 교사연합회(PAT)도 노동단체임을 부정하지 않음으로써 사실상 전문직 단체와 노동단체를 구별할 수 없게 되었다. 그럼에도 불구하고 모든 교원단체의 가입률은 해가 갈수록 떨어지고 있다. 1870년에 창립된 영국 최대의 교원단체인 NUT도 1995년 25만 명에서 1998년에는 18만 5천 명으로 회원이 감소하였으며, 따라서 재정적인 압박도 가중되고 있는 것으로 알려져 있다(1998.3.4. 한국 교육신문).

6) 회원의 2/3는 여성교원이며, 과반수가 초등교사로 구성되어 있다.

을 가지고 있는 남녀학위교사연합회와 4천여 명의 회원을 가지고 있는 학교교장연합회가 있으나, 전체적으로는 교원단체 활동이 위축되고 회원 수도 감소하고 있는 추세이다.

7.6.4. 독일의 교원단체 활동

독일은 전통적으로 교육을 16개 각 주의 고유 임무로 간주하고 있으며, 각 주는 교육에 관하여 입법하고 집행한다. 1969년 서독기본법(헌법)의 개정으로 설치된 연방교육학술성이 직업교육, 장학금, 고등교육에 관한 일반원칙의 제정 등 연방단위의 문교행정을 담당하고 있다. 독일 대부분의 학교는 공립이며 극히 일부 학교만이 사립(종교단체 등 운영)학교인 관계로 국 · 공립학교 교사는 대부분 주 정부 공무원이고 사립학교 교원도 공립학교 교원과 같은 신분상의 대우를 받으며, 정년은 공 · 사립 구분 없이 65세이다.

교원은 주로 2년씩 계약 임용되는 경우와 국가공무원(Beamter)으로 임용되는 두 가지 경우가 있으며, 계약직원의 경우 연방공무원법 제1912조에 의해 단체 교섭을 할 수 있으나 국가공무원의 경우 동법 제94조에 공무원 관계의 일반적 규칙 제정에 참여할 수 있다는 것만 규정되어 있다.

독일의 노동조합은 산업별노조로 조직되고 활동하는 것이 원칙이며 교원 및 학술노조는 노동조합법의 적용을, 공무원 연맹은 국가공무원법과 노동조합법의 적용을 받는다. 교원들 역시 일반 공무원과 같은 권리 · 의무를 가지며 근로시간에 대하여는 특별법령이 있다. 역사적으로 보면 Weimar 시대(1919~) 이후 독일기본법은 공무원을 포함한 모든 독일인에게 단결권을 인정하고 있다. 독일연방공무원법 제83조에서는 "공무원의 보수는 법률에 의하여 규정되며, 임금계약에 의하여 체결되지 아니한다."라고 규정하여 단체 교섭에 의해서 임금 등을 결정하는 것을 봉쇄하고 있다(박덕규, 1983). 그러나 공무원의 파업에 대하여 많은 논란이 있긴 했지만 공무원의 임금인상과 근무조건 개선을 위한 공무원들의 단체의사 표현은 합법적으로 인정하고 있으며[7], 계약직원에 속하는 상당수의 교원은 파업에 대한 특별한 제한이 없다. 독일의 교원단체는 노동조합으로서 독일노동조합총연맹, 유럽노동조합총연맹 및 세계노동조합기구에 가입되어 있다. 대표적인 교원단체는 독일교육 및 학술 노동조합(Gewerkschaft Erziehung und Wissenschaft : GEW)과 독일공무원동맹(Deutcher Beamtenbund : DBB)으로 GEW는 노동조합법의 적용을 받고, DBB는 국가공무원법과 노동조합법의 적용을 받는다.

DBB는 독일연방공무원법 제94의 규정에 따라 정관에 스스로 파업권을 포기하고 있다. GEW는 회원 중 공무원이 아닌 계약직 교원의 경우 파업권을 인정하고 있으며, 이는 공무원연맹의 회원도 같다.

독일교육·학술노동조합은 사회교육기관을 포함한 모든 교육기관 종사자, 대학과 학술연구기관 및 연구시설에 근무하는 자, 그리고 위 직업을 준비하는 대학생으로 구성되는 대표적인 독일의 교원노조이다. GEW는 초등학교 교사 중심인 독일교사연합회로 시작하여 1945년 패전 후 교육·학술노동조합(GEW)으로 재조직되어 독일노동조합연맹에 가입하고 있으며, 16개 주 단위 조직과 지역단위의 조직을 가지고 있고 중앙에는 각 회원단체의 대표자로 구성되는 중앙위원회와 집행부가 있다. 회원 자격은 모든 독일 국적을 지닌 교육분야에 종사하는 근로자, 사회교육분야 종사자, 대학, 학술연구기관, 연구시설에 종사하는 근로자, 위 직업을 준비하는 학생 및 정년퇴직자들이며, 회원 수는 약 31만 명(1997년)에 이르고 있다. 이들은 사회적 정당성, 노동시장 정책의 안정, 교육적 가치 인정 등을 바탕으로 교원의 보수 및 근로조건 개선, 관료주의 축소, 교육적 자율성 확보 등을 주장하고 있으며, 회원의 직업적·경제적·사회적 이익과 교육과 학문의 촉진을 목적으로 한다.

---

7) 공무원이 파업을 해도 되는가의 문제가 전후 처음으로 일어난 것은 1979년 7월 4일 브레멘 시 GEW 교사들이 주당 수업시간의 단축이행을 요구하며, 군중집회를 개최한 사건이다. 이 결과 수업시간의 수업 결손이 초래되자 시당국은 인사기록카드 기재와 두 시간의 임금을 공제하는 등 불이익을 주게 되었고, 교사들은 이에 불복하여 소송을 제기하였고 시 역시 행정소송을 제기하였다. 이 사건에 대하여 니더작센 주에서는 시위에 참가한 7명에게 정직명령과 직무수행을 금지시켰으나 헤센 주에서는 별다른 조치를 취하지 않았다. 브레멘 시는 노동재판소에서는 원고승소 판결을 내렸으나 시가 불복하였고 행정재판소에서는 원고승소 판결을 내려 한 가지 사건에 대한 두 가지 다른 판결로 헌법재판소의 사안으로 넘겨졌다.

단체 교섭의 계약 주체는 GEW의 중앙 및 주 연합체인데, 중앙위원회는 주 연합체의 동의를 얻어 단체 교섭의 개시와 임금계약의 해지를 결정한다. 단체협상이 정상적으로 진행되지 않을 경우 GEW는 파업 여부를 전체 투표를 통하여 결정한다.

독일공무원동맹은 1918년 교원단체와 일반 공무원이 연합하여 조직의 기본틀을 마련하여 1920년 공무원과 교원단체가 노동조합 형태로 통합되었으나 1933년 나치의 노조활동 금지로 해산되었다. 이후 1969년 노동조합의 명칭을 '독일공무원동맹'으로 바꾸고 근로자의 노동운동 원칙에는 동의하나 파업은 스스로 포기하는 방향으로 정관을 개정하였다. 1997년 현재 53개[8)]의 회원노동조합에 교원(10만)을 포함하여 약 110만 명의 회원으로 구성되어 있다.

DBB의 가입단체로는 독일언어교사연맹 등이 있다. 1997년 현재 53개의 회원노동조합으로 구성되어 있으며, 이는 16개의 주 공무원동맹, 14개의 연방공무원동맹, 23개의 연방전문노동조합 등이다.

7.6.5. 일본의 교원단체 활동

일본의 교원 신분을 보면 국립학교 교원은 국가공무원이고, 공립학교 교원은 지방공무원에 해당된다. 따라서 국립학교 교원은 국가공무원법의 적용을 받고 있으며, 공립학교 교원은 지방공무원법과 교육공무원특례법, 사립학교 교원은 노동조합법의 적용을 받고 있다. 교원의 정년은 평균 62세이며, 국·공립교원은 60세, 사립교원은 일정치 않다.

일본의 교원단체는 2차 대전 이후 1950년 지방공무원법이 제정될 때까지는 지방공무원에 대해서도 노동조합법이 적용되어 교원도 노동조합을 조직할 수 있었다. 그러나 지방공무원법 제정으로 동법에 의해 노동조합이 아닌 직원단체 형식으로만 교원단체를 조직할 수 있게 되었다.

사립학교 교원은 일반사업장 근로자와 마찬가지로 노동조합법에 의하여 근로 3권이 허용되고 복수교원단체를 결성하는데도 제한이 없는 반면 공립학교 교원은 지방공무원법에 의한 교직원단체를 결성할 수는 있

8) 회원단체는 주 공무원동맹 16개, 연방공무원동맹 14개, 연방전문노동조합 23개가 있음.

으나 단체협약 체결권이 없는 교섭권만을 가지며 단체행동도 금지된다. 이러한 일본의 교직원단체는 정치적, 이념적 투쟁을 강도 높게 전개하여 학교 황폐화와 교육계의 심한 갈등을 야기시키기도 했다. 현재 회원의 자격은 교육행정 관리자를 제외한 각급 학교의 교원으로 되어 있으며, 특히 서무직원 및 보조직원에까지도 문호가 열려 있으나 교직원단체의 전체 가입률은 1976년 이래 20년간 저하되는 추세에 있다.

일본 교원단체의 교섭절차는 일반적으로 예비교섭 → 교섭 → 서면협정 순으로 진행되며, 단체협약을 체결할 권리는 갖고 있지 않으나 합의된 사항에 대하여 서면협정은 가능하다. 그러나 이러한 서면협정은 법률적 구속력을 갖지 못한다. 한편 단체행동권은 지방공무원법 제37조에 의해 쟁의행위는 직원 자체의 복무규율로 금지되어 있다.

현재 일본의 교원단체로는 일본교직원조합(日教組, Japan Teacher's Union), 전일교직원조합(全教), 일본고등학교 교직원조합(日高教 右派, 左派), 전일본교직원연맹(全日教錬), 전국교육관리직원단체협의회(全官協) 등이 있으며 이 중 63만여 명의 회원을 가진 일교조가 최대의 단체이다.

일교조는 일본 최대 규모의 교직원단체로 1947년 생활급 보장과 전쟁재발을 막기 위한 평화교육을 슬로건으로 내걸고 결성된 노동조합이며, 1989년 현재와 같이 47개 도도부현(都道府縣)에 조직을 갖는 전국 조직으로 재편성되었다. 일교조는 국내적으로는 일본노동조합총연합회에 가입되어 있고, 국제적으로는 국제교육연합(EI)에 가입되어 있다.

1947년 결성 당시에는 노동조합법에 노동조합 결성을 제한하는 규정이 없었으므로 노동조합으로 활동했으나, 1950년 지방공무원법이 제정되어 교원의 노동조합활동이 금지됨으로써 교원단체로서 규율 받게 되었다. 그러나 일교조는 지금까지 노동조합임을 자처하고 있으며 사실상 노동조합에 준해서 활동하고 있다. 일교조는 그동안 노동단체와 보조를 맞추어 임금인상을 요구하고 파업하는 등 정부의 교육정책에 반대하는 투쟁을 계속해 왔다.[9] 1966년부터 1988년까지는 임금의 대폭적 인상, 인

9) 이러한 교육정책에 대한 반대투쟁으로는 근평 반대투쟁(1957~1970), 교육과정 반대투쟁(1958), 전국일제학력조사 반대투쟁(1961~1962), 중교심노선 반대투쟁(1984~), 신학습지도요령(국기, 국가 등) 반대투쟁(1989~) 등이 있다.

사권 권고의 완전실시 등을 요구하며, 동기간 동안 35회의 동맹파업을 실시하는 등 매년 전국적인 파업을 주도해 왔다. 일교조는 ① 교원의 경제적·사회적·정치적 지위향상, ② 교육의 민주화 및 학문과 연구의 자유 확립, ③ 평화와 자유를 수호하는 민주국가 재건, ④ 교사의 노동조건 개선과 문화교양 달성 등의 목적을 가지고 활동해 왔다. 그동안의 주요 활동을 보면 다음과 같다(안창선, 1999).

첫째, 교권 및 노동조합기본권 수호를 위한 투쟁을 들 수 있다. 일본 헌법 제28조와 노동조합법은 교원을 포함한 모든 공직근로자의 파업권을 보장하고 있지만, 노동부령과 국가·지방공무원법은 공직근로자의 파업권을 박탈하였다. 그러나 일교조는 이것은 명백한 헌법위반이라고 보고, 여러 가지 교육정책에 대하여 단체행동을 해 왔으며, 당국은 단체행동 참가자에게 법적·행정적 조치와 경제적 불이익 조치를 취해 왔다.[10] 이러한 교원단체 정책에 대하여 일교조는 '80년대에 들어서 노동자의 권리는 투쟁을 통해서 확보될 수 있다는 신념 아래, 파업권을 부정하는 제도를 없애려는 운동을 추진하고 있다.

둘째, 임금인상을 위한 투쟁이다. 일교조가 결성된 1947년 무렵에는 공직근로자의 노동기본권을 인정하였기 때문에 협상을 통한 임금인상을 할 수 있었는데, 그 후 기본권이 박탈되고 임금은 국가공무원 관장기구의 권고에 따라 결정하게 되었다. 이 기구의 위원은 정부가 임명하기 때문에 정부의 저임금정책에 따라 사기업보다 낮은 임금을 받도록 권고해 왔다.

이에 일교조는 국가공무원 관장기구로 하여금 합리적인 권고(사부문 임금과 비슷하게)를 하도록 했고, 또한 정부는 이 권고를 받아들일 것을 요구하였다. 그 결과 국가공무원 관장기구 권고의 완전이행의 실현을 보았고, 더 나아가 국가공무원 관장기구의 권고제도 자체를 없애고 정부와

10) 이러한 단체행동권에 대한 일본대법원과 ILO(국제노동기구)의 견해를 살펴보면, 1960년대에 ILO 현지조사단은 일본에서의 공직근로자 파업행위 금지범위가 지나치게 넓다는 것과 일본교직단체에 파업권을 주어야 한다는 견해를 표명했으며, 1969년 일본대법원은 공직근로자 파업행위에 대하여 형벌(제재조치)을 가해서는 안 된다고 판결하였고, 또한 1971년 사가·도쿄 지방법원도 공직근로자의 파업행위에 대한 제재조치는 철회되어야 한다고 판결하였다.

직접 임금협상을 할 수 있도록 했다.

셋째, 교원근무조건 개선을 위한 투쟁이다. 일교조는 교원 연구시간 보장, 근무시간 단축, 학급당 학생 수 줄이기, 충분한 교원 수 확보, 여교사 출산 및 양육 휴가 보장, 교원 이외의 교직자 법적 보호확립 등의 요구조건을 내걸고 운동을 전개하였다. 그 결과 일본 정부는 '80년도부터 12년 계획으로 학급당 학생 수를 40명 선으로 줄이는 계획을 세웠으나 현재까지 괄목할 만한 진전은 없다.

넷째, 사회보장, 복리후생제도 확립 및 환경오염 요소 추방운동을 전개하고 있다. 일교조는 국민의 이익에 부합되지 않는 사회보장, 복리후생정책의 시정을 요구하고 불합리한 조세제도의 개선, 특히 퇴직교원의 생계보장책 확립(매월 봉급액과 같은 수준의 연금을 지급하도록) 등을 요구하고 있다.

다섯째, 복고주의적 교육정책을 반대하고 교육민주화를 확립하기 위한 노력을 꾸준히 벌여오고 있다. 제2차 세계대전 이전에 교육이 정치도구화되었음을 깊이 자성하고, '47년 일본헌법에 명시된 대로 평화·민주·문화국가의 건설에 교육의 목표를 두어야 한다는 인식을 확고하게 하였다. 특히 일교조는 1982년 중앙교육자문회의의 교과서에서 일본제국주의의 침략사실 은폐시도에 대하여 거국적인 반대운동을 전개하였다.

그러나 최근 일교조 21세기 비전위원회의 1995년 보고에 의하면 "일교조 대 문부성 등과 같은 대립의 구도는 80년대 교육계에 악영향을 끼친 최대의 불행"이라고 인식하고, 1995년도의 운동방침을 교육개혁과 생애학습사회를 전망한 새로운 조직확대 및 사회적 합의도출을 목표로 종전의 대 정부 교육정책에 대한 대결·투쟁의 태도에서 협조와 발전을 위한 참여와 대안제시 등의 자세로 변화를 시도하고 있다. 이러한 맥락에서 1995년 9월 제80회 정기대회 이후 연립여당과의 정책협의나 경제계와의 대화 등을 통해 교육개혁의 방향에 대한 합의도출을 시도하고 있으나 일교조의 가입률은 계속 떨어져 1996년에는 전체 교원의 33.7%인 약 38만 명의 교원이 가입하고 있다.[11] 전일교직원조합(全教)은 1989

11) 현재 일교조 회원의 자격은 교육행정 관리자를 제외한 각급 학교의 교원으로 되어 있으며, 특히 서무직원 및 보조직원에까지도 문호가 열려 있다.

년에 일교조의 비주류파(공산당계)에 의해 별도로 결성되었으며, 회원 수는 약 11만 명(9.8%) 정도이다. 일본고등학교교직원조합(日高教 右派, 左派)은 일교조의 초·중학교 편중 운영에 불만을 가진 고등학교 교직원들이 1950년 고교 교직원의 주체성 확보와 교원 봉급의 3원제를 주장하면서 일교조 고교부를 이탈하여 결성하였으나 1962년 주류(좌파)와 비주류(우파)로 분열되었다. 회원 수는 우파 약 2만 명(1.4%)과 좌파 약 3만 명(2.5%) 정도이다. 전일본교직원연맹(全日教鍊)은 일교조와 일고교의 계급투쟁 방식에 비판적인 교직원들이 1958년에 결성한 교원단체로서 노동조합을 거부하고 전문직 단체를 지향하고 있으며, 회원 수는 약 3만 명(2.6%)이다. 교장과 교감이 중심이 되어 1974년 결성된 전국교육관리직원단체협의회(全官協)는 관리자의 권익을 위해 활동하고 있으며, 회원 수는 약 5천여 명(0.4%)이다. 각 선진국의 교원단체 현황을 보면 〈표 7-1〉과 같다.

표 7-1 선진국의 교원단체 현황

국가명	단결권	단체 교섭권	단체행동권
미국	제한 없음	인정	인정하지 않는 주가 많음
영국	〃	인정(공무원 신분이 아님. 노동법 적용) -단체협약은 법률적 구속력이 있음	인정
독일	〃	인정 -헌법 해석(판례)에 의거 단체협약 체결권 불인정 ※노동조합법은 없음	불인정
일본	〃	사립학교 교원은 인정 국·공립 교원은 단체협약 체결권 불인정 ※노동조합이 아닌 직원 단체	사립학교 교원은 인정 국·공립 교원은 불인정
프랑스	〃	인정	인정
캐나다	〃	〃	인정하는 주가 많음
이탈리아	〃	〃	인정 -초등학교는 연 8일, 고등학교는 연 12일 한도 내에서 파업 가능

스 웨 덴	〃	〃	인정 -사회에 위협을 주지 않는 범위 내에서 인정

지금까지 선진국의 교원단체에 대하여 살펴본 결과 국가마다 차이가 있으나 대부분의 국가에서는 단결권과 단체 교섭 및 단체행동권을 허용함으로써 교원의 노동 삼권을 허용하고 있다. 우리나라 또한 1999. 7. 1일 이후 복수 교원단체 및 교원노조의 설립이 합법화됨으로써 복수 교원노조가 출범하였다. 지금까지 관주도의 일방적인 교육정책 및 교원정책에서 이제는 제한적이기는 하지만 교원단체의 참여가 법으로 보장되었다. 그러나 선진국의 선례를 보면 다양한 교원노조활동이 교육 전반에 긍정적인 결과를 가져온 측면도 많지만 부정적인 결과를 초래한 측면이 있음도 부인할 수 없다. 따라서 우리는 이러한 선진국의 사례를 면밀하게 분석하여 적용함으로써 우리의 실정에 맞는 교원단체 문화를 창출하여야 할 것이다.

제 8장 학교 및 학급경영

8.1. 학교경영

8.1.1. 학교경영의 개념

학교경영은 중앙집권적인 행정방식과는 대비되는 개념으로 단위학교가 사회적으로 적합한 학교의 목표를 주체적으로 정하고, 목표달성에 필요한 적정수준의 인적, 교육적, 물적, 재정적 자원을 독자적으로 확보하여, 이들 자원을 공정하게 배분하고 위임된 권한에 따라 능률적으로 자원을 활용하여 궁극적으로 학교성과를 극대화하고자 학교 구성원들이 공동으로 계획하고 집행하며 평가하는 것을 의미한다. Wohlstetter와 Mohman(1996)에 의하면 학교에서 일어나는 일들에 관한 통제 권한을 중앙으로부터 개별학교로 분권화하는 것으로 보고 있다. 또한 Ogawa와 White(1994)는 의사결정에 관련된 권한을 단위학교로 재분배하는 분권화로의 공식적인 통치 구조의 변화라고 정의하였다. 이러한 단위학교 경영에서는 개별학교가 학교의 개선을 위한 일차적인 단위가 되고, 개별학교가 학교의 개선을 촉진하는 일차적 단위로서의 의사결정 권한을 가진다. 이에 반해, 김소영(2003)은 학교가 중앙의 제탁으로부터 벗어나는 것으로 특히 학교에 관련된 의사결정에 있어서 중앙의 행정가에게 의존하기보다는 자율성과 책임을 가지는 것을 의미, 즉 학교 스스로가 의사결정을 위한 공식적인 힘을 가지게 되며 이러한 의사결정을 위해 교직원들이 잘 협력하도록 하는 것으로 규정하고 있다. 한편, 이은경(2001)은 단위학교 경영에 대한 가정 자체가 보편적이거나 단일한 정의를 가질 수 없는, 즉 개별학교 수준에서의 자율성을 누릴 수 있어야 하고 중앙부서는 이를 신축적으로 허용해야 한다고 하였다.

8.1.2. 학교경영의 특징

1) 분권화

분권화는 권한을 재분배하는 것을 의미하는 것으로, Wohlstetter와 Karen(1991)은 단위학교 경영은 분권화를 통해 중앙부서로부터 개별학교로 권력이 이양되는 것을 의미한다고 말한다. 즉, 분권화는 중앙행정기관에서의 의사결정을 내리는 것에서 단위학교에서의 의사결정을 하는 것으로 의사결정의 형식을 변화시키는 것이다.

단위학교 경영에서 분권화는 중앙부서가 기존에 가졌던 권력을 모두 단위학교로 이양하는 것이 아니라, 특정한 영역의 기능들을 넘긴다는 의미이다. 그동안 중앙집권적인 구조에서는 단위학교가 가지고 있어야 할 권한까지 중앙부서에서 통제하여 학교 효율성 저하와 같은 문제를 발생시켰다. 그러므로 분권화를 통해 단위학교가 담당해야 할 기능에 대한 권한을 분배하는 일이 필요하다. 이와 관련하여 분권화는 중앙부서에 과도하게 집중되어진 학교에 대한 통제를 감소시키고 단위학교에 자율성을 허용한다는 의미를 담고 있다고 했다.

그런데 중앙부서가 통제해야 할 일과 단위학교가 자율적으로 통제해야 할 일은 여전히 구분되고, 그동안 단위학교가 상대적으로 자율성을 적게 가졌기 때문에 제도적인 면에서 분권화가 필요하다는 것이다. 따라서 단위학교가 가지는 자율성은 상대적인 개념이라 할 수 있다. 완벽한 해방이 아니라, 중앙부서로부터 어느 정도의 구속은 있게 마련이다. 학교들이 중앙부서의 정책에 대해 신축성을 가지고 대응할 수 있는 것은 자율성을 누리고 있다는 것을 의미하고, 그래야만 변화가 가능해진다. 교육은 공적인 성격을 가지고 있기 때문에 국가의 통제에서 완전히 놓여날 수 없는 사회적 보편성을 지켜야 한다. 단지 과도한 국가 통제에 대한 상대적 개념으로 자율성을 논의해야 한다.

2) 권력의 공유

단위학교 내에서도 권력은 분산되어 구성원들 간에 권력이 공유된다. 권력의 공유란 한 개인이 타인에게 권력을 휘두르는 것이 아니라, 타인과 더불어 권력을 공유하는 것을 의미한다. 단위학교 경영에서 권력의 공유와 맞물리는 것은 구성원들의 참여할 기회의 증진이다.

중앙집권적인 구조에서의 의사결정은 주로 중앙행정부에 의해 이루어졌으나 단위학교 경영에서는 분권화된 구조 속에서 의사결정이 교장, 교사, 학부모 등에 의해 이루어진다. 특히 분권화된 구조에서는 그동안 조직구조의 경직성과 규제에 의해 자율성을 침해받아 온 교사들의 참여가 적극적으로 이루어질 수 있다. 교사들에게 교육과정 운영 즉, 가르치는 일에 대해서 스스로 의사결정을 할 수 있도록 권한을 부여함으로써, 학교 통치에 대해 적극적이고 주도적인 역할을 수행하게 한다.

권력공유는 예산, 인사, 교육과정 운영과 같은 다양한 의사결정과정에 교사의 참여를 유도하여 지도력을 이끌어내는 것이다. 교사들의 권력공유는 여러 학자들에 의해 그 당위성이 논의되었다. Maeroff(1998)는 한 조직에서 소외될 수 없다고 느끼는 능력 있는 조직원들에게 필연적으로 일어나야 하는 것이 권력공유라고 제시하였다. 따라서 전문가로서의 능력, 자율성, 참여의 권리를 가지고 있는 교사들에게 권력공유는 필연적으로 요구되는 것이다.

3) 전문성의 발달

단위학교 경영이 제대로 이루어지기 위해서는 교사뿐만 아니라 단위학교를 운영하는 각각의 구성원들이 전문성을 지니고 있어야 한다. 학교 구성원들이 권력을 공유할 수 있는 근거로는 실제로 학교 내에 권력의 여러 근원들이 있고 모든 수준에서 권력의 근원을 찾아볼 수 있기 때문이다.

예컨대 학교운영위원회는 정책결정의 권력을 가졌고, 교사들은 교육과정과 교수의 전문성을 가지고 있다. Porter 등도 교육내용과 관련한 교사들의 결정 권력을 지적한 바 있다. 학부모들도 결정과정에 기여할 수 있는 지식과 기능을 가진 경우가 있을 수 있으며, 학생들도 자신들의 미래를 결정하는 것과 관련된 학습내용을 선택할 수 있는 권력을 가지고 있다고 인정해야 한다.

올바른 결정을 내리려면, 제기된 이슈에 관해 알고 있고, 관심이 있는 사람들과 결정을 수행하게 될 환경을 알고 있는 사람들이 관여해야 가능해진다. 단위학교의 구조 속에서 교장, 교사, 학부모, 지역사회 등 각자의 역할과 전문성이 요구되며 특히 교사의 역할이 무엇보다 중요하므로 교사의 참여는 교사들의 전문성을 바탕으로 이루어져야 한다.

8.1.3. 학교경영의 영역

단위학교 경영이 성공적으로 이루어지기 위해서는 학교교육의 핵심영역인 교육과정, 인사관리, 예산 운영에 관한 의사결정과정을 단위학교가 확보해야 한다. 따라서 이들 영역들의 분권화는 단위학교 경영 성공을 위한 최소한의 필요조건이라고 할 수 있다.

1) 교육과정의 편성과 운영

중앙집권적인 학교구조에서 교육과정은 중앙행정부가 대부분 통제하였다. 그리고 교사는 이미 만들어진 교육과정을 전달하는 역할을 주로 담당하였다. 그러나 단위학교 경영과 같은 분권화된 구조에서는 교육과정의 편성과 운영의 상당부분을 단위학교의 자율에 맡긴다. 즉 교육과정의 큰 틀이 되는 부분은 중앙행정부가 통제하지만, 세부적인 사항에 대해서는 단위학교 또는 교사가 결정할 수 있다. 이는 교육과정에 대한 권한이 단위학교에 위임되는 것만을 의미하는 것이 아니라 이에 대한 책임도 부여된다.

이처럼 단위학교 교육에서 교육과정의 편성과 운영을 자율에 맡기는 것은 중앙에서 일괄적으로 만들어진 교육과정보다 학교가 속한 지역의 여건과 학생들 요구에 맞게 짜인 교육과정이 학생들의 학업성취에 더 많은 도움이 될 거라는 믿음에서 비롯된다고 할 수 있다. 교육과정의 개발과 운영에 대한 자율부여 정도는 학교마다 다양하게 나타난다. 미국의 경우는 지역적 특성에 따라 단위학교 경영이 다양하지만 일반적으로 교육과정이 주 정부의 교육지침을 충족한다는 전제하에서 학교교육과정을 자유롭게 개발할 권한을 단위학교에 위임하고 있다.

단위학교 경영이 성공하기 위해서는 단위학교가 교육위원회의 교육과정 편성, 운영지침을 크게 벗어나지 않는 범위 내에서 학교중심 교육과정을 개발할 수 있는 권한을 확보하고 교과서 선택, 교수 요강, 교수 방법, 교수자료 선택 등에 관한 상당한 자율권을 가져야 하나 그 운영이 지역적 또는 국가적 차원의 요구에 보편성을 유지하는 것 또한 무시할 수 없다.

2) 인사관리

단위학교 경영이 성공적으로 시행되고 있는 학교를 살펴보면 인사관리에 대한 상당한 권한을 가지고 있다. 단위학교들이 교직원에 대한 인사권을 가지고 있다는 것은 학교문화에 적응하고 순응할 수 있는 교직원을 채용하거나 교수와 학습을 중심으로 직원을 배치할 수 있는 권한을 단위학교가 확보하고 있음을 의미한다.

단위학교 경영프로그램은 개별학교가 인사문제에 관한 결정권을 얼마나 가지고 있는가에 따라 형태가 다양하게 나타난다. 단위학교 경영에서 인사에 대한 결정은 교직원의 고용, 역할 규정, 능력개발 등을 포함한다. 교사 채용에 대한 결정을 교육수준에서 하는 경우도 많지만, 개별학교가 교장을 선택할 수 있는 인사 권한을 부여받기도 한다.

그런데 한국의 경우 인사관리에 대한 권한은 대부분 중앙행정부가 가지고 있고 단위학교에서는 학교 중심의 인사가 제대로 이루어지고 있지 않다. 한국의 교원인사 영역의 실태를 조사하고 실질적으로 교원 초빙 및 보조교사의 채용이 단위학교를 중심으로 잘 이루어지지 않고 있다고 밝혔다. 그리고 교원이사 영역에 있어 한국에 단위학교 경영을 정착시키는 데 있어서 장애가 되는 점으로 단위학교가 이 영역에 대한 권한과 자율성을 가지고 있는 정도가 낮으며, 교사들의 기대 수준도 낮기 때문이라고 밝혔다.

학교상황과 문화를 잘 이해하고 학교에 협조적인 교직원을 선발하는 것은 학교 성과와 직접적으로 연결될 수 있는 중요한 문제이다. 그러므로 단위학교가 중심이 되는 인사관리를 위해 단위학교 권한과 자율을 부여할 필요가 있다. 그리고 그동안 이 영역에 대한 결정에서 배제되었던 교사들도 참여시킬 수 있도록 해야 할 것이다.

3) 예산 운영

단위학교 경영이 성공적으로 행해지고 있는 학교에서는 단위학교가 개별학교 학생들의 요구에 보다 잘 부응하고 학교에 필요한 활동을 위해 예산을 결정하고 사용하도록 한다. 단위학교 예산제도는 학교 구에서 일정한 배분공식에 따라 산출한 금액을 단위학교에 총액으로 지원함으로써 단위학교에서 재정운영의 권한을 행사할 수 있도록 한 제도이다.

이처럼 학교에 실질적인 예산이 총액으로 배분되어 이에 대한 편성과 집행권한을 단위학교가 얻게 됨으로써 학교 재정운영이 이루어지기 때문에 이를 단위학교 재정제도라고도 한다. 단위학교 재정에는 학교예산과 예산의 운영이 모두 포함되는 바 단위학교 예산제도보다는 단위학교 재정제도라는 용어가 더 적합하다고 한다. 따라서 단위학교 재정운영의 효율성을 극대화한다는 목적하에 교육부에서 추진하고 있는 발전계획으로서의 제도를 지칭할 때엔 학교의 예산과 운영을 포괄하는 단위학교 재정제도로, 현재 우리나라에서 실시되고 있는 학교 예산과 회계의 문제점을 지적할 때엔 단위학교 예산제도 또는 단위학교 회계제도로 그 의미를 좁혀 논의할 수 있다.

일반적으로 단위학교 경영 체제하에서 단위학교는 교장, 교사, 학부모, 지역사회 인사가 참여하는 학교운영위원회를 구성해 자율적으로 학교를 운영한다고 한다. 그리고 학교운영위원회를 중심으로 학교경영의 효과성을 극대화하기 위해서는 학교운영활동비에 대한 예산 편성과 운영의 자율권, 총괄 예산권한을 단위학교에 부여해야 한다고 한다.

단위학교 경영이 성공적으로 정착되기 위해서는 개별학교가 예산을 필요한 곳에 쓸 수 있는 결정권을 가지고 있어야 한다. 단위학교의 제 영역들은 상호 관련을 가지고 있기 때문에 진정한 참여가 이루어지기 위해서는 교사들도 예산 운영에 대한 결정에 참여할 수 있어야 한다. 학교에 예산이 분배되는 형식을 개선함으로써 보다 공정하고 투명하게 단위학교로의 예산위임이 가능하도록 하고, 예산권한에 대한 교육행정기관들 간의 역할을 바꿔 학교운영에 대한 예산권한이 단위학교로 돌아가 보다 효율적으로 기능할 수 있도록 하는 조직체계의 변화 혹은 의사결정 주체의 변화가 필요하다.

8.1.4. 학교경영 실태 및 문제점

1) 불완전한 분권화

우선 학교운영위원회 설치와 관련하여 교육부에서 공문을 개별학교로 내려보내고, 위원회의 구성에서 기능에 이르기까지 획일적으로 지시하는 것은 단위학교 경영의 핵심개념을 무시하는 처사라고 할 수 있다. 우리나라 교육의 분권화 과정은 초기 형태를 벗어나지 못하고 있다. 아직까지도 교육부나 교육청으로부터 위임된 학교단위 인사, 교과과정, 그리고 재정에 대한 위임사항은 굉장히 적다. 예컨대 교육개혁 내용이나 방법들이 학교현장 구성원들이 의견수렴 없이 입안되고, 학교의 현실을 충분히 감안하지 않고 추진됨으로써 시행착오가 많이 일어나고 있다.

이렇듯 교육부를 비롯한 상위교육행정기관이 독단적이고, 관료적으로 결정을 시달하는 방식이 아직도 많이 이루어지고 있다. 뿐만 아니라 아직까지도 상부기관의 지시와 감독이 많아 학교 구성원들은 제시된 과제를 수동적으로 이행하는 경향이 높으며, 학교현장에 대한 이해부족으로 학교교육 현실과 유리된 이상적 개혁요구가 많아서 잡다한 공문이나 업무내용으로 교수활동이 위축되고 있는 것이 현재 학교경영의 실태이다.

이처럼 아직까지도 전통적인 관료적 경영이 정확하게 변환되지도 않았고 위임되지도 않은 불완전한 분권화가 이루어진 것이 문제라고 볼 수 있다.

2) 학교장의 전문화되지 않은 단위학교경영

관리자의 단위학교 경영에 관한 관리자의 문제점은 지도성의 역량을 발휘하지 못하고, 조직구성원을 열린 마음으로 포용하지 못하는 점이 가장 큰 문제점이다. 대내적으로는 각 구성원의 요구에 대하여 합리적인 의사결정 없이 이를 차단시키고 독선과 권위로서 일관하는 태도이다. 이러한 문제는 교직원의 근무의욕을 떨어지게 만들고 사기 또한 저하되는 문제가 발생되고 있다는 것이다. 사전에 결정된 사안에 대해서도 다수의 교직원이 수정을 요구할 시에는 이를 검토하고 반영하여야 함에도 갈등의 문제를 안고 시행하는 것에 문제가 있다.

다음으로는 관리자의 확고한 책임의식이 부족하고 구성원에 대한 업무활동의 여건 조성에 도움을 주지 못하는 문제점도 있다. 단위학교의 학교장 경영 의지에 대한 결정을 상급기관의 지시와 간섭 없이 자율적으로 결정하고 교장의 확고한 의지대로 이행하여야 함에도 교육청이나 교육기관에서 인사와 재정권 등으로 통제와 간섭의 압력을 행사하고 있기 때문에 책임의식이 결여되는 문제가 있다.

교내에서도 교원들의 교직단체 간 반대를 위한 의견대립으로 학교장의 정책결정 또한 약화되고 있는 것도 현실이다. 그리고 관리자는 항상 교육적인 환경과 여건조성에도 상급기관이나 단체에서 당해 학교에 대한 투자와 관심을 유도시켜야 하는데 적극적으로 대처하지 못하고 방관과 무사안일로 근무하다 다른 기관으로 전근하면 그만이다라는 생각의 문제도 있다.

3) 교원들의 단위학교 경영에 대한 참여부족

교사들은 자신의 교과영역에 관련된 결정에나 관심을 갖지 팀을 이루어서 결정해야 할 교육과정 개혁에는 그다지 적극적인 관심을 기울이지 않는다는 것이 문제이다. 또한 지금도 학교는 지침, 공문, 연수 등의 업무에 시달리고 실적보고, 사례보고, 학교평가, 자체점검 등으로 복잡한 업무처리에 많은 시간을 보내고 학교의 추진결과나 행정실적을 보고해야 함으로써 학교행정업무가 가중되어 교원들의 에너지가 교수-학습 활동 이외에 지나치게 소모되고 있는 것이 현실이다.

따라서 교사들은 협동적인 결정과 계속되는 전문적인 성장·발달에 투자할 시간과 에너지가 없다고 거부하게 된다. 그리고 단위학교 경영에 관련하여 이를 이해하고 새로운 역할을 수행하는데 도움을 줄 수 있는 훈련프로그램이 제공되지 않았고, 교사들이 결정과정에 참여하는 기술을 익힐 수 있도록 상당한 기간을 할애해 주어야 하는데 이런 것에 대한 제도상의 준비도 제대로 마련되어 있지 않은 실정이다.

4) 학부모의 교육 참여부족

첫째, 학부모들의 잘못된 인식을 들 수 있다. 교육이 수요자 중심교육으로 전환됨에 따라 아동과 학부모 지역사회의 학교교육에 대한 간섭이나 요구가 많아지고 있고 심지어 '내 아이만 잘하면 된다'는 생각과 같이 물질만능의 풍조가 팽배됨에 따라 자기만을 생각하는 이기주의가 만연하고 있는 학부모들의 인식이 단위학교 경영에 있어서 지속적인 문제가 될 것이다.

둘째, 학부모의 지나친 교육 간섭에 의한 문제점을 들 수 있다. 학교행사, 학생지도와 관련한 학부모의 간섭은 정도를 넘어서서 매우 지나치다. 담임교사와 학교를 불신하며, 공교육보다 사교육을 중요시하여 학교에서 청소를 시키지 말고 학원으로 돌려보내 달라는 학부모들의 항의와 요구도 있다. 뿐만 아니라 찬조금 모금이나 명문대 진학을 위한 우수 특별반 운영에 따른 폐지를 요구하며 학교장에게 몰려가 항의를 하고, 정치적 문제에까지 관여한 교직단체에 정치활동 금지 요구를 주장하는 등 학부모들의 지나친 간섭이 큰 문제가 되고 있다. 또한 학교와 관련된 임원들의 권위를 내세워 내부 인사와 청탁, 물품구입 압력, 기타 개인과 자녀의 이권에 개입하려 하고, 학교의 임원 간부로서 권위유지를 위하여 사소한 내용으로 학교장과 교사에게 항의와 요구를 하여 교권을 침해하고 있는 경우도 있다. 이 밖에도 학교교육활동 중 발생한 사고에 대한 학부모의 협박과 학교시설물과 관련된 학부모나 지역사회 주민의 지나친 항의도 문제가 되고 있다.

5) 학교운영위원회의 불완전한 운영

첫째, 기능과 역할에 관한 이해가 부족하다. 운영위원회 제도가 도입되어 각급 학교에서 운영되기 시작한 이래 여러 해가 지났으나 아직도 이 제도에 대한 이해가 부족한 경우가 많다. 운영위원회가 학교장의 권한을 약화시키고 감시하기 위한 기구로 인식하거나 학교회계에 관한 감사기구로 생각하여 심의 자문사항과 직접적인 관련이 없는 자료를 과다하게 요구하는 경우 등이 있어 갈등을 야기하는 일도 종종 볼 수 있다.

둘째, 운영위원의 학교경영 및 교육에 관한 전문성이 부족하다. 운영위원회 규정상 심의 자문과 교육과정의 운영에 관한 사항, 예, 결산에 관한 사항 등을 포함하여 교육과 학교경영에 관한 전문성을 요하는 상황이 대부분이므로 운영위원은 교육과 학교경영에 관한 전문성이 있어야 제출된 안건에 관하여 심도 있고, 실질적인 심의를 할 수 있다. 학교에서 제출한 안건을 원안대로 통과시키는 것이 잘못이라고 할 수는 없으나, 운영위원이 회의에 참석하여 학교에서 제출한 안건에 대하여 토론 없이 원안대로 통과시키기만 한다면 운영위원회는 하나의 형식적인 통과 의례로밖에 볼 수 없을 것이다.

셋째, 민주적인 토론문화의 성숙이 부족하다. 학부모위원과 교원위원, 지역위원은 각자 교육에 대한 지식과 이해의 정도가 다르고, 학교운영과 교육에 대한 관점이 다를 수 있기 때문에 의견 차이나 갈등이 생길 수 있다. 운영위원회에서 의결된 사항이 본인의 의견과 다르다고 하여 심의 결과에 부정적인 태도를 가진다거나 시행 과정에서 비협조적인 태도로 일관한다면 민주적인 자세라고 할 수 없을 것이며 운영위원회의 위상을 약화시키는 부작용을 초래할 뿐이다.

넷째, 학교장과 운영위원회의 협조적인 관계 정립이 부족하다. 학교장은 학교를 대표하고 업무를 총괄하는 자인 동시에 운영위원회 당연직위원으로서 이중적 지위를 가진다. 학교장은 운영위원회의 취지를 잘 이해하고 운영위원회가 제 기능을 다할 수 있도록 적극적으로 협조하여야 할 뿐만 아니라 학교의 중요 사항을 운영위원회에 공개하고 의견을 수렴하며 필요한 경우는 운영위원들의 협조를 구하는 개방적 자세로 임해야 한다. 학교장에 대하여 부정적인 태도로 일관한다거나 견제의 기능만 강조한다면 이는 학교현장을 책임지고 운영하는 집행자인 학교장을 무력하게 할 뿐만 아니라 나아가 운영위원회의 기능을 약화시키는 부작용을 초래할 수 있다.

지금까지 위에서 구성원들의 학교경영 참여 실태와 문제점에 대해서 알아보았다. 학교 의사결정에 구성원의 참여가 있어야 한다는 것을 넓게 인정하면서도 현재 우리나라의 경우 교사의 의사결정과정에 학생이 참여하지 못하는 것은 물론이고, 학교운영의 책임자인 교사도 선택적으로 참여하도록 되어 있으며, 학부모의 참여는 극히 제한적이어서 구성원의 참여라는 측면에서 볼 때, 아직까지는 매우 소극적인 참여가 이루어지고 있다. 학교경영의 참여적 의사결정을 위하여 만들어진 학교운영위원회는 학부모들을 참관자가 아닌 동반자로 인식하여 교수-학습성과를 개선하기 위해 교육과정과 재정운영을 계획하고 집행하는 과정에 참여시키고 있다. 그러나 학교운영위원회에 참여하고 있는 학부모나 지역인사들의 교육전문성과 참여의식은 아직은 낮은 수준이어서 학교교육 개선을 위한 주도적인 역할을 수행하는 데 분명 한계가 있는 것 같다.

지금도 학교는 교육과정의 실행주체이면서 학생 개인의 차이를 고려한 교육과정 편성이나 다양한 체험을 할 수 있는 교육과정운영에 있어서 주체적 창의적 역할을 수행하지 못하고 있으며, 대다수의 교사들은 학교교육과정의 운영과 개선에 소극적인 참여를 하고 있는 것이 현실이라고 할 수 있다.

6) 학교의 책무성 부족

학교조직의 관료적 운영에 대한 책임을 주로 투입 요소인 인사, 예산, 시설과 과정요소인 프로그램에 대한 평가에 초점이 모아졌으며, 학생의 성취나 학교효과성에 대한 책임에는 크게 관심을 두지 않는다. 전통적 행정은 투입과 과정에 대한 실수나 부정, 규정위반에 책임의 초점을 두어왔고, 최종 성과에 대한 책임에는 크게 관심을 가지지 않았다.

뿐만 아니라 현존하는 학교경영평가체제는 평가의 개념에 대한 이해부족, 평가 계획 수립과 평가 준비, 절차 수립에 구성원들의 참여부족, 평가내용과 준거, 평가도구의 타당성, 신뢰성 부족 등으로 인하여 학교평가가 학교경영 활동개선에 실질적인 도움을 주지 못할 뿐 아니라 일선 교육청이나 학교의 정상적 운영에 지장이 될 정도로 부담을 주고 있는 것이 사실이다.

학교경영평가는 대부분의 평가요소가 투입과 과정 측면에 중점을 둔 학교의 경영지표들과 관련되어 있고, 교육과정 운영의 최종 결과라고 할 수 있는 학교효과성과 학생성취를 평가할 수 있는 영역이 결여되어 있어서 책무성 차원에서 학교평가가 이루어지지 못함을 알 수 있다. 또한 학교의 교육 개선을 돕고 지원하기 위한 평가라기보다는 학교활동에서 상부지침 이행여부를 감시, 감독하는 데 중점을 두고 있는 실정이다. 따라서 행정기관에서 하는 학교평가는 지침의 시행여부와 관련된 평가를 하기 때문에 평가가 실적위주의 평가일 뿐, 개선이나 발전을 위한 평가가 되지 못하고 있다.

8.1.5. 학교경영의 효율적 운영 방안

1) 학교 중심적 경영

한국의 단위학교는 대부분 아직까지도 의사결정의 객체로서 교육행정기관의 교육정책을 피동적으로 받아들이고 있다. 단위학교 경영의 초점은 학교가 공공성을 전제로 교육운영에 관해 자주적으로 의사결정을 하고 스스로 집행하며 그 결과를 자체적으로 평가하여 책임을 지는 자주적인 의사결정 체제를 갖추어야 한다는 것이다. 즉 개별학교 수준에서의 자율성을 누릴 수 있어야 하고 중앙부서는 이를 신축적으로 허용해야 한다. 여기서 자율성이란 분권화된 학교에서 중앙부서로부터 완벽한 해방이 아니라 사회적 보편성을 지니면서 중앙부서의 정책에 대해 신축성을 가지고 대응하는 것을 의미한다.

이를 위해 분권화를 더 확대하여야 한다. 아직까지 우리나라의 분권화 과정은 초기 형태를 벗어나지 못하고 있다. 따라서 학교의 운영에 관한 결정은 교사, 교장, 학부모 등 단위학교 수준의 인사들에게 위임해야 한다. 이들은 학생의 요구와 학교의 해당 지역사회의 상황적 배경을 가장 잘 파악하고 있어 교육의 질 개선에 가장 잘 준비된 자들이다. 이들이 협력하여 노력한다면 궁극적으로 질 높은 교수학습을 촉진시켜 학생의 성취력을 극대화할 수 있을 것이다.

분권화의 과정 중에서도 특히 현재 예산결정이나 집행과정에 있어서 권력의 이양이 잘 이루어지지 않고 있다. 그러나 예산결정이나 집행과정에 있어서도 현재보다 더 넓은 교사의 참여가 요구된다. 2001년부터 새로 도입된 학교회계제도의 핵심은 교직원 및 학부모 등 학교 구성원의 참여를 전제로 단위학교에 예산 운영권을 부여하자는 것이었다. 이러한 제도가 제 기능을 발휘하기 위해서는 예산 편성 과정에서부터 교사들의 적극적인 참여가 필요하며, 예산집행에 대한 완전한 공개가 요청된다. 이를 통해 학교 공동체 모두가 주인의식을 가지고 스스로 학교 살림살이를 효율적이고 투명하게 꾸려나감으로써 보다 수준 높은 교육을 실천할 수 있는 기반을 조성할 수 있다.

단위학교의 자율성을 신장하기 위해서는 단위학교를 책임지고 있는 교장의 역할이 중요하다. 단위학교를 운영하는 구성원들이 다양해지면서 교장은 새로운 패턴의 상호작용을 추진해야 한다. 또한 학교를 조직으로 파악하는 관점으로부터 공동체로 인식하고, 이러한 조직관의 변화를 기초로 지도력의 개념도 바뀌어야 한다. 번스(G. M. Burns)의 지도력의 구분에 따르면 공동체에서는 변환적 지도력이 필요하다. 단위학교 교장은 비전을 제시하여, 구성원들이 논의의 과정을 통해 공동의 목표를 수립할 수 있도록 하고 교사들의 태도와 가치에 변화가 올 수 있도록 변환적 지도력을 발휘해야 한다. 또한 의사의 결정과정에 교사들이 참여하도록 고무하고, 참여를 통해 교장과 교사들 간에 신뢰감이 형성되도록 해야 한다. 또한 교사들이 개인적으로 유능함을 느끼게 하여 개인들이 작업 환경을 통솔할 수 있다는 기대를 갖게 해 주어야 한다. 이를 통해 교사들이 자신이 소속되어 있는 학교를 소유하고 있다고 느끼게 하고 학교운영에 더욱 헌신할 수 있도록 유도해야 한다.

2) 구성원의 참여 확대

단위학교 경영의 핵심은 권력의 공유와 함께 참여적인 결정과정의 실현 여부에 달려 있다. 그러나 현재 우리나라의 단위학교에서는 주요 의사결정이 연수부장, 교육과정 운영부장, 교무부장 등 소수에 의해 이루어지고 있고 교사나 학부모 등 학교의 다른 구성원들은 의사결정에 소극적인 역할만을 하고 있다. 따라서 학교운영에 관한 전문성을 가진 구성원들의 참여를 확대해야 한다.

참여적 경영은 학교경영 결과에 대한 책무성을 공유할 수 있다는 점에서 중요한 의미를 지닌다. 의사결정과정에 전문가 집단인 교사와 이해당사자인 학부모를 참여시켜서 보다 나은 의사결정을 할 수 있고, 교사들의 사기를 높이며, 변화에 대한 저항을 줄이고, 교사들의 효능감과 자아실현을 높여줌으로써 학교운영의 효율성을 높여줄 수 있다. 다만 교사나 학부모를 포함한 구성원들은 의사를 결정하는 데 있어서 전문성을 갖춘 사람들이어야 한다.

이러한 구성원들의 적절한 참여 확대를 위해서는 먼저 구성원들이 새로운 상황에서 새로운 역할을 배울 기회가 주어져야 한다. 학부모나 교사들에게 낯선 사항에 대한 새로운 결정과정에 참여하거나 지원해 줄 것을 요청했을 때는 곤혹스러워하고 적극적으로 참여하지 못하기 마련이다. 따라서 새로운 아이디어를 교육현장에 도입하기 위해서는 그 아이디어에 대한 이해를 구하고 실천에 옮길 구성원들의 동의를 얻는 절차를 마련해야 한다.

또한 단위학교 경영에 있어서 교육현장의 실천가들에게 새로운 역할을 이해하고 수행하는데 도움을 줄 수 있는 훈련프로그램이 제공되어야 한다. 이는 구성원들의 전문성 신장과 관련된 것으로 훈련프로그램을 통해 전문성을 발달시킬 수 있다. 이때 훈련프로그램에 드는 비용의 마련이라든가, 재교육을 받아야 할 교사들이 학교를 떠나야 할 때 드는 비용, 대체 교사의 활용에 드는 재원은 제도적으로 보장해 주어야 한다.

더 나아가, 교사들이나 행정가들이 결정과정에 참여하는 기술을 익힐 수 있도록 해 주어야 한다. 예를 들어 상당한 기간이 필요한 예산 편성이나 갈등 조정 등의 기술을 배울 수 있도록 하기 위해 짧은 기간의 안식년제를 활용해 볼 수 있다. 한 학기 동안이라거나 몇 주간의 세미나, 대학원의 코스를 청강할 수 있다. 이와 같이 결정과정에 필요한 지식이나 기술을 갖추어 구성원들이 실제로 결정과정에 참여할 수 있도록 해 주어야 한다.

3) 학교와 교장의 책무성 제고

단위학교 경영의 자율성 신장에 따른 책무성을 제고하기 위해 현재 학교평가가 실시되고 있다. 교육에서의 책무성은 개인의 윤리적, 전문적 판단 아래서 과업을 개선하려는 노력과 의지를 창조하며 학교교육의 효과를 구체적으로 분석하여 그 달성 정도를 평가하고, 원인과 책임, 개선 방법 등을 구명하는 결정적 단초가 된다. 학교경영평가는 학교의 자율성 신장에 따른 책무성을 제고시켜 교육활동의 질적 관리를 기한다는데 가장 큰 의미가 있다. 그러나 현재 학교경영평가는 대부분 평가요소가 투입과 과정 측면에 중점을 둔 학교의 경영지표들과 관련되어 있고, 교육과정 운영의 최종 결과라고 할 수 있는 학교효과성과 학생성취를 평가할 수 있는 영역이 결여되어 책무성 차원에서 학교평가가 이루어지지 못함을 알 수 있다. 따라서 학교경영평가를 제대로 이룰 수 있는 방안을 생각해 보아야 한다.

먼저 성공적인 학교, 효과적인 학교의 특성이나 가치 기준에 대하여 평가 관련자들의 공감대가 형성되어야 하며, 평가의 결과가 판정적, 비교적으로 활용되기보다는 학교 목적달성을 위한 수단으로, 더 나아가 교육발전을 위한 제안을 할 수 있도록 해야 한다. 또한 종합적이고 신뢰적인 정보를 모으기 위해 학교평가를 실시하는 지역평가위원회와 평가를 받는 일선학교 교직원 간에 평가 계획 단계에서부터 깊은 참여와 의사소통이 이루어져야 한다. 학교평가의 수준을 높이기 위해서는 학교평가 연구기관의 운영과 평가 전문가의 양성 및 훈련이 이루어져야 한다.

학교의 책무성을 제고하기 위해 학교장의 경영적 자질과 경영에 대한 효과는 통합적으로 신뢰성 있게 평가해야 할 필요가 있다. 모든 교장은 평가를 통해 그들의 근무수행에 대한 체계적 검토를 해야 하며 이를 통해 교수-학습의 효과성을 증진시켜야 한다. 또한 교장이 자신의 강한 점과 약한 점을 발견하고 필요한 전문성을 신장하여 학교의 효과성을 높일 수 있다면 평가의 가치를 극대화할 수 있다. 이처럼 단위학교의 보다 효과적인 경영을 위해서는 학교경영평가, 교장의 평가 등의 올바른 시행을 통해 학교의 책무성을 제고하도록 하여야 한다.

4) 점진적인 단위학교 경영

우리나라처럼 중앙집권화된 교육체제를 가졌던 오스트레일리아의 단위학교 경영 사례와 미국의 단위학교 경영을 실천하는 데 드는 시간을 비교한 연구는 많은 시사점을 준다. 이 중 가장 큰 시사점은 학교를 분권화시키고, 자율성을 갖도록 영향력을 재분배하려는 노력은 장기간의 시간을 필요로 한다는 것이다. 오스트레일리아가 교육개혁을 하면서 겪은 어려운 점을 채프먼이 분석해 놓은 것을 보면 교육개혁을 너무 성급하게 실행했음을 알 수 있다. 또한 미국의 연구결과를 보면 단번에 분권화를 시도하는 학교 구, 개별학교들이 자발적으로 참여하도록 하는 학교 구, 장기간에 걸쳐 프로그램을 단계적으로 시행하는 학교 구 중 단번에 분권화를 시도한 학교 구는 예상치 못한 부정적 효과들이 나왔고 목표와 기대를 명료하게 논의하지 못하여 그 결과도 부정적이었다.

한국의 단위학교 경영에서도 학교운영위원회의 설치나 운영에서 단번에 모든 학교들에게 교육부의 지시 사항을 요구하는 것은 부작용이 심각한 것으로 나타났다. 따라서 장기적인 전망을 가지고 점진적으로 단위학교의 경영을 실행해야 한다. 특히 한국의 학교 구성원들의 관료화된 사고에 변화를 가져오려는 데는 많은 시간을 필요로 할 것이다. 따라서 한국이 효율적인 단위학교 경영을 하기 위해서는 장기적인 전망을 가지고 점진적으로, 또 경영의 목표를 명료히 하여 시행해야 할 것이다.

8.2. 단위학교 운영 기구

8.2.1. 학교운영위원회

1) 설립 취지

학교운영위원회의 설립 취지는 학교자치의 실현으로 학교의 운영에 교육 당사자인 교원, 학부모, 지역사회인사를 참여시켜 실질적인 교육자치인 학교자치를 실현하고자 한다. 또한 학교공동체의 책무성을 증대하기 위한 것으로, 단위학교 책임경영에 있어 '학교공동체'의 책무성을 증대시키고자 한다. 학교운영위원회는 가정・학교・사회의 유기적인 협력체제를 구축하여 교육수요자 중심의 교육을 하고자 한다. 끝으로 학교운영위원회를 통해 학교운영을 투명하게 하여 열린학교 운영을 가능하게 하고자 한다.

2) 학교운영위원회의 성격

첫째, 학교운영위원회는 모든 초・중・고등학교 및 특수학교에 반드시 설치 운영하여야 하는 법정위원회이다.

둘째, 학교운영위원회는 학교운영에 관한 중요한 사항을 심의하는 의결성 심의기구이다.

셋째, 학교장이 당연직위원으로 참여하지만, 학교운영위원회는 학교장과 독립된 자치성 독립위원회이다.

국·공립학교의 경우	• 초·중등교육법에 규정된 사항 심의 • 학교발전기금에 대한 사항은 심의·의결
사립학교의 경우	• 초·중등교육법에 교정된 사항에 대해서 자문 • 학교발전기금에 대한 사항은 심의·의결

3) 위원 구성

학교운영위원회 위원은 학생 수에 따라 5인 이상 15인 이내에서 구성한다. 운영위원의 구성 비율은 학부모위원 40～50%, 교직위원 30～40%, 지역사회위원 10～30% 등으로 한다. 특히 학교의 장은 당연직 교육위원이 된다.

학생	학교운영위원 정원	학부모위원 (40~50%)	교육위원 (30~40%)	지역위원 (10~30%)
200명 미만	5~8명	2~4명	교사 1~2명 교장 1명	1명
200~1,000명	9~12명	4~6명	교사 1~2명 교장 1명	1~3명
1,000명 이상	13~15명	6~7명	교사 3~5명 교장 1명	2~4명

4) 위원의 선출

학부모위원은 학부모가 민주적 대의절차에 의해 학부모 중에서 선출한다. 그리고 교원위원은 국·공립학교의 경우 당연직 교육위원을 제외한 교원위원은 교원 전체회의의 직접투표에 의한 교사에 의하여 선출한다. 하지만 사립학교의 경우 당연직 교원위원을 제외한 교원위원은 정관이 정한 절차에 따라 교직원 전체회의에서 추천한 자 중에서 학교의 장이 위촉한다.

그리고 지역사회위원은 학부모위원과 교원위원이 협의하여 선출한다. 운영위원회에는 위원장과 부위원장 각 1인을 두되 교육위원이 아닌 위원 중에서 선출한다.

5) 위원의 자격

① **학부모위원 :** 당해 학교에 자녀를 둔 학부모
② **교원위원 :** 당해 학교에 재직하고 있는 교원
③ **지역사회위원 :** 당해 학교를 생활 근거지로 하는 자 중에서 공무원, 사업가, 학교 동문 등

6) 위원의 임기

위원의 임기는 2년이고 1차에 한하여 연임할 수 있다. 또한 위원장 및 부위원장은 1년이며 연임할 수 있다.

7) 학교운영위원회의 기능

(1) 심의 및 자문

국공립학교에 두는 학교운영위원회는 다음의 사항을 심의한다. (사립학교의 장은 다음의 사항에 대하여 학교운영위원회의 자문을 거쳐야 한다. 다만 제1호, 제2호의 사항에 대해서는 학교법인의 요청이 있는 경우에 한한다.)

- 학교헌장 및 학칙의 제정 또는 개정
- 학교의 예산안 및 결산
- 학교교육과정의 운영방법에 관한 사항
- 교과용 도서 및 교육자료의 선정에 관한 사항
- 정규학습시간 종료 후 또는 방학기간 중의 교육활동 및 수련활동 사항
- 초빙교원의 추천에 관한 사항
- 학교운영비의 조성 · 운영 및 사용에 관한 사항
- 학교급식에 관한 사항
- 학교운영에 대한 제안 및 건의사
- 대학입학 전형 중 학교장 추천에 관한 사항

• 학교 운동부의 구성 · 운영에 관한 사항

(2) 심의 · 의결사항

학교발전기금에 관한 사항은 학교운영위원회가 심의 · 의결한다.

① 법 제33조의 규정에 의한 학교발전기금(이하 "발전기금"이라 한다)은 다음 각 호의 방법에 의하여 조성한다.

1. 기부자가 기부한 금품의 접수
2. 학부모 등으로 구성된 학교 내 · 외의 조직 · 단체 등이 그 구성원으로부터 자발적으로 갹출하거나 구성원 외의 자로부터 모금한 금품의 접수

② 발전기금은 다음 각 호의 목적을 위하여 사용한다.

1. 학교교육시설의 보수 및 확충
2. 교육용 기자재 및 도서의 구입
3. 학교체육활동 기타 학예활동의 지원
4. 학생복지 및 학생자치활동의 지원

③ 운영위원회는 교육과학기술부령이 정하는 바에 따라 발전기금을 운영위원회 위원장의 명의로 조성 · 운용하여야 한다.[개정 2001.1.29, 2008.2.29 제20740호(교육과학기술부와 그 소속기관 직제)]

④ 운영위원회는 발전기금의 관리 및 집행과 그 부수된 업무의 일부를 당해 학교의 장에게 위탁할 수 있다.

⑤ 제4항의 규정에 의하여 업무를 위탁받은 학교의 장은 발전기금을 별도회계를 통하여 관리하고, 매 분기마다 발전기금의 집행계획 및 집행내역을 운영위원회에 서면으로 보고하여야 한다.

⑥ 운영위원회는 제5항의 보고를 받은 경우에는 이를 검토하여 그 결과를 학부모에게 통지하여야 한다.

⑦ 운영위원회는 제4항의 규정에 의하여 발전기금에 관한 업무를 당해 학교의 장에게 위탁한 경우에는 발전기금의 집행상황 등에 관하여 감사할 수 있다.

⑧ 운영위원회는 학교의 회계연도 종료 후 20일 이내에 결산을 완료하여 그 결과를 관할청에 보고하고, 학부모에게 통지하여야 한다.

⑨ 발전기금의 조성 · 운용 및 회계관리 등에 관하여 기타 필요한 사항은 교육과학기술부령으로 정한다.[개정 2001.1.29, 2008.2.29 제20740호(교육과학기술부와 그 소속기관 직제)]

(3) 심의사항에 대한 처리

- 심의사항의 존중 : 학교장은 학교운영위원회의 심의사항을 존중하여야 하며, 심의사항과 다르게 시행하고자 할 때는 사전에 서면으로 통보하여야 한다.
- 관할청의 시정명령 : 관할청은 국 · 공립학교의 장이 정당한 사유 없이 법 제32조 제1항 및 제3항의 규정에 의한 운영위원회의 심의 · 의결 결과와 다르게 시행하거나 심의 · 의결 결과를 시행하지 아니하는 경우 또는 제60조 제2항의 규정에 의한 사유 없이 심의를 거쳐야 할 사항을 심의를 거치지 아니하고 시행하는 경우에는 법 제63조의 규정에 의한 시정을 명할 수 있다.

8) 의 무

회의 참여의 의무로서, 통지를 받고도 사전연락 없이 연속하여 회의 불참 시 자격을 상실한다. 또한 지위 남용금지의 의무로서, 보수나 수당을 요구하는 것은 잘못된 일이며 개인의 이익을 위해 거래를 해서는 안 된다.

9) 학교운영위원회의 문제점

첫째, 학교운영활동에 대한 교사, 학부모들의 능동적이고 자발적인 참여 및 의사개진이 미진한 편이다.

둘째, 학부모위원들이 학교행정, 교육과정, 학사일정 등에 대한 기본적인 이해가 부족하여, 심의안건에 따라서는 심의에 많은 시간을 필요로 하거나 심도 있는 심의가 이루어지지 못한다.

셋째, 학교운영과 관련된 학부모들의 다양한 의견을 지나치게 수렴하다 보면, 창의적이고 전문적인 교육활동이 위축될 우려가 있다.

넷째, 교육행정기관의 홍보 및 교육이 효과적이지 못하다. 교육행정기관에서 가끔씩 일반 학부모를 대상으로 학교운영위원회에 대하여 홍보를 하거나 운영위원을 대상으로 교육을 실시하고 있지만 사실상 형식에 치우친다는 비판을 면치 못하고 있다.

8.3. 사무분장조직

8.3.1. 사무분장의 개념

학교에서 사무분장조직은 학교의 교무를 수행하기 위한 일종의 사무조직이다. 사무분장조직은 학교의 교육과정운영을 지원하는 조직으로서 교장-교감-보직교사(주임, 부장교사)-평교사로 이어지는 조직계통을 갖는다. 이 조직은 상하의 위계에 따라 권한이 배분되어 있는 수직적인 관료조직이다.

교무분장은 교무의 최종 책임자인 교장이 혼자서 학교 전체 사무를 처리할 수 없으므로 교감, 부장교사, 교사, 사무직원 및 기타 직원에게 분담하는 것으로 학교경영의 전체 구조 가운데 중추적 역할을 수행한다. 사무분장의 조직은 업무처리의 원활화를 꾀하기 위함으로 학교경영상 필요한 전반적인 사무 또는 일로서 학교의 교육목표 달성을 위하여 교원과 직원을 중심으로 한 조직구성원들이 수행하는 교육활동 및 사무활동 전반을 지칭하는 것이다. 이를 위한 계선조직은 교장, 교감, 보직교사, 교사와 이들을 지원하는 직원으로 되어 있다.

특히 사무분장은 학생관리, 교과지도, 학생 생활지도, 학교 보건위생, 문서관리, 재무관리, 시설설비관리 등에 관한 사항을 기준으로 분장할 수 있는데, 관할청이 정하도록 되어 있는 보직교사의 명칭과 교장이 정하는 보직교사의 종류 및 그 업무분장이 조직구성의 기본 틀이 된다.

8.3.2. 사무분장의 배정 원칙

① 교무의 내용을 영역별로 분류, 정리하여 직무분석에 의한 일의 내용과 양 및 범위, 난이도 등을 확정한 다음 사람을 배치하는 과업 위주의 조직이어야 한다.

② 그 사무를 책임 있게 수행할 수 있는 권한을 위양해야 한다.

③ 조직은 탄력적이며 간소화되어야 한다.

④ 학교 사무를 모든 직원에게 공정, 공평하게 배분하여, 일부 교직원에게 편중되지 않도록 해야 한다.

⑤ 사무를 배정하는 과정에서 교직원 의사를 존중하고 적재적소에 인력을 배치해야 한다.

8.3.3. 사무분장조직의 유형

사무분장은 학교의 제업무를 분장할 수 있는데, 이에 따라 학교현장에서는 교무분장을 부단위로 개설하고 이들 보직교사를 부장교사로 지칭하기도 한다.

일반적으로 교장을 정점으로 하여 교감, 보직교사, 교사 및 직원으로 구성되는 사무분장조직은 보직교사의 명칭을 중심으로 교무부・연구부・학생부・국민윤리부・환경부・체육부・진로상담부・정보부・실과부・지역사회 교육인적자원부・교육지원부 등으로 구분된다. 그리고 43학급 이상의 학교에서 2명의 교감을 배치할 경우 교무담당 교감과 생활지도담당 교감으로 역할을 구분한다.

사무분장조직은 학교의 실정이나 특수성에 맞추어 학교 현실에 부합되도록 각종 활동이나 과업을 수행할 부서를 마련하여 창조적 기능을 발휘하기 위해서 조직적인 운영체제를 구축하는 것으로 업무부장조직이라도 한다.

8.3.4. 사무분장조직의 예

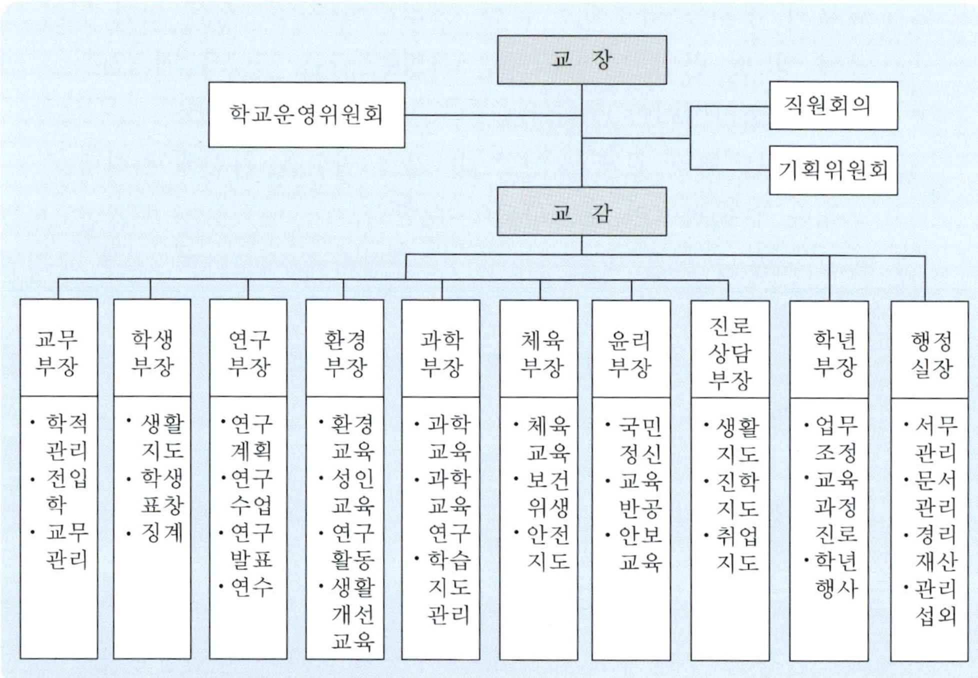

그림 8-1 학교경영 조직표(예)

8.3.5. 사무분장조직의 문제점

행정조직 위주의 교무분장조직은 조직이 단순하고 명료하다는 장점이 있으나 여러 문제점이 발생한다.

① 공문처리 업무가 각 부 업무의 대부분을 차지한다.
학교마다 각 부가 창의적으로 사업을 기획 · 수행하는 경우보다는 대개 교육청이나 외부기관의 지시 · 권장사항을 수동적으로 이행하는 경우가 많다.

② 각 부의 업무 중 상당부분은 행정업무에 속한다고 볼 수 있다. 물론, 행정업무에 준해 교과교육이나 생활지도 관련업무도 많은 양을

차지하고 있으나 조사 또는 보고업무가 주종을 이루고 있다. 이러한 행정위주의 업무 관행으로 교사 분연의 교육활동에 장애가 초래되고 있다.

③ 각 부의 방만한 업무체계로 인해 부서 간 업무량 편차와 개인별 업무 편중이 심하다. 따라서 부서를 과감하게 통합·조정할 필요가 있다. 통합, 조정에 따라 유휴인력이 명확하게 산출되면 인력의 효율적 재배치 및 필요부서 신설과 함께 원로 교사나 병약자에 대한 업무 면제가 가능하게 된다.

④ 각 부의 업무 중 상당부분은 담임업무와 관련이 많다. 이는 학년단위로 협의해서 처리할 필요성이 크다는 점을 시사한다.

⑤ 교과교육활동의 전문성 신장이 이루어지지 않고 있다. 중등의 경우 교과부를 중시하는 체제 개편은 교육적 타당성은 있으나, 현행 보직교사제도가 근본적으로 바뀌지 않는 한 이의 추진에는 어려움이 있다.

⑥ 대도시 거대 학교의 전체 학급을 부서별로 일괄 관리하는데 따르는 비효율성이 크다. 학년별로 관리함으로써 소규모 학교운영의 이점을 최대한 살릴 필요가 있다.

⑦ 교무행정 업무의 전산화 교무행정 지원 전담인력의 확충이 필요하다. 현재의 서무행정 인력 중 일부가 교무행정을 지원하도록 하는 방안도 현실적으로 고려할 필요가 있다.

⑧ 학생 생활지도가 제대로 이루어지지 못하고 있다.

8.4. 기타 운영조직

교무분장 조직이라는 계선 조직과 더불어 참모의 기능을 수행하는 조직이 필요하다. 학교경영에서 이처럼 참모적 기능을 수행하는 기구를 운영조직이라고 한다. 직원회의, 기획위원회, 학교운영위원회, 기타 각종 위원회나 협의회 등을 들 수 있다.

8.4.1. 직원회

1) 직원회의 성격

① 설치목적 : 학교운영의 책임자인 교장은 학교경영의 방침을 결정하며, 교육목표를 설정하고 기타 중요사항을 결정함에 있어서 교직원의 통합된 의견에 따라 민주적으로 운영하기 위해 설치한 것이다.
② 직원회란 교장의 자문기관 또는 보조기관이지 의결기관은 아니다.
③ 학교경영의 원활화를 도모하기 위해 관례적으로 교장이 설치한 것으로 교육법규상 반드시 설치해야 할 규정은 없다.
④ 직원회의 성격은 교장의 자문기관 · 보조기관이므로 교장이 직원회의 결정이 부당하다거나 법에 저촉된다면 이를 거부할 수가 있다.
⑤ 직원회의 소집 · 주재 최종 결정권은 교장의 권한이므로 직원회에 앞서 교장은 자기 전결사항과 자문을 받을 사항을 사전에 분명히 하여 주지시킬 필요가 있다.

2) 직원회의 기능

① **필요 사항의 조정 :** 통일적이고 일관성 있는 교육을 하기 위하여 생활지도나 도덕교육 등 학교 전반에 걸친 공통적 사항에 대한 상이한 의견을 수렴하고 조정 · 통합한다.
② **상부의 지시나 유관기관의 협조사항 또는 교장의 견해전달 :** 교육부 · 교육감 · 교육장 등 상급기관으로부터의 지시나 명령, 기타 일반 행정기관이나 교직단체, 지역사회로부터의 협조사항 등을 교장이 중간적 입장에서 잘 전달하고 교장으로서도 필요한 지시 명령을 전달하기도 한다.
③ **정보의 교환 :** 아동 · 학생의 일상생활, 학부형의 요망사항이나 의견, 특별활동, 다른 학교의 상황 등에 관한 정보를 교환하는데 직원회의는 좋은 기회가 된다.
④ **연락· 보고 :** 교육과정이나 학교행사의 구체적 실천방법을 전달하든

가 타교 참관이나 각종 연구회나 교장 · 교감회의의 보고, 학교운영위원회의 심의사항의 보고 등 학교운영에 필요한 사항을 전 직원에게 연락하고 보고한다.

⑤ **문제의 해결 :** 학교의 사무처리나 학교운영, 기타 교육상의 문제가 발생했을 경우 이를 직원회에 상정하여 결정함으로써 교원의 사기를 돕고 학교경영의 민주화를 기한다.

⑥ **장학 또는 현직연수 :** 교원이 현직에서의 계속적인 연수와 전문적 성장을 위해 새로운 수업기술과 이론, 학습환경의 개선 등을 직원회를 통하여 습득함으로써 교원의 자아혁신과 학교교육의 목표달성도를 높일 수 있다.

⑦ **팀워크의 형성 :** 신 · 구 교사 간의 오리엔테이션, 남녀 교사 간, 연장 · 연소교사 간, 교장 · 교감과 교사 간의 이해를 증진시키고 친목을 도모함으로써 학교에 대한 일체감이나 집단사기를 앙양하고 팀워크를 다지는 것도 직원회의 기능이다.

⑧ **기타 :** 일상적인 학교운영이나 교육활동 등 학교운영 전반에 대한 전 직원의 협의를 필요로 하는 사항은 직원회에서 논의한다.

8.4.2. 기획위원회

1) 설치목적 및 기능

기획위원회는 학교운영의 기본적 주요 사항에 대한 사전 협의와 연구, 지원회의에서 논의할 사항의 사전입안, 학교교육의 전전입안 학교교육의 전반적 계획의 수립 등의 기능을 수행하는 교장의 자문기구이다.

2) 구성

교장 · 교감과 보직교사들로 구성된다.

8.4.3. 기타 운영조직

학교의 운영조직으로서 직원회와 기획위원회 외에 교육과정운영위원회, 생활지도위원회, 징계위원회, 학생지도위원회, 성적관리위원회, 진로지도위원회, 교과협의회, 학년협의회, 인사자문위원회, 교구선정위원회 등 여러 영역별 위원회나 협의회가 있다.

제9장

교사의 근무 환경

9.1. 학교에서의 갈등

9.1.1. 갈등의 개념

학교조직도 다른 조직과 마찬가지로 여러 가지 원인으로 갈등과 스트레스를 겪는 경우가 많다. 갈등이라는 개념은 학자에 따라 다양한 정의를 내리고 있다. 갈등에 관한 개념은 문제, 좌절, 불안, 초조, 긴장, 불화, 충돌, 반대, 모순, 비타협, 적개심, 경쟁, 투쟁 등 다양한 의미를 포함하고 있다. 갈등은 불유쾌한 감정 상태이면서, 의도적인 행동을 유발하는 지각 상태이다. 결국 갈등이란 희소자원이나 업무의 불균형 배분 또는 처치, 목표, 가치, 인지 등이 존재할 때 조직 내의 둘 또는 그 이상의 개인적이나 집단 내에 일어나는 대립적인 작용으로 정의할 수 있다.

갈등에 관한 관점은 발달단계를 기준으로 전통적 관점, 행동과학적 관점, 상호작용적 관점 등 세 가지로 구분할 수 있다.

1) 전통적 관점

전통적 관점은 1890년에서 1940년에 이르기까지 과학적 관리론과 인간공학에 의한 것으로 갈등 관리를 합법적 권한과 권한 위임이라는 개념에 입각하였다. 이러한 관점은 적절한 기능을 소유하고 권한을 수용하려는 사람을 조직에 충원하기 때문에 갈등은 극복할 수 있다고 믿었다.

더구나 조직은 명령계통을 분명히 하고 직무기술을 세밀히 하여 구조화하였으며, 상사의 결정에 따르도록 상벌체계를 이용하기 때문에 갈등을 야기하는 사태는 피할 수 있다는 것이다.

갈등은 조직에 역기능적인 것이기 때문에 반드시 제거되어야 하며, 모든 갈등은 역기능적인 것이므로 조직에서 모든 반대세력을 제거하는 것이야말로 행정가의 역할이라는 것이 전통적 견해이다.

2) 행동과학적 관점

행동과학적 관점은 전통적 관점과는 달리 갈등은 조직에서 불가피하게 생기는 것이라는 인식을 갖고 이를 잘 관리해야 한다. 전통적 견해는 1940년대 후기와 1950년대 초에 행동과학적 접근으로 대치되었다. 조직연구론자들은 모든 조직은 불가피하게 갈등 속에 존재한다는 사실을 인정하게 되었고, 행동과학자들은 갈등을 수락하여야 한다고 생각했다. 갈등을 해결해야 한다고 한 점에서 전통론자들과 행동과학자들은 견해를 같이하고 있다.

더구나 갈등의 존재를 인정하고 그 관리의 중요성을 강조한다. 그러나 전통적인 관점이나 행동과학적 관점은 모두 갈등의 순기능적 측면을 무시하고 반드시 해결해야 할 대상으로만 본 것이다.

3) 상호작용적 관점

상호작용적 관점 또는 균형적 관점으로, 갈등은 궁극적으로 순기능과 역기능을 모두 지니고 있는 것으로 본다.

① 기능적 갈등의 절대적 필요성을 인정한다.
② 기능적 반대를 분명하게 격려한다.
③ 갈등관리에는 갈등의 해결방법뿐만 아니라 갈등을 자극하는 것까지 포함시킨다고 규정한다.
④ 모든 행정가의 주된 책임을 갈등의 관리라고 본다.

상호작용적 관점은 조직에서 갈등을 제거할 수 없을 뿐만 아니라 반대세력이 전혀 없는 조직을 원하지도 않는다. 왜냐하면 조직이 계속 유지, 존속하는 데 중요한 결정요인이 갈등이기 때문이다. 더구나 이 관점에서의 신념은 갈등의 수준이 너무 높게 되면 해결이 요구되고, 너무 낮으면 자극이 필요하다는 것이다.

모든 조직의 기본 목표가 존속이라면 조직은 환경 곳곳에서 끊임없는 변화에 적응할 수 있어야 하고, 변화는 갈등에 의해서 자극된다. 다시 말하면 갈등은 변화를 유발하고, 변화는 적응을 가져오며, 오직 적응을 통해서만 조직은 살아남는다. Robbins(1983)는 이와 같은 관계를 [그림 9-1]과 같이 제시하였다.

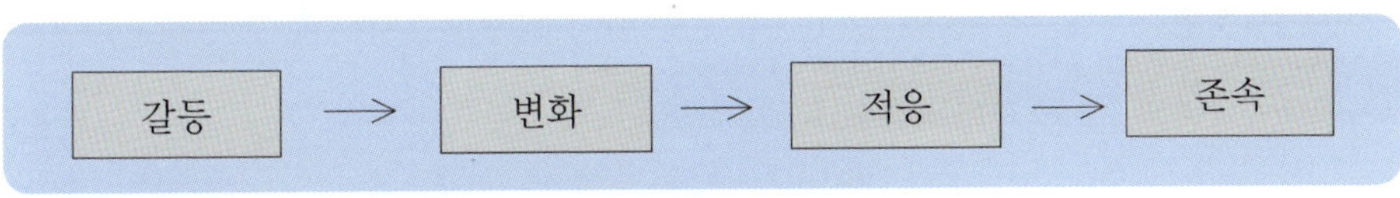

그림 9-1 갈등 · 존속 모형

조직에서의 갈등은 완전히 제거할 수 없을 뿐만 아니라, 갈등이나 반대세력이 없는 조직은 변화 · 발전 · 개혁하지 못한다. 변화 · 발전 · 개혁은 불만, 개선하려는 욕구, 창의적인 대안의 개발에서 오기 때문이다. 그러나 조직이 존속, 유지되기 어려울 정도의 갈등은 해결되어야 하지만 갈등이 전혀 없거나 낮으면 자극이 필요하며 적정 수준의 갈등을 제공하여 이를 극복하려고 노력함으로써 조직의 계속적인 발전과 효과성을 제공할 수 있을 것이다. 갈등과 조직 효과성과의 관계는 [그림 9-2]와 같다.

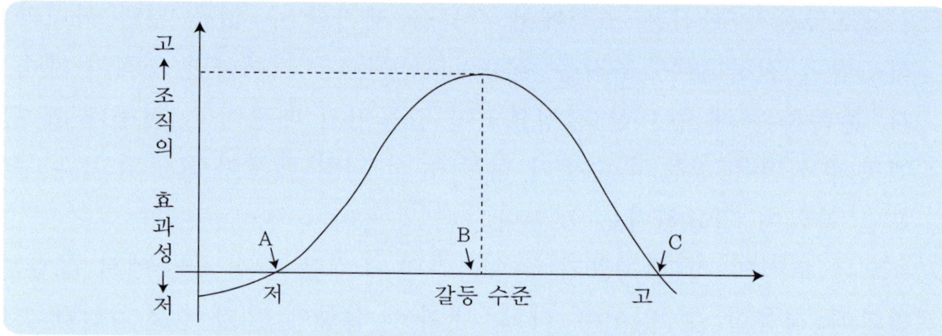

상 황	갈등 수준	갈등의 유형	조직의 내부적 특정	조직의 효과성
A	낮거나 전혀 없음	역기능적	냉담하고 침체적 변화에 무반응 새로운 아이디어의 결여	낮음
B	적절	기능적	생동적 · 혁신적 · 자체비판적	높음
C	높음	역기능적	파괴적 · 혼돈 · 비합조적	높음

그림 9-2 갈등과 조직효과성과의 관계

상호작용론적 관점의 신념은 갈등의 수준이 너무 높게 되면 해결이 요구되고, 너무 낮으면 자극이 필요하다는 것이다. A에서 B까지의 영역에서는 갈등을 자극하고, B의 오른쪽 영역에서는 갈등 수준을 감소시키는 해결 노력을 통해 갈등을 기능적으로 작용케 함으로써 이익을 충분히 얻을 수 있도록 관리자는 노력해야 한다.

9.1.2. 학교에서의 갈등 원인

조직 갈등의 원인은 목표의 차이, 이해관계의 차이, 인지 및 태도의 차이, 의사소통의 차이, 상호 기대의 차이, 과업상의 상호 의존성, 조직의 문화와 전문화, 자원의 부족, 역할 모호성 등이 원인이 된다.

학교조직에서의 갈등 원인은 상황적 조건에서 다양하게 일어날 수 있다. 우선 권리체제에서 생기는 갈등을 들 수 있다. 관료제에서는 상부에 권한이 집중되어 있고 하부는 주로 의무만이 주어진다. 그러므로 학교조직에서 하부에 해당하는 교사는 갈등을 갖게 되는 것이다

둘째, 존경체제에서 생기는 갈등이다. 교사는 학교장에 비해 사회 · 경

제적 지위가 낮고 불리하며 존경도 받지 못할 뿐만 아니라 사회가 금전 지향적이기 때문에 전문가인 평교사로서의 위치에 매력을 느끼지 못하고 갈등은 심해진다.

셋째, 전문화 체제에서 생기는 갈등이다. 학교행정가는 행정이나 경영자로서의 전문적 영역이고, 교사는 교사로서의 전문적 영역이 있어야 하는데 교사의 전문적 영역까지 관료제 능력이 침범하기 때문에 갈등이 생긴다.

넷째, 역할기대의 위배로 생기는 갈등이다. 〈표 9-1〉과 같이 관료제 조직에서는 교사가 하나의 관료적 종업원이 되기를 기대하는데 교사 자신은 전문 지향적일 때 갈등이 야기된다.

표 9-1 종업원지향과 전문지향의 비교

종업원지향	전문지향
• 행정지향 • 조직에의 지향 • 경험, 인사, 작업표준화에 바탕을 둔 능력 • 규정과 절차 • 공공지향성	• 고객지향 • 전문지향, 전문가 동료지향 • 독점적 지식에 바탕을 둔 능력 • 의사결정권한 • 일에 대한 통제

다섯째, 관료조직과 전문조직의 조직특성에 따른 기대의 차에서 생기는 갈등이다.

표 9-2 조직-전문가의 갈등

관료적 조직	전문가
• 권한-직위 • 분업 • 구체화된 행위 • 비정적 • 능력	• 기술-지식 • 개인학생 • 여러 대안을 가진 행위 • 융통성 • 능력

여섯째, 학교조직 목표의 전도에서 생기는 갈등이다. 학교조직의 주요

목표는 교수–학습을 잘하여 학생의 성장 발달을 돕는 것인데 지나친 관료화와 행정우위 현상으로 인해 행사, 사무 등이 목적처럼 전도되는 데서 갈등이 생긴다. 결국 갈등의 원인은 목표의 차이, 이해관계의 차이, 인지 및 태도의 차이, 의사소통의 차이, 상호 기대의 차이, 과업상의 상호 의존성, 조직의 문화와 전문화, 자원의 부족, 역할 모호성 등이 원인이 된다.

9.1.3. 학교에서의 갈등관리

갈등이 조직에 미치는 영향은 다양하게 나타난다. 우선, 갈등과 관련하여 흔히 예상할 수 있는 무관심이나 소외감, 적대감, 불안감, 긴장감 등 개인에게 주는 심리적 위축은 조직의 기능을 저해할 것이다. 결근이나 근무태만, 전직과 같은 행동이나 노골적인 공격적 행동도 갈등상황에서 나타날 수 있는 역기능적 측면이다. 그러나 갈등은 순기능적 측면과 역기능적 측면을 동시에 지니고 있기에 갈등관리를 잘하기만 하면 개인에게나 조직에게 바람직하고 효과적일 수 있다. 결국 갈등 그 자체보다 중요한 점은 갈등관리의 여하에 따라 그 결과가 순기능 혹은 역기능으로 나타날 수 있다는 것이다.

갈등이 미치는 영향에 대한 집약적인 연구는 많지는 않으나 일반적으로 밝혀진 바에 의하면, 역할 갈등은 분열적이며 긴장을 유발하고, 그대로 일정 기간이 지나면 심한 불안을 조성한다고 한다. 역할 갈등과 성격과의 관계를 연구한 Getzels와 Guba에 의하면 역할 갈등을 스스로 느끼고 있는 사람은 그렇지 않은 사람에 비해 열등감이 높고 신경질적이고 내성적이고 억압적이며 융통성이 없다는 것이다.

요컨대 갈등 그 자체는 좋은 것도 아니고 나쁜 것도 아닌 가치중립적이고 기술적인 용어이다. 다만 그것을 어떻게 취급하는가에 따라 개인이나 조직에 역기능적일 수도 있고 기능적일 수도 있다는 사실이다.

Dublin은 갈등을 순기능과 역기능으로 구분하여 다음과 같이 설명하고 있다.

우선 갈등의 순기능적 측면은 다음과 같다.

① 갈등에 상응하여 성원의 재능과 능력이 발휘된다.
② 갈등은 성원의 다양한 심리적 욕구를 충족한다.
③ 갈등은 기술혁신과 변화를 유도한다.
④ 갈등은 조직 내의 갈등을 관리하고 방지할 수 있는 방법을 터득케 한다.
⑤ 많은 종업원들이 하는 일에 싫증을 느끼게 되는데, 부서 간의 갈등은 이를 해소하게 한다.
⑥ 갈등은 조직의 어느 곳에 문제가 있는가에 대한 사전의 정보를 제공한다.
⑦ 갈등은 새로운 회합의 계기가 된다.

다음으로 갈등의 역기능적 측면이다.
① 갈등은 자기 이익에 급급하여 전체 조직을 희생케 하는 경우가 있다.
② 개인 간의 오랜 갈등은 정서적으로나 육체적으로나 해가 된다.
③ 갈등은 생활에 필요한 시간과 정력을 낭비케 한다.
④ 갈등의 여파는 재정상의 비용과 감정상의 고통을 수반케 한다.
⑤ 갈등을 겪고 나면 극단적인 경우 자료와 사실이 왜곡된다.

갈등 그 자체는 나쁜 것이 아니며 관리 여하에 따라서는 긍정적, 효과적, 생산적, 기능적일 수 있고, 정반대로 부정적, 비효과적, 비생산적, 역기능적일 수도 있는 현상이다. 따라서 갈등관리 기법이나 전략 또는 접근방법은 이론적 근거에 기초하여 다음과 같은 몇 가지를 들 수 있다.

1) Thomas의 상황적응 갈등 관리

Thomas는 갈등을 다루는 갈등관리 방식을 다섯 가지로 분류하였다. 그는 갈등이 발생할 수 있는 두 가지 기본적인 차원을 구분하였다. 행정가들이 조직의 필요를 충족시키려는 노력과 조직구성원의 개인적 관심사를 충족하려는 노력으로 구분된다.

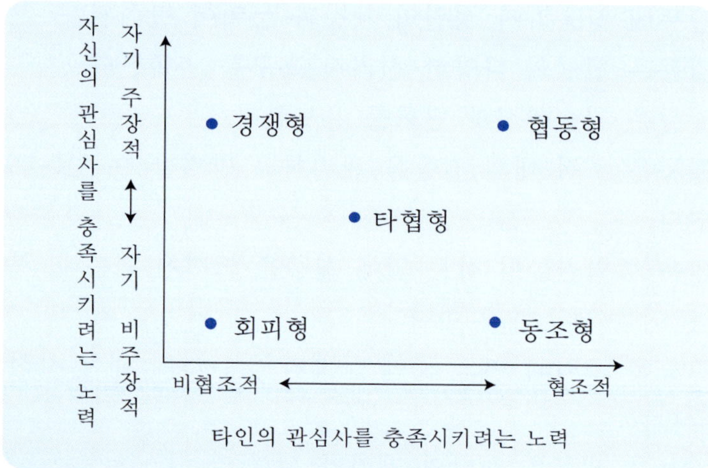

그림 9-3 상황적 갈등관리 전략

위의 [그림 9-3]에서와 같이, 횡축은 협조적 차원이고, 종축은 자기주장적 차원이다. 협조적 차원은 다른 측의 관심사를 만족시켜 주려는 시도를 의미하며, 자기주장적 차원은 자신의 관심사를 충족시키려는 시도를 의미한다. 이 두 차원의 조합에 의해 다섯 가지의 갈등관리 방법을 제시할 수 있다.

(1) 경쟁형

상대방을 희생시키고 자신의 갈등을 해소하는 형으로, 한쪽이 이익을 얻는 반면 다른 한 쪽이 손해를 보게 되는 접근(win-lose approach)이다. 경쟁에 적절한 상황으로는 ① 신속한 결정이 요구되는 긴급한 상황, ② 중요한 사항이지만 인기 없는 조치가 요구되는 경우, ③ 조직의 성장에 매우 중요한 문제일 때이다.

(2) 회피형

갈등이 없었던 것처럼 행동하여 이를 의도적으로 피하는 방법이다. 회피에 적합한 상황으로는 ① 쟁점이 사소한 것일 때, ② 해결에 들어가는 비용이 효과보다 클 때, ③ 다른 문제가 해결되면 자연스럽게 해결될 수 있는 하위 갈등일 때, ④ 사태를 진정시키고자 할 때이다.

(3) 동조형(수용형)

자신의 욕구충족은 포기하더라도 상대방의 갈등이 해소되도록 노력하는 방법이다. 수용에 적합한 상황으로는 ① 자기가 잘못한 것을 알았을 때, ② 보다 중요한 문제를 위해 좋은 관계를 유지해야 할 때, ③ 조화와 안정이 특히 중요할 때, ④ 패배가 불가피하여 손실을 극소화해야 할 때, ⑤ 하급자들로 하여금 그들의 실수로부터 배울 기회를 주고자 할 때이다.

(4) 타협형

양자가 조금씩 양보하여 절충안을 찾으려는 방법으로, 이 방법은 양쪽이 다 손해를 보기 때문에 앙금이 남아 다른 갈등의 원인이 될 수도 있다. 타협에 적합한 상황으로는 ① 복잡한 문제에 대한 일시적인 해결책을 얻고자 할 때, ② 당사자들의 주장이 서로 대치되어 있을 때, ③ 목표달성에 따른 잠재적인 문제가 클 때이다.

(5) 협동형

양쪽이 다 만족할 수 있는 갈등해소책을 적극적으로 찾는 방법으로, 양자에게 모두 이익을 주는(win-win approach) 최선의 방법이다. 협력에 적합한 상황으로는 ① 합의와 헌신이 필요할 때, ② 양자의 관심사가 매우 중요하여 통합적인 해결책만이 수용될 수 있을 때, ③ 관계증진에 장애가 되는 감정을 다루어야 할 때, ④ 목표가 학습하는 것일 때이다.

이상에서 조직의 갈등관리 내용을 요약 정리하면 다음과 같다.

① 경쟁

- 행정가는 조직의 목표를 강조하는 대신 구성원들의 개인적 필요에

대해서는 협력하지 않는다.
- 승패의 접근방법이다.
- 필요하다면 다른 사람을 희생시켜서 자신의 관심을 충족하고자 한다.

② 회피

- 행정가는 조직의 목표를 강조하지도 않고, 구성원들의 관심사항에 대해서도 협력하지도 않는다.
- 갈등을 무시함으로써 저절로 해결되기를 바란다.
- 갈등이 표면화되는 것을 억제하고자 한다.
- 조직에 발생된 갈등이 실제 해결되기 어렵거나, 해결을 위해 소요되는 자원이 과다하여 비경제적인 경우에 활용될 수 있다.
- 갈등이 유발된 문제가 그대로 남아 있기 때문에 더욱 심각한 갈등으로 발전될 수 있다.

③ 수용

- 행정가 자신의 의견을 주장하지 않는 대신 구성원에게 협력하는 방법이다.
- 행정가는 조직구성원의 필요에 양보한다.

④ 협력

- 주장하면서 협력하는 문제해결 접근방식이다.
- 갈등 당사자들 모두의 필요를 동시에 만족시키는 통합적 해결책을 찾으려고 노력한다.
- 승승접근의 사고를 가진 갈등관리 방법이다.
- 서로의 차이점을 확인하고, 정보를 서로 공유한다.

⑤ 타협

- 조직의 목표와 구성원 개인의 필요 간에 균형을 찾는 방법이다.
- 양쪽에 어느 정도 수용할 수 있는 해결책을 찾는다.

- 조금씩 양보함으로써 절충안을 얻으려는 방법이다.
- 승자와 패자가 명백하지 않다.
- 노사 간의 협상 등에서 현실적으로 많이 활용하는 방법이다.

Thomas는 다섯 가지 갈등관리 방식은 상황에 따르는 것이 효과적이라고 보았다. 그는 다섯 가지 갈등관리 전략이 유용한 상황을 다음과 같이 제시했다.

① 경쟁에 적절한 상황

- 신속한 결정이 요구되는 긴급 상황
- 중요한 사항이지만 인기 없는 조치가 요구되는 경우
- 조직의 성장에 매우 중요한 문제일 때
- 타인을 부당하게 이용하는 사람에게 대항할 때

② 회피에 적절한 상황

- 쟁점이 사소한 것일 때
- 해결책의 비용이 효과보다 훨씬 클 때
- 사태를 진정시키고자 할 때
- 더 많은 정보를 얻는 것이 꼭 필요할 때
- 다른 사람들이 문제해결을 더 효과적으로 해결할 수 있을 때
- 해당 문제가 다른 문제의 해결로부터 자연스럽게 해결될 수 있는 하위갈등일 때

③ 수용에 적절한 상황

- 자기가 잘못한 것을 알았을 경우
- 다른 사람에게 더 중요한 사항일 때
- 보다 중요한 문제를 위해 좋은 관계를 유지해야 할 때
- 패배가 불가피할 때 손실을 극소화하기 위해
- 조화와 안정이 특히 중요할 때

④ 협력에 적절한 상황

- 양자의 관심사가 매우 중요하여 통합적인 해결책만이 유용할 때
- 목표가 학습하는 것일 때
- 다른 관점을 지닌 사람들로부터 통찰력을 통합하기 위해서
- 합의와 헌신이 중요할 때
- 관계증진에 장애가 되는 감정을 다루기 위해서

⑤ 타협에 적절한 상황

- 목표가 중요하지만 잠재적인 문제가 클 때
- 당사자들의 주장이 서로 대치되었을 때
- 복잡한 문제에 대한 일시적인 해결책을 얻기 위해
- 시간 부족으로 신속한 행동이 요구될 때
- 협력이나 경쟁의 방법이 실패할 때

9.2. 교사의 직무스트레스

9.2.1. 직무스트레스의 개념

일반적으로 현대조직에서 직장생활은 스트레스의 연속이다. 오늘날 거의 일반화된 용어로 사용되는 스트레스는 어떤 형태이건 개인들에게 부담을 가져다주는 상황을 설명하기 위한 수단으로 사용되고 있다. 더구나 현대사회에서의 학교의 기능과 역할은 다양화 되고 있으며, 이에 따라 교사들에게 주어지는 사회적 요구 또한 증가하고 있다. 학생 생활지도의 어려움, 학부모의 공교육 불신과 사교육비 증가, 부적격 교원에 대한 퇴출 압력과 교원능력개발평가제의 도입 등 일련의 교육상황은 교사로 하여금 책무성에 대한 인식과 함께 많은 부담을 주고 있다. 교사들은 본연의 교육 기능 외에도 각종 행정업무와 잡무에 노출되고 있으며, 학교사회의 조직적 특수성과 학생과 학부모를 비롯하여 조직구성원들의 복합화로 인해 인간관계적 갈등을 경험하기도 한다. 이러한 부담과 갈등

은 ‘교직을 수행하며 경험하는 긴장, 욕구불만, 불안, 분노와 의기소침과 같은 불쾌한 정서(Kyriacou, 1996), 즉 교사의 직무스트레스로 이어질 수 있다.

직무스트레스(job stress)는 교사스트레스(teacher stress)라고 하며 직무 관련 요소들이 작업자와 상호작용하여 심리적, 생리적 상태를 변화시키는 조건이라 할 수 있다. 더구나 직무스트레스는 교사들이 직무를 수행하는 과정에서 불안, 분노, 긴장 등의 부정적인 기분이나 불쾌한 정서적 상태를 경험하는 것으로 교사의 정신건강에 지대한 영향을 미친다.

위의 내용을 구체적으로 살펴보면, 첫째, 교사가 경험하는 전반적인 개인적 및 정서적 증세로 보는 견해로 교사로서의 직무수행의 어느 정도 국면에서 야기된 긴장, 욕구좌절, 불안, 분노 및 우울과 같은 불쾌한 정서를 교사가 경험하는 것이라고 정의할 수 있다.

둘째, 교사스트레스를 학교 환경에서 지나친 요구나 위협으로 지각된 상태로 보는 관점으로 교사가 경험하는 광범위한 개인적, 정서적 증상이다. 즉, 교직 상황의 결과로 생기는 생리적 변화를 동반하는 심리적 평형상태의 변화로서 교사에 대한 요구가 자존심이나 안녕에 위협으로 지각되므로 평형상태를 유지하기 위해 사용되는 심리적 대처기제에 의하여 조정된 것이다.

직무스트레스에 대한 선행연구들은 교사의 직무스트레스를 이해할 때 개인의 심리적 측면과 기관의 조직문화 및 일부의 물리적 환경 등을 함께 고려하여 포괄적으로 다루어야 함을 강조하고 있다. 직무스트레스가 스트레스의 원인과 결과의 관계를 조절하는 개인의 심리적 요인에 기초하기 때문에 교사의 직무스트레스와 관련이 있는 교사의 사회인구학적 변인을 밝히려는 연구들이 실행되어 왔다.

신정웅(1997)은 일반적으로 남교사가 여교사보다, 부장교사가 평교사보다, 저경력 교사가 고경력 교사보다, 대규모 학교일수록 직무스트레스를 많이 받는 것으로 나타나고 있다. 이는 남교사가 조직 특성상 업무에 대한 부담이 과중하고, 부장교사는 높은 책임감 때문에, 저경력교사는 경험부족에서 기인하는 것으로 보고하고 있다. 이러한 직무스트레스가 교직에서만 유일하고 독특하게 나타나는 현상은 아니다. 그러나 과다한 교사의 직무스트레스는 교사의 책무, 근무 의욕, 효율성 등을 저하시키고 결국에는 교육의 질 저하를 초래할 수 있으므로 적절한 관리가 필요하다(이병근, 2003).

한편, 교사의 스트레스 관련 변인은 교사의 개인이나 사회인구학적 측면뿐만 아니라 학교조직의 조직 관련 측면도 있음을 밝힌 연구들도 제시되어 왔다. 교사들이 경험하는 스트레스의 원인에 대해 김정휘(1991)는 교사의 직무스트레스 유발 요인을 관료적 운영, 권위상실, 불화와 갈등, 낮은 대우, 과부하, 학급관리, 학생지도 등 크게 7가지로 나누면서 교사의 행정편의 위주의 관료적 권위와 전문적 권위 사이의 갈등이 교사의 직무스트레스와 관련이 있다고 밝히고 있다.

직업에서 오는 적당한 스트레스는 작업성과를 향상시켜 줄 수 있지만, 과다한 스트레스는 능률을 저하시키는 역기능적 영향을 미친다(Beehr & Newman, 1978). 교사들의 직무에 있어서의 긴장과 갈등은 심리적 불안과 직무 불만족, 상사에 대한 불신, 사명감 감퇴 등과 같은 심리적 문제를 파급시킴으로써 개인의 능력 발휘와 조직의 목표달성에 부정적으로 작용할 수 있다. 교사들이 직무갈등과 인간관계 등의 스트레스로 심리적 건강을 찾지 못하고 불만족한 상태에서 교육활동에 임한다면 교육 전반에 부정적 영향을 끼치게 되어 교육의 질을 저하시킬 우려가 있다(김옥분, 1998).

9.2.2. 직무스트레스의 특징

오늘날 스트레스가 신체적·심리적 건강에 심각한 영향을 미친다는 인식이 확산되면서 그에 관한 관심과 연구가 활발하게 이루어지고 있다.

일반적으로 자극과 반응의 관계에 초점을 둘 때, 스트레스란 개인에게 육체적 또는 정신적으로 자극이 되거나 개인의 육체적·정신적 균형을 깨뜨리는 작업 환경으로부터 적응적 반응이라고 볼 수 있다.

갈등이 개인이나 집단, 조직 내부나 조직 간에 일어나는 것이라면 스트레스는 개인 내부에서 일어나는 것이다. 그러나 갈등이나 스트레스는 모두 관리 여하에 따라서 순기능과 역기능의 가능성이 있다는 것이다.

또는 조직이나 개인의 과업수행의 효과성을 극대화할 수 있는 적절한 수준이 있다는 유사점이 있다.

조직구성원들은 동일한 스트레스를 잠재적으로 가지고 있다. 그러나 개인이 어떻게 관리하느냐에 따라 스트레스를 다르게 받기에, 조직구성원의 개성 및 능력에 관련하여 스트레스의 특성을 살펴보고자 한다. 일반적으로 스트레스의 특성은 조직구성원의 개성과 능력에 따라 구분해 볼 수 있다.

첫째, 조직구성원의 개성과 스트레스 측면이다. 신경질적이고 부정적인 정서를 가지고 있는 사람은 자기 자신, 조직, 과업 및 동료들로부터 스트레스를 받는 경향이 크다. 이에 반하여 외향적이고 긍정적인 사람들은 타인과의 사회화가 되고, 상호작용을 즐기는 경향이 있으며, 스트레스를 적게 느낀다. 개방적인 성격의 조직구성원은 스트레스를 적게 받으며, 개방성이 적은 사람은 스트레스를 많이 받는다. 자아효능감이나 자아존중감이 높은 사람들은 스트레스를 덜 받으며, 스트레스 관리를 잘한다.

Friedman & Roseman은 스트레스의 유형을 A type 유형과 B type 유형으로 나누었다.

표 9-3 직무스트레스의 유형

Type A(스트레스를 많이 받음)	Type B(스트레스를 적게 받음)
신경질적이고 부정적인 정서를 가진 사람	외향적이고 긍정적인 사람
개방성이 적은 사람	개방적인 성격인 사람
높은 성취 욕구를 가진 사람	자아효능감이나 자아존중감이 높은 사람
공격적이고 경쟁적이며 항상 움직이는 사람	시간에 관심을 가지지 않는 사람
신속하게 걷고, 먹고, 말하고, 행동하는 사람	휴식을 하면서 여유를 갖는 사람
두 가지 일을 동시에 하는 사람	승부보다 일을 즐기는 사람
시간의 압박을 계속 느끼는 사람	직무 마감시간에 대한 관심이 없는 사람
참을성이 없으며 적대적인 성향인 사람	참을성이 있는 사람
단시간에 많은 성과를 기대하는 사람	태도가 온유하며 서두르지 않는 사람
지도자의 60%가 가짐	지도자의 12%가 가짐

뿐만 아니라, 스트레스 요인이 클 때나 작업수행 능력이 부족할 때도 구성원들은 스트레스를 받는다. 그리고 컴퓨터의 보편화로 사무 자동화된 시스템과 그에 따른 사용 훈련 역시 스트레스를 준다.

둘째, 조직구성원의 능력과 스트레스 측면이다. 조직구성원이 직무를 수행할 능력이 부족할 때 스트레스를 받는다. 조직구성원이 직무수행을 위하여 필요한 능력을 소유하도록 하기 위하여 교육조직에서는 교육과 훈련을 실시한다. 교장 자격연수, 교감 자격연수, 1급 정교사 연수 등을 실시함으로써 교사가 지위의 상승을 취득함에 따라 필요한 교육과 훈련을 실시한다.

9.2.3. 직무스트레스의 원인

스트레스는 오늘날 사회의 공통된 문제로서 직무환경에서 일어나고 있는 모든 사건들은 조직 자체의 속성에서 그 원인을 찾을 수 있다.

스트레스 요인이란 스트레스의 반응을 일으키게 하는 상황과 사건, 또는 사람 등의 자극원을 말한다. 이것은 작용 반응 태도와 행위에 영향을 미치는 직무스트레스를 불러일으키기 때문에 이를 이해하고 인식할 수 있는 것이 관리자에게 중요하다.

Ivancevich와 Matteson은 좀 더 포괄적으로 스트레스 요인을 조직 내부 요인과 조직 외부 요인으로 구분하고, 조직 내부 요인을 다시 물리적 환경, 개인 수준, 조직 전체의 수준 요인 등으로 들고 있다.

직무스트레스를 연구함에 있어서 간과해서는 안 될 부분은 조직에서 개인적 수준과 관련된 요인이라 할 수 있는데 이 중 개인의 역할은 개인과 역할을 연결시키는 매체로써, 그리고 역할을 통해 개인은 조직의 목표를 달성한다는 점에서 중요하다. 그러나 이러한 역할은 직무를 수행하는 과정에서 자신이 원하는 속성이라기보다는 개인에게 주어지는 것이기 때문에 역할로 인한 스트레스가 유발될 가능성이 높다고 하겠다.

스트레스의 원인은 세 가지 범주의 스트레스 요인, 즉 직무, 비업무(nonwork), 개인적 요인으로 나타나고 있다. 직무 요인으로는 업무 요구, 대인관계, 경제발전 등으로 구분하고, 개인 요구는 요구(needs), 성격 등으로, 비직무 요인으로는 가족, 경제 상태, 개인적인 힘으로 제시하고 있다.

첫째, 개인적 스트레스는 조직이랑 관련되지 않은 요인으로, 조직구성원 사생활에서 일어나는 일이 원인이 되는 경우이다. 정신적 · 신체적 위협, 초상, 이혼, 질병 등 부정적인 중요한 사건과 결혼, 집 장만, 아기 출생, 이사 등 긍정적인 사건들 모두 스트레스의 원인이 된다. 뿐만 아니라 교통 위반증, 주차 위반증, 친척과의 관계, 자식문제, 부모문제, 휴가 등도 스트레스의 원인이 된다.

둘째, 직무와 관련된 스트레스의 원인으로 조직구성원은 조직 내부에서 차지하고 있는 지위 때문에 수행하도록 기대되는 행동이나 과업이 부여되는 역할이 있다. 직무상 수행하여야 할 역할 자체에 갈등이 생기거나 역할이 모호하거나, 과다 업무 또는 과소 업무가 부여될 때 스트레스가 발생한다. 직무 그 자체가 스트레스의 원인이 되기도 하며 종류에는 여섯 가지가 있다. 이를 다시 관련 요인으로 나누면 네 가지로 구분된다.

표 9-4 직무스트레스의 원인

물리적 환경 관련 요인	(=역할 갈등) 예-조명, 소음, 온도, 음파 및 진동, 공기오염, 사무실 설계 등
조직 관련 요인	예-작업요건, 조직구조, 경계-범위 역할, 집단 응집력, 조직풍토, 집단 내에서의 집단 간 갈등, 경력발달, 수행 실적 평가, 작업 교대 정책, 지도 유형 등
직무 관련 요인	예-과제특성, 기술, 역할 과부하, 역할 갈등, 역할 모호성, 의사결정 참여 등
개인 관련 요인	능력 및 경험, 욕구 및 가치, 통제 소재, 생활사건, 인구 통계적 변인
조직 외 관련 요인	가족, 이주, 경제적 지위, 사회적 지원 등

셋째, 집단 및 조직관련 스트레스의 원인은 조직구성원과 집단, 작업집단과 작업집단 사이에서 발생하며, 집단 내 지지의 부족, 집단 응집력의 부족, 오해와 갈등이 스트레스의 원인이 된다.

① 조직구성원이 집단 내에서 지지를 받지 못하는 경우 스트레스를 받으며, 집단 내의 다른 조직구성원과 문제를 공유하기를 원하고, 즐기기를 추구함으로써 벗어날 수 있다.
② 조직구성원은 집단 응집력 또는 동일체감을 갖기를 원하는데, 거부될 경우 스트레스를 받는다.
③ 조직구성원 상호 간 혹은 작업집단 차원에서 발생하는 오해, 갈등, 상호 간의 의견 불일치 등은 부정적인 스트레스의 원인이다. 학교경영자는 스트레스의 원인을 파악하고 분석하여 이들이 강화되지 않도록 통제해야 할 것이다.

넷째, 스트레스 원인은 직업과 개인생활의 연계에서 발생한다. 조직구성원은 개인생활을 영위하는 데 있어 부모와 자식의 역할뿐만 아니라 배우자의 역할, 지역사회 봉사자의 역할 등 다양한 역할을 수행하고 있다. 이러한 개인적인 생활과 직업적인 역할의 갈등이 생기면 스트레스가 된다.

또한 역할과 관련된 스트레스 요인으로는 역할 갈등(Role conflict)과 역할 모호성(Role ambiguity), 역할 과다(Role overload)를 들 수 있다. 역할 갈등이란 한 개인이 특정 역할을 수행함에 있어서 부딪치게 되는 상호갈등인 기대로서 수행될 수 없는 행위가 동시에 기대될 때 과중한 심리적 부담을 느끼게 되며 스트레스에 직면하게 된다.

역할 갈등은 주로 상반되는 기대감 때문에 발생하는데 새로운 변화를 추구하려는 교장과 현실에 안존하려는 교사들 간의 중간자적 입장에 있는 교감을 들 수 있다. 그리고 학업성취에 대한 부모들의 기대, 행동, 태도가 교사들의 기대와 상반될 때, 기대 불일치에 대한 압력을 가속화시키는 역할요구는 학교장을 중심으로 이루어지고 있다.

Jack Dunham은 중등학교에서 학교장의 역할 요구를 그림과 같이 제시하고 있다. 역할 모호성은 조직 내에 자신이 직무의 책임 범위나 권한의 정도, 제재 등 자신의 역할을 명확히 알지 못할 때 직무수행자는 자신의 행위가 조직이나 상사에게 어떻게 받아들여질 것인지 또는 자신에게 얼마만큼의 권한이 주어져 있는지를 파악하기 어렵게 되면 스트레스를 느끼게 되는 것을 말한다. 더구나 역할 모호성은 일반 직장인뿐만 아니라 교사들에게도 스트레스를 일으키는 중요한 근원이 된다고 하였다.

9.2.4. 직무스트레스의 결과

스트레스는 개인마다 다르며, 같은 스트레스를 겪었다 해도 결과는 개인마다 다르다. 스트레스의 결과에 따라 나타나는 현상을 제시하면 다음과 같다.

첫째, 생리적 결과로 손에 땀 남, 홍조, 심장 박동 수 증가, 혈압 상승, 두통, 현기증, 구토, 복통, 머리 통증, 심장마비, 면역기능 저하, 중풍, 고혈압, 심장관련 질환 및 심장마비 등의 증상이 나타난다.

둘째, 심리적 결과 측면으로 조직구성원이 부정적 태도를 갖는 경우에는 조직과 일에 대한 만족감이 낮다. 소진(정신병의 일종으로 심리적인 측면)되면 해야 할 일을 못 함으로써 개인적인 성취감이 낮아진다. 그리고 필요가 충족되길 원하는 사람들을 상대할 때 정서적인 고갈이 나타나며, 도움을 받는 사람을 하나의 목적물로 보는 비인간화 현상이 나타난다. 다시 말하면 소진은 심리적, 정신적, 감정적으로 고갈되는 상태이며, 남을 보조·보호하며 보살피는 책임을 맡은 직업에서 발생하기 쉽다. 또한 극도로 부정적인 심리적 결과를 겪으면 조직구성원은 조직 내에서 폭력적인 행동을 저지르기도 한다.

셋째, 행동적 결과로서 교사들이 당면하는 문제가 그들의 안녕을 위협하고 문제해결능력을 초월할 때 나타나는 불쾌하고 부정적인 감정과 근심에 대한 경험이 교원 스트레스이다.

이는 스트레스와 수행 간의 관계를 그래프로 나타낸 것으로 일정한 선까지는 스트레스가 수행을 강화하며, 그 후로는 수행을 감소시킨다. 조직구성원의 개인적 차이는 스트레스와 수행의 관계에 영향을 준다. 긍정적인 스트레스가 부정적인 스트레스로 전환하는 정점은 조직구성원 각자의 개성과 능력에 따라 다르다. 조직구성원에게 동기를 부여하는

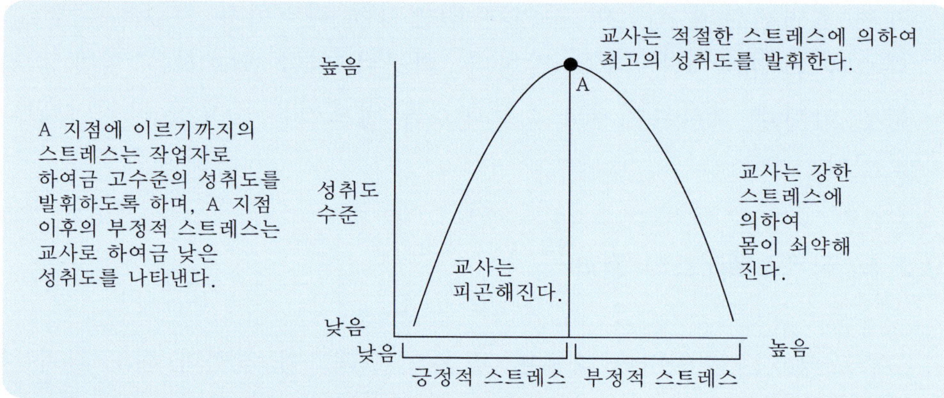

그림 9-4 스트레스와 성취도 사이의 관계

경우는 첫째, 스트레스가 긍정적으로 반응하도록 하며, 둘째, 조직구성원이 목표를 달성하도록 촉진제의 역할을 하고, 셋째, 높은 성취도를 보이게 한다. 그러나 동기부여가 지나치면 스트레스의 수준을 높이도록 한다.

한편 스트레스의 주요 원인 중의 하나가 갈등이라 볼 수 있다. 따라서 스트레스도 개인의 행동이나 조직의 효과에 긍정적으로 나타날 수도 있고, 부정적으로 나타날 수도 있다.

일반적으로 스트레스의 결과로 동료, 부하직원, 상사, 고객 등 타인과의 관계가 어려워지며, 조직 규모가 축소되고 상사, 부하직원, 가족의 관계가 긴장된다. 그리고 많은 과업의 성취도가 스트레스에 의해 영향을 받는다. 스트레스가 높은 수준으로 발생하면 성취도는 매우 급격하게 하락한다. 다른 조직에서의 작업제안을 하는 등 직업 선택권이 생기면 결근 및 이직이 생긴다.

9.2.5. 직무스트레스의 관리

스트레스는 개인마다 다르며, 같은 스트레스를 겪었다 해도 결과는 개인마다 다르다. 조직구성원의 스트레스를 해소하기 위해 학교행정가는 구성원들의 행동 및 감정, 조직수준과 다양한 대처전략에 따라야 할 것이다.

첫째, 조직구성원의 행동통제에 따른 스트레스 대처전략이다. 조직구성원을 위한 문제 중 심적 대처전략은 스트레스 요인을 직접 관리하는 방안이다. 방법으로는 시간 관리, 조업자로부터의 도움, 역할 협상 등이 있다.

① **시간 관리 :** 조직구성원들이 시간 관리를 잘할 수 있게 일에 우선순위를 두고, 그 일을 마무리 짓기까지의 시간을 추정해 보게 함으로써 과다업무와 사생활과의 갈등관계를 해소시키는 전략이다. 교육행정가는 조직구성원의 시간을 관리함으로써 조직구성원 개개인의 효과성을 높이는 동시에 조직 전체의 효과성을 향상할 수 있다.

② **조언자로부터의 도움 :** 경험이 부족한 직원은 경험이 많은 동료로부터 역할 갈등, 역할의 모호성, 과다 업무, 어려운 과제 및 승진으로부터 받는 스트레스를 관리하는데 도움을 받을 수 있다.

③ **역할 협상 :** 역할 갈등을 감소하기 위해 조직구성원의 역할을 활발하게 바꾸려고 노력하는 과정을 의미한다. 일과 사생활 연계문제로 인해 스트레스를 받는 조직구성원에게 효과적인 대처방안이다.

둘째, 조직구성원의 감정중심에 따른 스트레스 대처전략이다.

① **운동 :** 아주 효과적인 전략이다. 규칙적인 운동은 스트레스 해소뿐만 아니라 심혈관 기능을 향상시키며 복지를 향상한다.

② **명상 또는 기도 :** 명상은 하루 30분 정도 조용한 곳에서 편안한 자세로 앉아 문장이나 시각적인 이미지에 정신을 집중하는 방법을 의미한다.

③ **임상 상담자 또는 주위의 도움 :** 훈련된 심리학자나 정신과 의사 등 전문가의 도움을 받거나 임상상담을 받음으로써 스트레스를 해소한다. 친구, 친척, 동료의 도움을 받아 상의하고 충고를 주고받으며, 함께 있는 것은 효과적인 정서 대처방안이다. 주위에서 도움을 주는 사람이 많고, 그들과의 관계가 좋다면 스트레스는 완화된다.

위에서 언급한 것들은 매우 유용한 스트레스 관리 전략이다. 그러나 과식, 과음, 약물복용 등은 장기적으로 스트레스를 악화하는 스트레스 해소방법이다.

셋째, 조직수준의 스트레스 전략은 다음과 같다.

① **직무의 재설계 :** 조직구성원에게 책임감, 인정, 성취를 위한 기회 제공 등의 직무 풍요화를 실시하고, 직무의 다양성, 과업의 확인성, 자율성 및 환류 등의 직무 특성을 향상함으로써 조직구성원을 동기화하며, 동시에 직무 성취도를 향상한다. 직무를 재설계함으로써 역할 갈등, 모호성, 과다 업무, 과소 업무 등의 부정적 스트레스를 줄이고, 작업환경을 향상시킬 수 있다.

② **조직구성원의 역할 명료화 :** 조직구성원은 역할 갈등이나 역할이 모호할 때 스트레스를 느낀다. 이러한 불확실성을 조직에서 줄이는 방법으로는 첫째, 조직구성원이 상사가 기대하는 바를 알도록 하고, 둘째, 의사결정과정에 조직구성원이 참여하도록 하는 것이며, 셋째, 조직의 변화에 대해 많은 정보를 가짐으로써 권위와 책임을 갖도록 한다.

③ **직업 안정성 :** 직장을 제공하면 경제적 이유 때문에 스트레스가 감소한다. 그러나 해고를 해야 하는 경우에는 회사 사정에 대한 정확한 정보를 제공하고, 퇴직자에게 준비할 시간을 갖게 하며, 재취직에 대한 알선, 상담 및 퇴직 수당을 제공하는 단계를 밟는다.

④ **직장 내 유아원 :** 조직구성원의 자녀 양육문제와 같은 스트레스를 해소하기 위해 직장 내 탁아시설 및 소아과 의원을 구비한 특별 양호실을 마련한다.

⑤ **융통성 있는 직무 스케줄과 작업공유 :** 일과 사생활의 스트레스에 대처하기 위한 방안이다.

⑥ **구조조정 후 조직구성원 관리 :** 구조조정을 실시하는 조직은 부정적인 영향이 없도록 구조조정에 의해 퇴직이 된 대상자로 하여금 가능한 한 적극적인 태도를 갖도록 돕는다. 조직에 생존한 조직구성원은 구조조정 증후군을 앓지 않도록 한다.

교육분야에서도 구조조정을 실시하여 많은 조직구성원들이 명예퇴직을 하였다. 조직에 남아 있는 조직구성원들은 활발한 의사소통과 역할분담을 통하여 좌절감을 극복하고 성장의 기회를 갖도록 한다.

⑦ **조직 내에 운동시설이나 운동부 개설 :** 방과 후 또는 점심시간을 활용하여 운동을 하도록 권장한다.

⑧ **조직의 지지 :** 조직이 조직구성원의 복지를 배려하거나 문제가 생겼을 때 도와주려 노력하고, 조직구성원을 공정하게 다루는 것을 조직의 지지라고 한다. 조직의 지지를 알거나 느끼게 되면 스트레스적인 감정이 해소된다.

⑨ **구성원 지지 프로그램 :** 구성원이 통제할 수 없는 문제(약물중독, 약물남용, 가족 문제 등)에 처하였을 때 조직이 후원하는 전문가의 도움과 상담을 제공하는 프로그램이 있다. 효과적으로 조직구성원의 스트레스 문제를 해결하기 위해서는 조직구성원의 비밀을 보장하고, 문제를 해결함으로써 발생하는 미래의 일에 대해 두려워하지 말아야 한다.

⑩ **개인적인 휴가 또는 안식기간 :** 조직구성원은 개인적인 휴가를 가지고, 지위가 높은 조직구성원은 안식년을 가짐으로써 스트레스를 해소한다.

이상과 같이 조직 갈등과 스트레스는 학교조직 개선과 발전에 중요한 요인으로 등장하고 있다. 기존의 폐쇄적이고 경직된 조직 및 개인 관리 차원을 개방적이고 민주적 관점에서 해결하는 자세가 요구되는 바이다. 지금까지 교육계의 전통적이고 보수적인 학교행정체제로 인하여 적극적으로 대처하지 못한 채 잠재되었던 갈등이 점차 표면화되면서 교직사회에 혼돈을 가져오고 있다. 학교행정 측면에서 갈등관리의 과제를 제시하면 다음과 같다.

첫째, 학교행정가와 교원의 갈등을 부정적 시각으로 보는 것이 문제이다. 갈등은 교직사회에 불가피하게 나타나는 정상적인 상황으로 인지되어야 한다.

둘째, 갈등은 은폐나 회피의 대상이 아니라 공개되어야 하고 이를 개방적, 민주적, 협력적 풍토에서 정확하게 확인하고 긍정적으로 다루려는 적극적 태도의 개발이 필요하다.

셋째, 갈등에 대한 긍정적 태도는 역기능적 측면을 최소화하고 기능적 측면을 극대화하는 구체적인 갈등관리 행동으로 나아가야 한다.

넷째, 갈등관리에 대한 전문적 지식과 이해에 입각한 여러 기법이나 전략을 학습할 수 있는 기회가 체계적으로 수립 및 실천되어야 한다.

다섯째, 교직사회에 보편화되어 있는 갈등을 교육의 혁신과 학교조직의 발전 및 건강을 가져올 수 있는 적정 수준으로 유지해야 한다. 그리고 갈등의 원인을 정확히 진단하여 처방하는 체계적인 노력이 중앙과 지방행정체제로부터 일선 단위학교에 이르기까지 보편화되어야 한다.

여섯째, 교육조직의 갈등에 관한 이론적 · 실증적 연구가 새로운 탐구영역으로 활성화되어야 한다.

제10장 교육실습

10.1. 교육실습의 이론적 기초

10.1.1. 교육실습의 성격과 목적

1) 교육실습의 성격

교육실습은 교사가 되기 위해 대학에서 배운 교직과 관련한 지식과 이론 등을 학교교육 현장에서 실제로 활용하고 적용해 보는 과정이다. 교육실습을 통해 교생들은 대학에서 배운 교육이론을 현장에서 직접 체험해 볼 뿐만 아니라, 실습을 통하여 유능한 교육자로서의 자질과 능력을 기르고 교직에 대한 사명감과 열의를 다지게 된다. 대학에서 아무리 많은 교육적 지식과 이론을 배웠다고 하더라도, 그것들이 학생들을 위해 실제적으로 적용되지 않으면 아무 의미가 없다. 이런 점에서 교육실습은 교사로서 학교현장에 나아가기 위한 준비단계인 동시에 최종 점검단계이다.

이런 맥락에서 교육실습은 다음과 같은 성격을 지닌다.

첫째, 교육실습은 역동적인 체험활동이다. 교생 각자는 교육실습을 통해 학생들을 교육하는 한편 그들과의 상호작용을 통해 많은 것을 직접 배우게 된다. 물론 교생들은 교육실습에 임하기 이전에 대학에서 다양한 종류의 교육이론과 실제를 배웠음이 틀림없다. 이러한 배움을 제대로 내면화시키고 필요한 때 그것을 활용하기 위해서는 실제적 체험이 필수적이다. 그러나 현실적으로 대학에서는 교생들이 배운 바 학생 특성과 교과내용을 적용하는 교수–학습을 실제로 체험할 기회는 그리 많지 않다. 이런 점에서, 직접적인 체험을 통해서 배우게 되는 체험활동으로서의 교육실습은 교생들에게 배움의 의미와 효과를 극대화시키는 데 크게 기여할 것이다.

둘째, 교육실습은 끝없는 연구활동이다. 교사는 평생 동안 가르치면서 연구하는 사람이다. 이는 교직의 전문성과 관련된 중요한 특성이다. 그리고 교육실습은 교육활동을 실제로 수행하면서 그 속에서 나타나는 제반 특성을 분석하고 탐구하는 연구활동의 성격을 지닌다. 그렇게 함으로써 교생은 평생 동안 수행해야 할 연구활동의 초보적 체험을 함과 아울러, 교직 연구의 기초적인 능력과 태도를 갖추게 된다. 따라서 교생은 항상 탐구적인 자세로 연구과제를 스스로 찾고 이의 해결을 위해 일선 교사들의 지도를 받아야 한다. 그렇게 보면, 막연한 마음가짐으로 교생 실습에 임하는 것보다 문제의식을 가지고 적극적으로 탐구하는 자세로 실습에 임하는 것이 훨씬 바람직하다.

셋째, 교육실습은 실제적인 교육활동이다. 교육실습은 교생의 입장에서 보면 교사양성과정에서 교육적 경험을 얻는 연습활동이다. 연습에는 실패나 약간의 실수가 있어도 이해될 수 있다. 그러나 교생의 지도를 받는 학생의 입장에서 보면 교육실습 중의 여러 활동은 일반교사의 지도와 다름없는 교육활동이다. 학생을 대상으로 하는 실제 교육활동은 연습이나 시행착오적 활동이 되어서는 안 된다. 이러한 점에서 보면, 교육실습을 수행하는 교생은 신중한 사전 준비로써 학생들의 불이익을 줄이고 충실한 교육이 이루어지도록 노력해야 한다.

2) 교육실습의 목적

성공적인 교육실습을 하기 위해서는 기본 조건으로서 교육대학에서의 교육의 질, 실습학교의 실습 여건, 실습학교장 및 지도교사의 실습지도 방식 등이 좋아야 한다. 그러나 무엇보다도 중요한 것은 교생 자신의 뚜렷한 목적의식과 성공적 교육실습을 향한 탐구 자세와 노력이라고 할 수 있다. 교육실습에 대한 목적의식과 스스로 과제를 찾는 탐구 자세가 결여된 교육실습은, 비록 아무리 많은 시간을 투입하면서 바쁘게 이루어졌다고 하더라도, 의미 있고 성공적인 교육실습이라고 평가받기 어렵다. 따라서 교육실습을 시작하려는 교생은 사전에 실습의 목적에 대한 분명한 의식을 가지고, 교육실습 과정 중에 그 목적을 실현시키기 위하여 지속적인 노력을 전개해야 한다. 그리고 교육실습 후에도 스스로의 성과를 평가하여 다음 단계의 교육실습 또는 교직활동에서 더욱 노력할 바를 확인해야 한다. 교육실습의 주요 목적을 제시하면 다음과 같다.

첫째, 학생들과의 직접적인 만남을 통하여 학생과 학생문화를 이해함으로써 바람직한 교사의 역할과 태도를 알고 준비하게 한다. 효과적인 학생지도를 위해서는 무엇보다도 중요한 것이 학생들에 대한 정확한 이해라고 할 수 있다. 이런 맥락에서 실습과정에서 학생들과의 만남은 교생들에게 학생들을 이해할 수 있는 무척 소중한 기회가 된다. 비록 짧은 시간이긴 하지만 관심을 갖고 학생들을 대하면 그들의 세계와 문화를 이해할 수 있고, 이것은 학생들을 지도하는 데 귀한 자료가 될 수 있다.

둘째, 대학에서 배운 다양한 교육이론을 현장에 적용하고 체험함으로써 실용적인 교육적 지혜와 통찰력을 얻는다. 교생들은 실습에 임하기 이전에 이미 대학에서 다양한 교육학 이론과 교과교육 이론을 배운다. 그러나 아무리 이론적으로 충분히 공부하고 이해한 경우라도 그 배운 바를 실제 상황에 적용할 때에는 괴리가 있기 마련이다. 따라서 교생들은 이론으로 배운 바를 현장에서 반드시 체험하여야 한다. 장차 전임교사로서 독립적인 교육활동을 수행할 것을 생각하면, 경험 많고 노련한 지도교사의 도움을 받는 동안 가능한 한 풍부한 현장체험을 가져 두는 것이 필수적이기 때문이다.

셋째, 교사로서 필요한 지식과 기술을 최대한 익히고 도야한다. 유능한 교사가 가져야 할 지식과 기술의 종류는 매우 다양하다. 이는 교육활동에서 고려되어야 할 요소도 많고, 그 어느 요소도 중요하지 않은 것이 없기 때문이다. 현장 교사들이 지녀야 할 지식과 기술의 영역들을 살펴보면, ① 다양한 교과 전반에 대한 지식과 지도 기법, ② 학생의 성장 발달 및 학습과정에 대한 이해와 지도, ③ 특별활동지도, ④ 학급경영,

⑤ 생활지도와 상담, ⑥ 일반 행정 업무처리, ⑦ 학부모를 비롯한 지역사회와의 관계 유지 등이 있다. 교생들은 여러 단계의 교육실습을 거치면서 이들 지식과 기술에 대하여 가능한 한 풍부한 이해와 경험을 쌓아야 한다. 이러한 이해와 경험이 깊어질수록 교생 각자는 보다 성공적인 교육전문가로서 성숙하게 될 것이다.

넷째, 교직에 대한 자긍심과 보람을 느끼고, 교사로서의 사명감과 학생에 대한 사랑을 체험한다. 교육은 아무나 할 수 있는 일이 아니다. 고매한 인격과 심오한 지식과 기술을 지닌 교육 전문가들만이 성공적으로 수행할 수 있는 어려운 일이다. 그러므로 교생들은 이러한 교직경험을 통하여 긍지와 자부심을 느끼고, 가르치는 보람을 느낄 수 있으며, 이러한 과정 속에서 학생에 대한 사랑과 사명감을 확인하게 된다. 교육실습은 비록 짧은 실습이긴 하지만, 학교현장에서 직접 학생들과의 만남을 통하여 교직을 체험함으로써 교사로서의 자부심과 긍지를 느끼고 보람을 느끼며, 교육자로서의 사명감과 학생에 대한 사랑을 체험하는 소중한 기간이 될 수 있다.

다섯째, 학급 및 학교경영의 실제를 이해하고 교직사회의 문화를 체험하고 이해한다. 교생이긴 하지만, 학급경영을 보고 직접 체험함으로써 학급경영 및 학교경영에 대한 바람직한 태도를 형성하고 준비할 수 있게 하며, 예비교사로서 교사들의 삶과 문화를 보고 이해함으로써 교사로서의 바람직한 문화와 태도를 갖게 한다.

10.1.2. 교육실습의 구분

1) 참관실습

참관실습은 교육실습의 3가지 영역인 참관실습, 수업실습, 실무실습 중의 첫 번째 과정으로 관찰과 참가의 두 가지 영역을 포괄하고 있다. 참관실습은 학생들의 학교생활, 교사들의 수업활동, 및 학교시설 등 학교교육 전반을 관찰함으로써 학교교육에 대한 종합적인 안목을 형성하는 데 그 목적이 있다.

참관실습의 주요내용은 다음과 같다.

(1) 학교시설 및 주요 기관 관찰

- 교지, 위치, 면적, 환경 등의 교육적 적합 여부
- 교사(校舍)의 규모 및 교실 배치, 특별교실 및 부속건물
- 아동의 보건 및 안전에의 적합성
- 일반교실의 교육적인 이용 여부
- 보통교실 및 특별교실의 설비
- 각 교과학습에 필요한 교구의 구비 상황
- 운동장 및 체육시설의 구비
- 도서관, 자료실, 멀티미디어실 운영 상황
- 도서의 구비 및 도서관 자료의 선정
- 도서관의 운영실태 및 열람규정

(2) 학교교육과정 운영 및 수업 관찰

- 학교교육의 목표, 학교경영의 방침
- 학교의 주요사업계획
- 교육과정 운영계획과 시간배당(교육부 기준과 비교)
- 각 교과의 계획(교과운영, 단원 및 주 교육계획 운영)
- 교재의 지역화, 향토화 등
- 학교의 실정, 학생의 개인차, 단원의 구성과 배열 등을 고려한 수업내용
- 수업지도안에 대한 이해와 수업지도안 작성방법 실습
- 교재연구, 수업자료 제작을 위한 방법과 실제
- 수업지도의 실제, 부진아, 특수아 지도방법 등

(3) 담임교사의 일상적인 업무 및 학급경영 관찰

- 학급조회와 종례지도방법과 내용
- 학생활동, 학급조직 및 교실환경의 관찰

- 교사의 학급경영과정 관찰
- 담임교사의 업무 및 처리과정
- 학교와 학급관련 장부정리 방법
- 학생들의 생활지도 및 상담
- 학생들의 학급활동에 대한 담임교사의 역할과 지도
- 등 · 하교 지도 및 교내 · 외 생활지도와 관련된 업무
- 특별활동 및 방과후 활동지도

2) 실무실습

실무실습은 교육이 이루어지는 과정에서 필요한 실무를 직접 관찰하고 실습해 봄으로써 실무처리 능력을 기르는 과정이다. 학교에 근무하는 교사가 갖추어야 할 기본적인 자세와 학교경영, 학급경영, 특별활동, 학교사무 등의 업무 경험을 쌓는 실습이다. 따라서 학교 및 학급의 직무에 직접 참여하여 업무처리를 경험하게 함으로서 교사로서 업무수행능력을 갖추게 하는 데 그 목적이 있다.

실무실습의 내용에는 학교경영 및 학급경영, 문서관리, 시청각기자재 사용 및 관리 등이 포함되며, 구체적인 실습내용은 다음과 같다.

(1) 학급경영 및 학급경영

- 학급경영 계획 작성법
- 교실환경 구성 및 관리
- 당조 · 종례 및 번 활동
- 출석부 기재 요령
- 학교생활기록부 기재 요령
- 학생건강기록부 기재 요령
- 나이스 사용법 등

(2) 문서관리

- 공문 기안법 및 처리법

- 특수 규격 문서관리 요령
- 학생 전·출입 처리요령
- 분장업무의 이해 및 추진계획
- 예산 편성 및 관리(물품 구입요구서 작성법)
- 공무원 복부규정 이해

(3) 물품관리

- 물품관리상의 주요 대장 및 관리 요령
- 각종 시청각기자재사용 및 관리
- 교단 선진화 기자재 활용법

3) 수업실습

수업실습은 대학에서 배운 지식과 교육이론을 수업 실제에 적용해 보는 과정으로 교육실습의 가장 중요한 과정이다. 이 기간 동안에 교생들은 학생들을 직접 가르쳐 봄으로써 교수-학습과정을 직접 체험해 볼 뿐만 아니라 교과전문가로서 교사가 갖추어야 할 자질과 능력을 자각할 수 있는 기회가 되기도 한다. 이러한 수업실습의 구체적인 목표는 다음과 같다.

첫째, 교수-학습과정안을 작성하고, 교재 연구법, 지도안 작성법, 학습자료 활용법 및 수업기술 등을 실제로 적용하여 수업을 실행하고, 이를 통하여 실제 수업능력을 기른다.

둘째, 교육과정을 정확하게 이해하고, 이에 적합한 교육경영계획을 수립할 수 있는 능력을 배양한다.

셋째, 평가 계획을 수립하고, 이에 근거하여 평가를 실행해 봄으로써 평가문항 작성과 결과 처리 및 활용법을 익힌다.

넷째, 수업연구의 의의를 이해하고, 수업연구를 통하여 수업의 질적 향상을 도모하며, 효과적인 수업방법을 모색한다.

다섯째, 현장교육의 경험을 통하여 바람직한 교직관을 형성하며, 이론과 실천의 결합을 통하여 교사의 수업 전문성을 향상시킨다.

10.1.3. 교육실습 시의 유의점

실습을 나가는 예비교사들은 실제로 중간자의 입장에 있다. 교생은 학생들의 입장에서 보면 선생님이기도 하지만, 교사들이나 교수들의 입장에서 보면 아직 배우는 학생이기도 하다. 그러므로 예비교사들은 이러한 자신의 입장을 정확하게 이해하고 실습에 임해야 한다. 실습 시의 유의점을 간략하게 근무, 복장, 예절, 실습록 기록 등을 중심으로 제시하면 다음과 같다.

1) 근무

첫째, 예비교사들은 예비교사이면서 실습생이기 때문에 실습기간 중에는 대학의 학칙은 물론 실습학교의 근무규정을 준수해야 한다.

둘째, 출·퇴근은 실습하는 학교의 출·퇴근 시간에 맞추어 하고, 반드시 출근부에 자필 사인이나 도장으로 날인하여 출석을 확인해야 한다.

셋째, 결근, 조퇴, 지각, 지참, 외출, 결시 등의 사유가 발생할 경우에는 사전에 사유서를 작성한 다음, 지도교사와 실습지도 담당교사를 경유하여 교감, 교장에게 제출하여 결재를 받고 행동해야 한다.

넷째, 점심시간에는 학생들의 급식지도를 하고, 가능하면 학생들과 함께 식사를 하는 것이 좋으며(학급에 따라 사정이 있을 수 있으므로 지도교사와 사전에 상의하여 결정), 동료들과 함께 외식을 하는 등의 행동은 삼간다.

다섯째, 일과 후의 교실사용, 아동의 소집 및 인솔, 학교 밖에서의 아동과의 만남, 아동의 가정방문 등은 지도교사의 허락을 받아야 한다.

2) 복장

교사가 학생의 동일시 대상이 되듯이 교생 역시 학생의 모델이 될 수 있으므로 의복이나 행동에 각별히 신경 써야 한다.

첫째, 특별한 경우를 제외하고는 교사의 품위를 갖춘 정장, 헤어스타일을 원칙으로 한다.

둘째, 근무시간 중에 명찰은 반드시 패용한다.

셋째, 체육시간에 모든 교생은 체육복, 운동모자, 운동화, 호루라기 등 학생을 지도할 수 있는 차림을 갖추고 임한다.

넷째, 실내에서는 소리가 나지 않는 실내화를 신어야 하고, 실내화를 신은 채 바깥출입을 삼간다.

3) 예절

첫째, 교생 상호 간의 호칭은 반드시 "○○○ 선생님"으로 부르고 상호 간의 대화는 높임말을 사용한다. 수업시간에 학생들에게 가능한 한 경어를 사용하는 것이 바람직하고, 개인적인 만남의 경우에는 평어를 사용해도 무방하다.

둘째, 실습 시간 중에 교내에서 친한 사람끼리 어울려서 잡담을 하거나 장난을 치는 행동은 삼간다.

셋째, 복도나 운동장에서 교직원을 만날 때는 가벼운 인사를 한다.

4) 기타

첫째, 중앙 현관은 외부인 출입이 빈번한 곳이므로 혼란을 피하기 위하여 좌, 우측 현관을 사용한다.

둘째, 학교 내의 모든 건물은 금연구역이므로 흡연은 지정장소를 이용한다.

셋째, 도서실, 과학실, 컴퓨터실 등의 특별실 활용은 지도교사나 실습 담당교사를 경유하여 학교의 승인을 얻어 사용한다.

넷째, 체험학습, 체육대회, 견학 등 모든 학교활동과 행사 시에는 학생들과 함께 행동한다.

5) 실습록 기록상의 유의점

첫째, 실습록은 양식에 맞추어 그날 있었던 일을 정확하고 간결하게 기록한다.

둘째, 실습록은 실습기간 중 항시 소지하고 실습 중의 참관사항, 협의사항, 지도강화 내용 등을 간결하게 기록하고, 실습에 관한 소감과 반성을 기록한 다음 지도교사의 조언을 듣는다.

셋째, 실습록의 기록할 때는 객관적이면서도 분석적으로 기록하되, 자신의 관점을 가지고 기록하는 것이 좋다. 특히 관심이 가는 학생이나 돌봄이 필요한 학생이 있을 경우 사례연구를 시도해보는 것도 바람직하다.

넷째, 지도교사의 조언이 적합하지 않다고 생각되거나, 이해가 되지 않을 경우에는 도전적인 태도보다는 배우는 학생으로서 겸손하게 이유를 물어보고 조언을 구하는 것이 바람직하다.

10.2. 예비교사와 수업

10.2.1. 좋은 수업의 의미

수업은 교수 혹은 '교수-학습과정'과 동의어로도 사용된다. 수업에 대한 정의도 다양하나, 일반적으로 수업은 학습자가 특정한 수업목표를 달성할 수 있도록 학습자의 환경을 계획적·체계적으로 조정하는 과정이라고 할 수 있다.

반면에 학습은 어떤 것을 배운다는 것으로서 몰랐던 것을 알게 된다든지 미숙했던 기능이 능숙해지는 것 등의 일련의 행동변화를 의미한다. 즉 학습이란 주어진 상황에 반응함으로써 어떤 행동이 발생하거나 변화되는 과정을 말한다.

바람직한 수업은 그림에서와 마찬가지로 교사가 수업한 내용을 학습자가 모두 학습한 경우이다. 그러나 실제적인 관계는 교사가 수업한 내용을 일부만 학습하고 나머지는 수업과 관계없는 것을 학습한다. 그러므로 좋은 수업일수록 빗금 친 부분의 면적이 넓어진다고 하겠다.

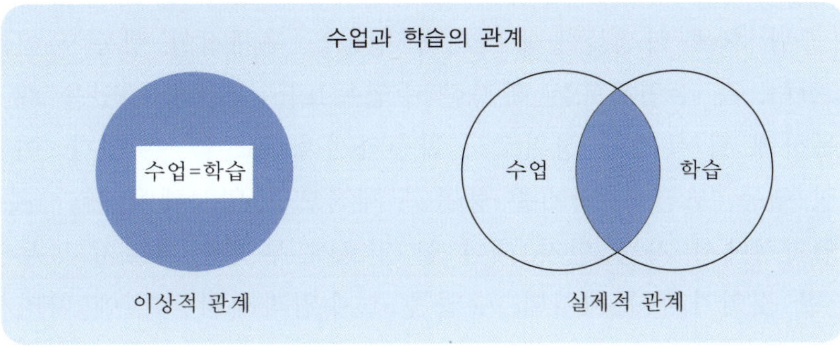

바람직한 수업은 교사가 수업한 내용을 학습자가 모두 학습한 수업이 최고의 수업이지만 현장에서는 불가능하다. 따라서 수업한 내용을 학습자가 가능한 한 많이 학습하도록 하는 것이 교수–학습과정의 최대 과제이다.

10.2.2. 수업의 과정

수업이란 학습자가 특정한 수업목표를 달성할 수 있도록 내적(학습자 특징) 및 외적 환경(수업절차)을 계획적·체계적으로 조정하는 과정이다. 이러한 수업과정의 구성요소로는 수업목표, 학습자 특징, 수업절차, 평가 등의 4단계를 들 수 있는데 이러한 특징을 잘 반영한 모형이 Glaser의 수업모형이다.

Glaser의 수업모형은 과정을 중시한 모형으로 다른 모형의 기본이 되며, 수업과정은 교사의 의사결정의 연속으로 말해진다. Glaser의 수업모형에 의하여 수업의 과정을 도식화하면 다음과 같다.

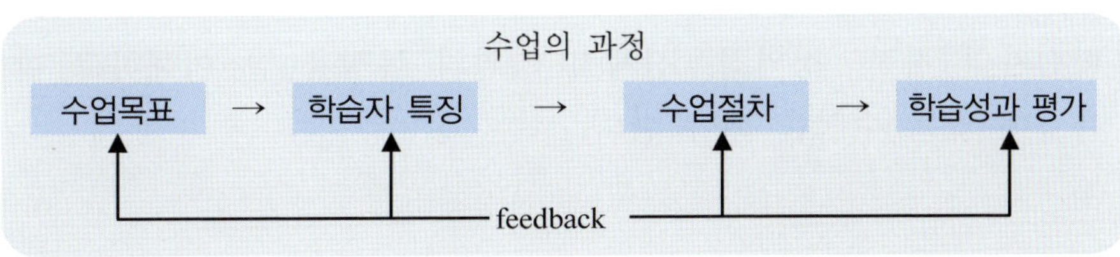

1) 수업목표

수업목표는 수업을 통하여 달성하고자 하는 도달점 행동으로서 수업이 끝난 후에 학생들에게 나타날 행동을 구체적인 행동 용어로 진술해야 한다. 즉 수업목표는 특정한 수업목표를 마련해 주었을 때 학생들이 획득하게 될 특정한 성취로서 학습과제라고도 할 수 있다. 여기에는 도달점 행동, 조건, 수락기준 등을 구체적으로 명시해야 한다. 수업목표는 수업과정에서 가장 먼저 해야 할 일로서 무엇을 가르치고 무엇을 배워야 할 것인가의 문제이며, 수업목표, 수업과제의 성질에 따라서 수업절차 및 수업방법이 달라진다.

그림에서처럼 교사는 먼저 무엇을 가르칠 것인가를 결정하여 구체적이고 명세적으로 교수목표를 진술하고, 설정된 교수목표에 비추어 학습자 특징인 출발점 행동을 진단하며, 교수목표와 출발점 행동을 고려하여 수업상황을 결정한다. 따라서 Bloom은 수업목표를 수업절차를 구하는 길잡이로 보았다.

2) 학습자 특징

수업목표 달성을 위한 교수–학습과정이 행해지기 전에 선행되어야 할 것이 교사의 학습자에 대한 이해이다. 이러한 학습자 특징은 학생의 선수학습의 정도를 의미하며 출발점 행동이라고도 불린다. 이 출발점 행동은 학습과제의 해결을 위한 선수학습의 정도로서 수업의 성패를 좌우한다고 할 수 있다. 따라서 수업은 개개인의 학습자 특징에 적합한 수업방법이 적용되어야 하며, 개인의 준비성 및 출발점 행동이 고려되어야 한다.

학습자 특징은 지능, 창의성 등의 지적 특성과 성취동기 정서, 시험불안, 성격, 사회성 발달 등의 정의적 특성으로 구분되며, 교사는 이러한 학습자의 지적·정의적·신체적 영역의 특성을 잘 이해하고 학습자의 특성에 맞는 수업을 해야 한다.

3) 수업절차

수업절차는 실제 수업이 행해지는 단계로서 전체 교수-학습과정의 중심적 활동영역에 해당하며, 수업목표와 학습자의 제 특징(출발점 행동)을 고려하여 목표달성을 할 수 있도록 내적 환경을 조정하는 활동이다. 특히 성공적인 수업을 위해서는 교재, 교수법의 다양화가 필수적이다. 특히 Cronbach과 Snow는 일반적으로 우수한 학습방법이라고 해서 반드시 모든 개개인에게 적합한 수업방법은 아니라고 하였다. 왜냐하면 학습은 누가 학습하느냐에 따라 수업절차가 달라져야 하기 때문이다. 따라서 일반적으로 좋은 수업이라고 반드시 모든 학습자에게 좋은 수업은 아닌 것이다.

좋은 수업을 위해서는 수업절차를 다양화시키고 개개인의 특성에 적합한 수업방법이 적용되어 개인차 문제를 줄일 수 있어야 한다. 이를 위해서는 적절한 수업사태의 마련과 수업매체의 선정 및 활용, 그리고 학습과제를 효과적으로 조직해야 한다. 효과적인 학습과제의 조직은 간단한 것에서 복잡한 것으로, 쉬운 것에서 어려운 것으로, 선수학습에 해당되는 것에서 상위학습으로 이행될 수 있도록 조직되어야 한다.

4) 평가

수업을 진행한 후 수업목표에 어느 정도 도달되었는지를 평가하고 문제점을 발견하여 다시 앞 단계로 피드백시킬 때 평가는 수업목표성취도 평가뿐만 아니라 수업과정 그 자체의 질까지도 평가할 수 있다. 또한 수업은 단절된 행동이 아니라 연속적 활동이기 때문에 수업결과의 평가는 다음 수업의 개선을 위한 정보제공의 역할을 한다.

이러한 4단계의 순환은 전체적인 순환뿐만 아니라 각 단계마다 피드백이 이루어져 각 단계에서 얻어진 정보는 전 단계의 산출을 평가하고 수정 자료로 쓰이게 된다. 또 최종 평가결과는 다시 수업목표로 피드백되어 수업목표를 수정 보완한다. 이처럼 수업의 과정은 교사에 의한 의사결정의 과정이며, 매 단계는 독립적인 기능을 수행하는 것이 아니라 전체적으로 상호작용한다.

10.3. 수업지도안

수업지도안은 교수–학습과정안 또는 본시 수업안이라고도 하는데, 그 차시의 수업을 통하여 성취하고자 하는 수업목표를 제시하고 그에 따른 수업에 필요한 모든 내용들이 자세하게 제시되어야 한다.

일반적으로 교수–학습과정은 도입, 전개, 정리로 구분하며, 도입단계에서는 전시학습 상기, 학습동기 유발, 학습목표 확인 등이 이루어지며, 전개단계에서는 일반적인 수업의 과정과 발전 및 적용까지를 포함한다. 그리고 정리단계는 지금까지의 수업을 확인 정리하고, 형성평가를 통하여 학습자의 성취결과를 확인한다. 또한 차시예고 및 과제 제시도 포함된다. 교수–학습과정안을 약안과 세안으로 구분하여 제시하면 다음과 같다.

• 예시 : 수업지도안(약안) •

수업지도안

○○중학교

교 과 : 3년 도덕	일 시 : 0000.0.0(수) 5교시	장 소 : 3–2반 교실
수업교사 : 곽 대 섭	학 반 : 3-2반	
단 원 : Ⅰ. 개인의 가치와 도덕문제 3. 도덕문제와 도덕 판단 (3) 도덕판단의 검사		
학습목표 :		

과 정	교수 · 학습 활동		자료 및 유의점
	교 사	학 생	
도입 (7분)	• 출석확인, 모둠확인, 전시 학습 확인 • 본시 학습목표 제시 • 국정홍보처 동영상을 통해 학습 동이기를 유발한다.	• PPT 화면을 보며, 전 시간에 배운 내용을 상기하며 답한다. • 학습목표를 확실하게 인지한다. • 영상물을 감상한다.	• 국정홍보처 동영상
전개 (30분)	• 영상물을 시청한 내용에 대해 질문 한다. • 올바른 도덕판단을 내리기 위한 근거에 대해 설명한다. -올바른 도덕판단 도덕원리와 사실판단이 모두 참일 때 올바른 도덕판단이 가능 • PPT와 학습활동지 1을 보면서 도덕원리 검사의 여러 가지 방법을 설명한다. -포섭검사 -반증사례검사 -역할교환검사 -보편화결과검사 • 도덕원리검사 퀴즈문제를 풀게 한다. (모둠별 협동학습) • 교과서 P.93<함께하기 1>을 풀게 한다.	• 질문에 대답한다. • PPT 화면을 보면서 이해한다. • 퀴즈문제지를 조별로 작성하여 조별로 발표하게 한다.	• PPT 자료/학습활동지 1 • 다른 조의 발표를 잘 듣도록 지도한다.
정리 및 차시 예고 (8분)	• PPT 화면을 통해 도덕원리 검사 방법에 관한 형성평가를 풀어서 발표하도록 한다. • 차시예고 및 과제 제시 -교과서 P.94<함께하기 2>	• 형성평가의 내용을 발표한다. 문제의 정답은 화면을 통해 확인해 본다.	• PPT 자료

• 예시 : ○○초등학교 수업지도안(세안) •

교실수업 개선을 선도하는

과학과 교수 · 학습 계획안

단원(제재) : 4. 여러 가지 가루 녹이기

주　제 : 물의 온도에 따른 가루물질의 녹는 빠르기 알아보기

일시	0000년 0월 0일(목) 2교시(09:50~10:30)
장소	제1과학실
학반	3학년 3반(남 : 13, 여 : 11, 계 : 24명)
발표자	박 진 우
E-Mail	

○ ○ 초 등 학 교

Ⅰ. 수업을 설계하며

초등학교 과학과의 목표는 자연 현상과 사물에 대하여 흥미와 호기심을 가지고 과학의 지식체계를 이해하며, 탐구 방법을 습득하여 올바른 자연관을 가지는 것이다.

본 단원은 교육과정의 3학년 내용 중 '물에 가루물질 녹이기'에 속하는 것으로 주변에서 흔히 볼 수 있는 가루물질을 사용하기 때문에 아동들의 흥미도가 아주 높다. 실험기구를 직접 다루어보고 생활 주변에 있는 무언가를 탐구해 본다는 기대 자체가 3학년 아동들에게는 그러한 흥미도를 더욱 높이는 것이다.

이에 본 수업자는 수업 전 자발적 동기가 이미 부여되어 있는 아동들에게 과학의 지식체계를 어떤 방법으로 이해시킬 것인지와 탐구하는 태도와 방법은 어떻게 습득하게 할 수 있는지를 고민하며 다음과 같은 수업을 계획하여 보았다.

첫째, 문제파악 단계에서는 아동들의 생활환경에서 친숙하게 접할 수 있는 것으로 접근을 시도하였다. "선생님이 시원한 커피를 한잔 마시려고 하는데 왜 커피가루가 잘 녹지 않을까?"라는 상황으로 전 차시에서 가루물질은 물에 녹는다는 개념을 습득한 아동들이 '온도'와의 관련성을 스스로 찾을 수 있게끔 하였다.

둘째, (추가)자료제시 및 관찰 탐구 단계에서는 학습문제 결과를 미리 예상해 보고 전 차시에서 해 보았던 경험을 바탕으로 실험을 스스로 계획하면서 조건을 통제할 수 있는 능력과 결과를 정리할 수 있는 능력을 길러주고자 하였다. 또한 가루물질의 수를 늘린 추가자료를 이용한 실험으로 일반화시킬 수 있도록 하였다.

셋째, 규칙성 발견 및 개념 정리 단계에서는 기본 실험과 추가자료를 이용한 실험을 통하여 측정한 결과를 비교해 보고 결과를 해석하여 물의 온도가 높을수록 가루물질은 더 빨리 녹는다는 사실을 일반화하도록 하였다.

넷째, 적용 및 응용 단계에서는 물의 온도가 높을수록 가루물질이 더 빨리 녹는다는 과학적 기본 개념이 실생활에 어떻게 이용되고 있는지를 찾아보게 하고, 반성 활동을 통해 '시원한 냉커피를 마시려면 어떻게 해야 할까?'를 생각해 보는 의문을 제시하도록 하였다.

실태조사 결과 3학년 아동들에게는 실험기구의 사용 기회가 많지 않았던 관계로 실험활동을 수행하는 것을 다소 어렵게 느끼며, 주제 해결을 위한 실험계획을 체계적으로 세우는 능력이 부족하고, 실험 시 변인을 통제하는 능력이 아직 갖추어지지 않았다는 사실에 입각해 본 수업자료는 모든 학생이 실험기구를 충분히 다룰 수 있는 기회를 제공하고, 스스로 실험계획을 세워 실험하도록 하여 실험설계 능력을 키워주고자 하였으며, 변인을 통제하는 능력, 그리고 궁극적으로 소외되는 아동이 발생하지 않고 모두가 실험에 참여할 수 있는 기회를 제공하는데 노력을 기울였다.

Ⅱ. 단원 안내

1. 단원 : 4. 여러 가지 가루 녹이기

2. 단원의 개관

이 단원은 교육과정의 3학년 내용 중 '(15) 물에 가루물질 녹이기'에 해당하는 내용으로 우리 주위에 있는 여러 가지 가루를 물에 넣었을 때 나타나는 현상을 관찰하고, 각 가루가 물에 잘 녹는지 살펴보도록 하고 있다. 또한 일정한 양의 물에 녹는 가루의 양은 정해져 있으며, 물의 양이 많아지면 더 많은 양의 가루를 녹일 수 있음을 실험을 통해 알게 하고 있다. 그리고 젓는 빠르기, 물의 온도, 알갱이의 크기에 따라 가루가 물에 녹는 시간을 비교하는 과정에서는 변인통제능력을 함양할 수 있도록 유도해야 한다.

아울러 생활에서 흔히 볼 수 있는 가루를 사용하게 하고 모둠별 토론이나 경기를 진행함으로써 과학수업에 대한 흥미를 유발시켜야 한다.

3. 단원의 학습 계열

선수 학습	이 단원의 학습	후속 학습	
우리 주위의 물질(3-1)	여러 가지 가루 녹이기	우리 생활과 액체(4-1)	용해와 용액(5-1)
• 물체를 이루고 있는 물질 • 물질의 성질에 따른 생활에의 이용 • 고체와 액체의 비교	• 물에 녹는 가루와 잘 녹지 않는 가루 • 물의 양에 따라 가루가 녹는 양 • 가루를 물에 빨리 녹이는 방법	• 액체의 색깔과 냄새 • 액체에서 구슬 가라앉히기 • 액체의 증발 • 서로 섞이는 액체 찾아보기 • 같은 부피의 액체 무게 비교하기	• 물과 아세톤에서 녹는 물질과 녹지 않는 물질 • 물의 온도에 따른 녹는 양 비교하기 • 용해 전후의 무게 비교

4. 단원의 학습목표

가. 여러 가지 가루를 물에 넣었을 때 나타나는 현상을 관찰할 수 있다.
나. 가루를 빨리 녹일 수 있는 방법을 조사하기 위해 변인을 통제할 수 있다.
다. 가루 약품의 사용방법을 바르게 익혀 안전하게 사용할 수 있다.
라. 학습내용을 이용한 모둠별 경기에 참여함으로써 과학수업에 대한 흥미와 협동심을 기른다.

5. 단원의 지도계획

차시	주제	학습 활동	교과서 쪽 (실험관찰 쪽)	지식	탐구과정	비고
	단원 도입	• 물에 가루를 넣으면 어떻게 되는지 예상해보기	49			
1	가루를 물에 넣어 관찰하기	• 우리 생활에서 가루를 물에 녹이는 경우 알아보기 • 여러 가지 가루를 물에 넣었을 때 나타나는 현상을 관찰하기 • 여러 가지 가루가 물에 잘 녹는지 알아보기	50-53 (33-34)	• 가루가 물에 녹는 것	• 관찰	• 실험

2	소금을 물에 계속 녹이기	• 물에 소금을 계속 넣어보기 • 물을 더 부어, 녹지 않고 가라앉은 소금 녹여보기	54 (34)	• 물의 양에 따른 소금의 녹는 양	• 관찰	• 실험
3	가루를 빨리 녹이는 방법	• 젓는 속도를 달리했을 때 가루가 물에 녹는 빠르기 비교하기	55 (35)	• 젓는 속도에 따른 녹는 빠르기 비교	• 변인통제	• 토의 • 실험
4		• 가루를 빨리 녹이는 방법 토의하기 • 물의 온도를 달리했을 때 가루가 물에 녹는 빠르기 비교하기	55-56 (35-36)	• 물의 온도에 따른 녹는 빠르기 비교	• 변인통제	• 토의 • 실험
5	각설탕을 빨리 녹이는 방법	• 알갱이의 크기를 달리했을 때 가루가 물에 녹는 빠르기 비교하기	57 (37)	• 알갱이 크기에 따른 녹는 빠르기의 차이	• 변인통제	• 토의 • 실험
6	빨리 녹이기 경기	• 각설탕 빨리 녹이기 경기하기	58 (38)	• 빨리 녹일 수 있는 방법		• 토의 • 실험

6. 단원 지도상의 유의점

가. 이 단원에서 주의해야 할 것은 가루가 ‘물에 녹았다’는 것이 투명한 용액이 되었다는 것을 의미하지는 않는다는 점이다. 가루를 물에 넣고 저은 후 한참 놓아두었을 때, 가라앉은 것이 없으면 물에 녹은 것이고 가루가 가라앉으면 잘 녹지 않는 것으로 분류하기도 한다.

나. 실제로 물에 녹는다는 것과 녹지 않는다는 것은 뚜렷한 경계가 없으며, 물의 온도나 가루의 양 등에 따라 다양한 상황이 존재하므로, 여러 가지 가루를 물에 녹는 것과 잘 녹지 않는 것으로 정확히 양분하는 것은 어려운 일이다. 따라서 물에 녹는 가루와 잘 녹지 않는 가루로 양분하는 것보다는 가루가 물에 녹는 현상 자체를 강조하여 지도하도록 한다.

다. 3~5차시에서 젓는 빠르기, 물의 온도, 알갱이의 크기에 따라 가루가 물에 녹는 시간을 비교하는 실험을 진행할 때에는, 변인통제에 초점을 두도록 한다.

라. 일반적으로 3학년 학생들은 변인통제능력이 부족하므로, 실험에서 달리하여야 할 것과 같게 하여야 할 것에 대해 적절한 발문으로 지도한다.

마. 이 단원에서는 학생들의 흥미 유발을 위해 주위에서 흔히 볼 수 있는 여러 가지 가루를 사용하고 있어 약품 사용에 따른 위험이 별로 없으나, 전반적으로 가루 약품 사용 시의 주의사항도 지도할 필요가 있다. 그 밖에 약숟가락, 유리막대, 막자와 막자사발 등의 실험기구를 바르게 사용할 수 있도록 지도해 주어야 한다.

7. 단원 학습의 평가

이 단원에서는 가루가 물에 녹는 현상이 무엇인지 알고, 여러 가지 가루가 물에 어떻게 녹는지 살펴보게 한다. 또한 가루를 물에 빨리 녹이는 방법을 학습하도록 한다. 대부분 '실험 관찰'의 기록내용을 토대로 평가할 수 있겠으나, 특히 가루를 빨리 녹이는 방법에 대해서는 실험결과보다도 실험의 계획이나 수행단계에서의 평가를 중시하도록 한다. 즉, 변인통제를 잘 계획하고 수행하는지, 실험기구를 바르게 사용하는지, 구성원들과 협동을 잘하는지 등을 평가하도록 한다.

	평가 관점	척 도
평가방법 및 평가 척도	① 실험계획단계	
	-통제해야 할 변인을 명확하게 알고 있는가?	2, 1, 0
	② 실험수행단계	
	-변인통제를 잘하였는가?	2, 1, 0
	-약숟가락, 유리막대, 전자저울 등의 기구 사용방법이 올바른가?	2, 1, 0
	③ 태도	
	-모둠 구성원 사이의 역할분담이 잘되고 협동을 잘하였는가?	2, 1, 0
합계		

Ⅲ. 교재 연구

1. 발견학습 모형

발견학습 모형은 자연의 사물과 현상을 관찰하고 그 결과를 일반화하는 귀납적인 과학활동을 토대로 개발된 모형이며 주로 개념 형성과 일반화에 초점을 두고 있다. 카우착과 에겐(Kauchak & Eggen)은 발견학습 모형의 단계로 자료 제시, 자료 관찰, 추가자료 제시, 추가 관찰, 추리(일반화), 정리 및 발전의 7가지를 제시했으나 이범홍과 김영민은 탐색 및 문제파악, 자료 제시 및 관찰 탐색, 추가자료 제시 및 관찰 탐색, 규칙성 발견 및 개념 정리, 적용 및 응용의 5단계로 구분하였다. 각 단계를 간략하게 설명하면 다음과 같다.

탐색 및 문제파악	• 학습자료 탐색 및 문제를 파악하는 단계 • 교사는 주어진 학습자료를 통해 학생들이 문제를 파악하도록 도움
자료 제시 및 관찰 탐색	• 자유로운 탐색활동을 하는 단계 • 현실 자료를 제시하여 관찰을 통해 탐구기능을 발달시킴 • 가능한 다양하고 많은 관찰을 하도록 격려
추가자료 제시 및 관찰 탐색	• 귀납적인 추론을 자극하는 단계 • 관찰과 추가 관찰 사이의 유사점과 차이점을 찾고 공부하고 있는 내용과 직접적으로 관련이 있는 관찰을 유도 • 추가자료는 더 많은 관찰을 통해 추리되는 규칙성을 인식토록 함
규칙성 발견 및 개념 정리	• 관찰된 규칙성으로부터 일반화를 하게 하는 단계 • 관찰에서 얻은 자료를 수집해서 그들 사이의 관계나 이유를 설명 • 학생은 일반화를 통해 개념을 찾아내고 교사는 추상적인 개념의 말로 나타내어 수업을 정리
적용 및 새로운 문제발견	• 학습한 추상적인 개념을 확장시키거나 응용하는 단계 • 얼마나 이해했는지 알아볼 기회를 가지고 실생활에 관련지음

2. 본시 관련 과학지식

1) 용해

두 종류 이상의 물질이 고르게 섞이는 과정을 '용해'라고 표현한다. 가루물질이 물과 같은 물질에 녹는 현상도 이에 포함된다. 가루물질은 3학년 1학기에서 다룰 때 고체 물질의 일종으로 다루며, 이러한 고체 물질이 액체 물질에 들어가 고르게 녹으면서 그 형체가 사라지는 현상을 학생들은 이 단원에서 관찰하게 된다.

2) 물질의 용해도

어떤 온도에서 그 이상 용해되지 않는 최대의 용질을 포함한 용액을 '포화용액'이라고 한다. 용매 100g 중에 녹아 있는 용질의 최대 g 수를 그 온도에서의 용매에 대한 그 용질의 '용해도'라고 한다. 용해도는 용매와 용질의 종류에 따라 다르며 온도에 따라서도 변한다. 액체나 고체의 액체에 대한 용해도는 압력에는 거의 영향을 받지 않으나 온도에 의해서는 크게 변한다. 다음은 여러 가지 고체 물질의 물에 대한 용해도를 나타낸 것이다.

물질 온도	0	20	40	100
소금	35.7	36.0	36.6	39.8
설탕	179.2	203.9	238.1	487.2

3) 물리 변화

고체, 액체, 기체와 같은 물질의 상태가 변할 때, 우리는 이러한 변화를 물리 변화라고 하며 이러한 변화를 통해서는 물질의 성질이 변하지 않는다고 한다. 물리 변화가 일어날 때 물질의 성질이 그대로 존재하는 이유는 물질의 성질을 나타내는 기본이 되는 입자가 변하지 않았기 때문이다. 따라서 물리 변화는 입자 사이의 배열이나 움직임은 변해도 입자 자체가 변하지 않는 경우를 의미한다.

4) 변인통제

입자의 배열이 변화하기 위해서 외부에서 주어지는 조건으로는 젓기와 온도 등의 변인이 있다. 이러한 변인들은 모두 입자들의 움직임에 영향을 줄 수 있는 것이다. 따라서 저어주거나 온도를 높여 주면, 입자들의 움직임이 활발해지면서 고체 상태의 가루물질들이 쉽게 액체 상태와 같은 배열로 바뀌게 된다. 덩어리보다 가루의 형태가 더 쉽게 녹는 이유도 마찬가지이다. 이러한 변인들은 이 단원에서 물의 양, 녹는 물질 등 다른 변인들을 통제하고 녹기에 영향을 미치는 변인으로 고려된다. 따라서 이 단원에서는 이러한 실험의 다양한 변인들을 고려하여 조건을 통제하는 과정도 매우 중요하다.

5) 녹는 정도에 영향을 미치는 변인

녹는 정도에 영향을 미치는 변인으로는 물의 양과 녹는 물질 등이 있다. 예를 들어 소금을 물에 녹일 때 100g의 물보다 200g의 물에 녹는 소금의 양이 두 배 정도 더 많다. 또한 같은 양의 물에 물질 A를 녹일 때보다 물질 B를 녹일 때 더 많은 양이 녹는다. 이렇게 녹는 정도가 다른 이유는 녹는다는 현상이 섞이는 두 물질을 구성하는 입자 사이에 끌리는 힘이 작용하기 때문이다.

6) 실험기구의 사용방법

① **비커** : •비커 벽을 따라 흘러내리도록 기울여서 물을 붓는다.
•위험한 약품을 부을 때는 유리막대를 따라 흘러내리게 한다.

② **약숟가락** : •적은 양의 물질을 덜어 낼 때는 작은 쪽 숟가락을 사용한다.
•한꺼번에 너무 많은 양을 덜어내어 흘리지 않도록 한다.

③ **유리막대로 물을 젓는 방법** : •유리막대의 끝부분을 잡고 돌리듯이 젓는다.
•막대가 비커 바닥이나 벽에 부딪히지 않도록 한다.

3. 사전 실험

가. 사전 실험일 : 0000년 0월 0일

나. 실험 내용 및 순서

물의 온도를 달리하여 가루 녹이기

다. 준비물

비커 300ml 2개, 계량수저 2개, 유리막대 2개, 초시계, 커피포트, 가루물질(흑설탕, 흰 설탕, 분유, 코코아, 주스가루, 소금), 찬물(일반 수돗물, 약 19℃), 따뜻한 물(포트로 끓인 물, 약 50℃)

라. 실험결과 및 분석

	물의 온도	물의 양	가루 양	흑설탕	흰 설탕	분유	코코아	주스 가루	소금
녹는 시간 분(′) 초(″)	19℃	250ml	5g	1′55″	2′10″	3′28″	3′09″	2′	3′20″
	50℃	250ml	5g	56″	1′02″	1′40″	1′22″	1′42″	3′09″

마. 사전실험을 통하여 본 유의사항 및 시사점

① 본 차시의 수업은 찬물과 따뜻한 물에서의 가루물질의 녹는 빠르기를 실험하는 것으로 찬물은 과학실 내에 있는 수돗물을 받아 온도를 확인한 후 그대로 사용하였고, 따뜻한 물은 물의 온도가 너무 뜨거울 경우 안전사고의 우려가 있을 것을 예상해 전기포트를 이용하여 50℃의 온도가 되었을 때를 이용하였다.

② 비커의 크기는 4명이 한 모둠이 되어 실험 및 관찰을 하게 됨을 감안하여 300ml 크기를 이용하여 물 250ml를 넣었더니 관찰이 비교적 용이하여 300ml 비커를 사용하였다.

③ 여러 가지 가루 중에 소금과 주스가루는 찬물이나 따뜻한 물에서 녹는 속도가 크게 차이가 나지 않아 아동들에게 혼란을 줄 수 있으므로 녹는 속도가 크게 차이가 나는 흰 설탕, 코코아가루, 분유가루를 선정하였다.

④ 따뜻한 물의 온도가 55℃이면 좀 뜨거우므로 맨손으로 만지지 않고 면장갑을 끼고 비커를 다루도록 하였다.

Ⅳ. 실태조사

1. 본시학습을 위한 선수학습 능력

본시의 학습과 관련된 선수학습 개념, 생활경험, 본시학습과 관련된 실험기구의 사용능력 등을 질문지와 실험과정의 관찰을 통해 조사한 결과는 다음과 같다.

가. 선수학습 개념조사(N=24)

내용	반응	인원(명)	비율(%)
1. 가루물질의 구별	• 관찰 관점에 따라 가루물질을 관찰하고 네 가지 이상의 가루물질을 구별할 수 있다.	13	54.2
	• 관찰 관점에 대한 이해가 부족하나 두 가지 이상의 가루물질을 구별할 수 있다.	9	37.5
	• 가루물질을 구별하기 어렵다.	2	8.3
2. 고체와 액체의 비교	• 고체와 액체를 바르게 구분한다.	22	91.7
	• 고체와 액체를 바르게 구분하지 못한다.	2	8.3

나. 생활 속 경험조사(N=24)

내용	반응	인원(명)	비율(%)
1. 생활에서 사용되는 가루물질	• 생활에서 사용되는 가루물질을 5가지 이상 찾을 수 있다.	10	41.7
	• 생활에서 사용되는 가루물질을 3~4가지 찾을 수 있다.	12	50.0
	• 생활에서 사용되는 가루물질을 1~2가지 찾을 수 있다.	2	8.3
2. 가루물질을 액체에 녹여 본 경험	• 생활 속에서 가루물질을 액체에 녹여 본 경험이 있다.	23	95.8
	• 생활 속에서 가루물질을 액체에 녹여 본 경험이 없다.	1	4.2

다. 관련실험기구 사용 능력조사(N=24)

내용	반응	인원(명)	비율(%)
1. 비커 사용법	• 사용방법과 유의점을 알고 능숙히 사용함	19	79.2
	• 사용방법은 알고 있으나 능숙하지 못함	3	12.5
	• 사용법이 바르지 않음	2	8.3
2. 유리막대 사용법	• 사용방법과 유의점을 알고 능숙히 사용함	4	16.7
	• 사용법이 바르지 않음	20	83.3
3. 계량수저 사용법	• 사용방법과 유의점을 알고 능숙히 사용함	3	12.5
	• 사용법이 바르지 않음	21	87.5

라. 실험활동의 참여 정도 조사(N=24)

내용	반응	인원(명)	비율(%)
1. 모둠활동 시 의사소통 능력이 우수한가?	• 의사소통 능력 및 태도가 우수함	8	22.2
	• 자기 의견은 잘 나타내나 상호작용 능력이 부족함	11	51.9
	• 의견 발표가 없고 남의 의견에 반응하지 못함	5	25.9
2. 역할을 분담하여 실험 활동에 흥미를 가지고 열심히 참여하는가?	• 맡은 역할에 능동적으로 참여함	8	33.3
	• 맡은 역할은 아나 수동적이고 의존적임	13	54.2
	• 실험활동에 관심이 부족함	3	12.5

2. 실태조사에 의한 본시학습지도 전략

가. 선수학습 개념 : 3학년 1학기 학습에서 학습한 선수학습에 대한 실태조사 결과를 보면 고체와 액체의 특징을 바르게 이해하고 구분할 수 있는 학생이 91.7%로 높게 나타났다. 그러나 가루물질을 구별하는 관점과 관찰방법에 대한 보충지도와 가루물질을 구별하기 어렵다고 한 학생들을 대상으로 한 개별지도를 실시하여 모든 아동이 선수학습 개념을 인지하도록 한다.

나. 생활 속에서의 경험 : 생활에서 사용하고 있는 가루물질을 3가지 이상 찾을 수 있는 학생이 92.6%로 직접 경험한 아동이 많은 편이며 실제 생활에서 가루물질이 우리 생활에 많이 이용되어 자신이 직접 가루물질을 다루어 본 아동이 많음을 알 수 있다. 또 가정에서 코코아나 미숫가루, 커피 타기 등 가루물질을 액체에 녹여본 경험을 가진 아동이 96.3%로 많은 아동들이 생활 속에서 가루물질을 녹여 보는 경험을 많이 했으므로 생활과 밀접하게 관련된 단원이므로 생활과 연관시켜 지도하도록 한다.

다. 실험기구 사용능력 : 비커나 약숟가락은 1학기 학습에서 이미 다루어 본적이 있어 사용방법에 대해 높은 응답을 보이나 유리막대의 사용에 대해서는 많은 아동이 사용경험이 없으므로 가루물질을 녹이는 2차시에서 유리막대의 사용방법을 익히도록 한다. 특히 가루물질을 일정한 양으로 잴 때 약숟가락을 이용하면 정확한 양을 잴 수 없으므로 계량수저 사용법을 사전에 지도하여 정확한 양을 재도록 지도한다.

라. 실험활동의 참여 : 모둠활동 시 의사소통 능력이 뛰어난 아동이 22.2%이며 대부분 아동이 자신의 의사를 자신감 있게 표현하지 못하고 학급친구들에게 자신의 의견이 긍정적으로 수용될 것인지에 대한 두려움을 가지고 있으므로 평상시 오답에 대해서도 허용적이고 수용적인 학급분위기를 만들어 자신감 있게 발표를 할 수 있도록 지도한다. 맡은 역할에 적극적으로 참여하는 아동이 33.3%이나 수동적이고 의존적인 아동들이 많으므로 실험을 하기 전 역할분담을 확실히 하여 맡은 역할에 적극적으로 임하도록 지도한다.

Ⅴ. 본시수업의 계획

1. 본시 교수 · 학습 계획안

단 원	4. 여러 가지 가루 녹이기	일시	2007.10.25. (2교시)	장소	제1과학실
학습주제	물의 온도에 따른 가루물질의 녹는 빠르기 알아보기	쪽수	과학 : 56쪽 실험관찰 : 36쪽	차시	4 / 6
학습목표	• 물의 온도에 따라 가루물질의 녹는 빠르기가 다름을 알 수 있다. • 실험을 할 때 변인을 바르게 통제할 수 있다.				
수업형태	소집단 토의 및 실험을 통해 규칙성을 발견하는 발견학습				
학습자료	• 학생(모둠별) : 비커 300ml 6개 , 계량수저 2개, 약숟가락 2개, 유리막대 6개, 면장갑, 가루물질(흰설탕, 분유, 코코아), 일회용 커피 1개, 19℃의 찬물, 50℃의 따뜻한 물 • 교사 : 컴퓨터 자료, 그림 자료, TV, 실물화상기, 커피포트, 유리컵, 커피, 유리막대				

기초 탐구과정					통합 탐구과정							교사 사전 실험
관찰	분류	측정	예상	추리	문제 인식	가설 설정	변인 통제	자료 변환	자료 해석	결론 도출	일반 화	
○			○		○		○			○	○	○

단계 (시간)	학습과정	교수 · 학습 활동: 교사	교수 · 학습 활동: 학생	자료 및 유의점
탐색 및 문제 파악 (5′)	주의집중	• 사진을 보고 떠오르는 것 말하기-'설탕가루'	• '설탕가루' 사진을 보고 떠오르는 느낌이나 생각을 자유롭게 발표하기	• 컴퓨터자료-'설탕가루'사진
	동기유발	• 상황 만들기-'식은 물에 녹지 않은 커피' T. 왜 커피가 물에 잘 녹지 않았을까요?	S1. 젓는 도구에 문제가 있는 것 같습니다.	• 실물화상기, 종이컵 1개, 일회용 커피 1봉지, 투명유리컵 1개, 찬물, 포트,

		T. 물이 따뜻하지 않아서 잘 녹지 않았다는 것은 커피 가루가 녹는 것과 물의 무엇이 관계가 있다는 뜻일까요? T. 그럼 여러분 앞에 놓인 자료와 교과서 55~56쪽을 살펴보면서 이번 시간에 공부할 내용을 생각해 봅시다. T. 이번 시간에는 물의 온도에 따라 가루물질이 녹는 빠르기를 알아보겠습니다.	S2. 물이 따뜻하지 않아서 잘 녹지 않은 것 같습니다. S1. 물의 온도와 관계가 있는 것 같습니다. S1. 가루를 잘 녹이는 방법에 대해 실험해 보고 싶습니다. S2. 물의 온도에 따라 가루가 녹는 빠르기를 알아보고 싶습니다.	수저 1개 ※다양한 의견을 수용해 주도록 한다. ※색분필로 판서하기
	학습문제 파악하기	물의 온도에 따라 가루물질이 녹는 빠르기는 어떻게 될까?		
자료 제시 및 관찰 탐색 (15´)	예상하기	T. 설탕은 찬물과 따뜻한 물 중 어느 것에 빨리 녹을 것 같은가요?	S. 따뜻한 물에 빨리 녹을 것 같습니다. 왜냐하면 감기에 걸렸을 때 할머니께서 따뜻한 물에 설탕을 타 주신 일이 있었는데 그때 보니 빨리 녹았던 기억이 있기 때문입니다.	※생활경험과 관련지어 발표하게 하여 평소 생활주변의 과학적 현상에 관심을 가지도록 유도한다.
	변인통제	• 변인 통제하기 T. 이 실험에서 다르게 해야 할 조건과 같게 해야 할 조건은 무엇일지 모둠별로 토의해보고 실험관찰 36쪽에 적어봅시다. T. 이 실험에서 다르게 해야 할 조건은 무엇일까요? S. 그렇다면 같게 해야 할 조건은 무엇일까요?	• 모둠별로 통제해야 할 변인을 토의한 후 실험관찰 36쪽에 정리하여 기록한다. S. 물의 온도를 다르게 해야 합니다. S1. 물의 양을 같게 해야 합니다. S2. 설탕의 양을 똑같이 넣어야 합니다. S3. 설탕을 동시에 넣어 주어	※3학년 학생들은 변인통제능력을 갖추지 못하였으므로 옳지 않더라도 수용하고 적절한 발문 및 유도를 통해 변인통제 능력을 기르도록 유도한다.

	실험계획 세우기	• 실험계획 세우기 T. 앞에 놓인 준비물을 살펴보고 실험계획을 세운 후 실험 순서를 말해 봅시다.	야 합니다. S4. 젓는 빠르기와 횟수, 원의 크기를 똑같이 해야 합니다. • 실험계획 세워 발표하기 <실험 1> ① 두 개의 비커에 같은 양의 찬물과 따뜻한 물을 각각 붓는다. ② 같은 양의 설탕을 동시에 비커에 넣는다. ③ 유리막대로 똑같이 저어준다. ④ 어느 쪽이 빨리 녹는지 비교 관찰한다.	• (모둠별)비커 2개, 유리막대 2개, 계량수저 2개, 약수저 2개, 설탕, 찬물, 따뜻한 물, 장갑
	실험 시 주의할 점	• 실험 시 주의할 점 알기 T. 이 실험에서 주의해야 할 점은 무엇일까요?	S1. 유리로 된 실험도구를 조심해서 다루도록 합니다. S2. 뜨거운 물이 든 비커는 장갑을 끼고 잡아야 합니다.	• 실험방법 및 유의점 그림 자료
	관찰관점 확인하기	T. 실험을 하면서 무엇을 자세히 관찰해야 할지 말해 봅시다.	S. 찬물과 따뜻한 물 중 어느 쪽의 설탕이 빨리 녹는지 보아야 합니다.	※관찰관점을 명확히 제시해준다.
	역할분담 협의하기	T. 실험을 잘하기 위해 모둠별로 각자의 역할을 정하여 보도록 합시다.	• 역할분담 협의하여 정하기 -같은 양의 찬물, 따뜻한 물을 각각 두 비커에 붓기 -같은 양의 설탕을 물에 넣기 -유리막대로 젓기 -토의, 실험한 내용 기록하기	
	실험관찰	T. 역할을 분담하여 실험하고 실험결과표에 기록하도록 합니다.	• 모둠별로 계획에 따라 실험하기	
	결과발표	T. 모둠별로 실험결과를 정리하여 발표해 봅시다.	S. 예상했던 것처럼 설탕은 따뜻한 물에서 빨리 녹았습니다.	• 실험결과표
	알게 된 점	T. 실험을 통해 무엇을 알게 되었는지 말해 봅시다.	S1. 물의 온도가 높으면 설탕이 잘 녹는다는 것을 알게 되었습니다. S2. 따뜻한 물에서 설탕에 잘 녹는다는 것을 알게 되었습니다.	※교사는 궤간 순시하면서 실험 활동에 대한 관찰평가 실시한다.

규칙성 발견 및 개념 정리 (3′)	실험결과 발표	T. 설탕을 찬 물과 따뜻한 물에서 녹이면 어느 쪽의 설탕이 더 빨리 녹았나요? T. 여러 가지 가루를 물에 녹이면 찬물과 따뜻한 물 중 어느 쪽에서 더 빨리 녹았나요?	S. 따뜻한 물에서 녹였을 때 설탕이 더 빨리 녹았습니다. S. 따뜻한 물에서 더 빨리 녹았습니다.	
	규칙성 발견	T. 오늘 우리가 한 실험의 결과에서 공통점은 무엇입니까?	S1. 따뜻한 물에서 잘 녹는다는 것입니다. S2. 가루는 찬물에서도 녹지만 따뜻한 물에서 더 빨리 녹는다는 점이 같습니다.	
	개념 정리	T. 오늘 우리가 실험을 통해 알게 된 사실은 무엇입니까?	S. 물의 온도가 높으면 가루가 더 빨리 녹는다는 것을 알았습니다.	※구조화된 판서로 개념을 명료화시킨다.
적용 및 응용 (7′)	개념의 적용	T. 수업을 시작할 때 찬물에 녹지 않았던 커피가루를 어떻게 하면 맛있는 냉커피로 만들 수 있을지 모둠별로 토의해 봅시다. T. 냉커피를 어떻게 타야 할까요?	• 모둠별 문제 해결방법을 토의한다. S1. 따뜻한 물에 녹이면 됩니다. S2. 먼저 따뜻한 물을 조금만 부어 커피를 녹인 다음 얼음을 넣어 주면 됩니다.	• 실물화상기, 컵 1개, 1회용커피 1봉지, 따뜻한 물, 수저 1개, 얼음 • 힌트상자
	일상생활에의 적용	T. 오늘 알게 된 것처럼 주변에서 물의 온도를 높이면 더 빨리 녹는 것에는 어떤 것들이 있나요?	S1. 어머니께서 빨래를 빨 때 따뜻한 물에서 빨래를 하십니다. S2. 여름에 미숫가루를 녹일 때 따뜻한 물에 녹인 후 얼음을 넣습니다. S3.	※실생활에서의 예를 찾을 수 있도록 실마리를 제공해준다.
	학습내용 정리하기	• 형성평가 문제 제시하기 T. 오늘 공부한 내용 중 새롭게 알게 되었거나 재미있었던 점, 그리고 더 알고 싶은 점을 말해 봅시다.	• 문제를 읽고 답하기 S1. 물의 온도에 따라 설탕이 녹는 빠르기가 달라지는 것이 신기했습니다. S2. 물이 따뜻하면 더 잘 녹는다는 것을 알았습니다.	• PPT 자료

	차시예고	T. 다음 시간에는 어떻게 하면 각설탕을 빨리 녹일 수 있을지 알아보는 실험을 해보도록 하겠습니다.	• 다음 시간에 공부할 내용 확인하기	
	실험기구 정리	T. 실험한 기구들을 잘 정리합시다.	• 모둠별 실험기구 정리하기	

2. 판서 계획

4. 여러 가지 가루 녹이기(4/6)

✍ 물의 온도에 따라 가루물질의 녹는 빠르기는 어떻게 될까? 어느 쪽에서 더 잘 녹을까요?

	찬물	따뜻한 물
설탕가루		
코코아가루		
분유가루		

⇒ 물의 온도가 높을수록 가루물질은 빨리 녹는다.

3. 평가 계획

가. 평가목표

물의 온도에 따라 가루물질이 녹는 빠르기가 다름을 알 수 있다.

나. 성취기준 및 평가기준

성취기준	구분	평가기준
물의 온도에 따라 가루물질이 녹는 빠르기가 다름을 알고 변인을 찾아 바르게 실험하는가?	상	물의 온도에 따라 가루물질이 녹는 빠르기가 다름을 알고 변인을 3가지 이상 바르게 조절하여 실험할 수 있다.
	중	물의 온도에 따라 가루물질이 녹는 빠르기가 다름을 알고 변인을 2가지 이하 조절하여 실험할 수 있다.
	하	변인을 잘 찾아내지 못하며 실험과정에서 조절하기 어렵다.
자기가 맡은 역할을 다하고 모둠활동에 적극적으로 참여하는가?	상	자기가 맡은 역할에 따라 모둠별 실험활동에 적극적으로 참여한다.
	중	자기가 맡은 역할은 하나 모둠별 실험활동에 참여하는 자세가 부족하다.
	하	자기의 역할을 하지 못하고 모둠별 실험활동에 참여하는 자세가 부족하다.

다. 평가방법

-학습 활동 중 학생들의 활동상황(참여도)을 관찰하여 평가한다.

-학습 결과물(실험관찰 기록 등)의 분석을 통하여 학습목표 도달 여부를 평가한다.

【 참고문헌 】

1. 교육인적자원부. 초등학교 교사용 지도서(3-2), 대한 교과서 주식회사.
2. 교육인적자원부. 초등학교 3학년 과학 탐구수업 지도자료, 한국교원대학교 과학교육연구소.
3. 부산광역시교육청. '생각하는 수업 이렇게 가꾸어 갑시다'. 2005.
4. 부산교육대학교 부설초등학교. 생각하는 수업. 2007.

•예시 : ○○중학교 수업지도안(세안)•

Ⅰ. 단원의 개관

1. 단원명

- 대단원 : 중학교 국어 2학년 1학기 6. 작품 속의 말하는 이
- 소단원 : (2) 사랑손님과 어머니

2. 단원 설정의 이유

시인이나 소설가가 문학작품을 쓸 때에는 자기의 생각과 느낌을 효과적으로 전달하기 위해 다양한 표현기법을 사용한다. 문학작품에서 사용되는 언어가 일상 언어와 다른 느낌을 주고, 독자들이 작품을 읽고 감동을 느끼는 것은 바로 이러한 표현기법 때문이라고 해도 과언이 아니다. 이러한 기법들 가운데 하나가 작품 속에 특별한 '말하는 이'를 설정해 놓는 것이다.

따라서, 작품을 제대로 감상하기 위해서는 작품 속의 말하는 이를 고려할 필요가 있다. 작품을 이끌어 가는 말하는 이를 이해함으로써 학생들이 문학작품을 좀 더 잘 감상할 수 있게 하는 것이 이 단원을 설정한 목적이다.

3. 대단원 학습목표

- 작품 속에서 말하는 이를 찾을 수 있다.
- 말하는 이를 고려하면서 작품을 감상할 수 있다.

4. 관련 교육과정 내용

본 학 년 학 습 내 용	[8-문-(3)] 작품이 누구의 눈을 통하여 전달되고 있는지를 파악한다.	
	학습목표	• 작품 속에서 말하는 이를 찾을 수 있다. • 말하는 이를 고려하면서 작품을 감상할 수 있다.
	선정 이유	• 작품이 누구의 눈을 통하여 전달되는지를 파악하며 작품을 수용하도록 하기 위해 선정하였다.
	학습 활동	• 시의 화자 파악하기, 시의 화자가 시인이 아닌 경우 시인이 시의 화자를 선택한 이유와 그 효과에 대하여 토의하기, 소설에서 이야기를 전달하고 있는 이가 소설 속의 인물인지 소설 밖의 인물인지 파악하기, 소설에서 인물의 성격이나 행동 등을 누가 전달하고 있는지와 그 효과를 파악하여 말하기 등.
	기본	• 시나 소설을 읽고, 작품이 누구의 눈을 통하여 전달되고 있는지 말한다.
	심화	• 시의 말하는 이나 소설의 시점을 바꾸어 작품을 다시 쓰고, 어떤 점이 달라지는지 비교한다.

5. 단원 구성의 방향

이 대단원은 6차 교과서의 '시의 화자', '소설의 시점' 단원을 묶어 '작품 속의 말하는 이'라는 제목으로 구성하였다. 시의 화자나 소설의 서술자는 결국 글쓴이의 생각과 느낌을 대신 '말해 주는' 존재라는 점에서 공통점이 있기 때문이다. 이 대단원의 학습을 위해, 말하는 이가 비교적 잘 드러나는 시와 소설 한 편씩을 제재로 선정하였다.

소단원 (1)에서는 시 '나룻배와 행인'을 통해 시의 말하는 이가 누구인지, 이러한 말하는 이를 설정한 이유가 무엇인지 생각해 보게 했다. 소단원 (2)에서는 소설 '사랑손님과 어머니'를 통해 소설에서 말하는 이의 효과를 학습할 수 있도록 하였다.

6. 대단원 교수 · 학습 계획 (5차시)

구분	차시	교수 · 학습 내용	학습자료
단원의 길잡이	1	• 대단원 표지와 관련하여 단원 학습목표 알기	학습지 교과서 PPT
		• '단원의 길잡이' 읽고 내용을 간략히 정리하기	
소단원(1)		• 말하는 이를 생각하며 시 '나룻배와 행인' 감상하기	
		• 나룻배와 행인이 서로를 대하는 행동이나 태도가 나타난 시구 적어 보기	
		• 이 시의 말하는 이의 상황과 심정에 대해 이야기하기	
소단원(2)	2~3	• '옥상의 민들레꽃'의 '나'에 대해 이야기하기	학습지 교과서 PPT
		• 말하는 이의 개념과 역할 알기	
		• 말하는 이에 유의하며 소설 내용 파악하기	
		• 소설의 줄거리 말하기	
	4	• 소설에서 말하는 이의 특징 찾아내기	학습지 교과서 PPT
		• 말하는 이를 어린아이로 설정하여 얻을 수 있는 효과에 대하여 말하기	
보충 · 심화	5	• 학습 내용 점검하기	교과서 PPT
		• 보충 · 심화 작품을 감상하고 말하는 이 파악하기	

7. 지도상의 유의점

• 학생들에게 화자나 서술자에 관한 이론을 중심으로 가르치지 않는다.

중학교에서 문학작품을 가르치는 주된 목적은 학생들이 문학의 아름다움을 알고, 즐겨 읽을 수 있게 하는 데 있지, 본격적인 문학 이론을 알게 하는 데 있지 않다. 따라서 '사랑손님과 어머니'를 가르칠 때에는, '소설에는 1인칭 주인공 시점, 1인칭 관찰자 시점, 3인칭 작가 관찰자 시점, 전지적 작가 시점 등이 있다'고 하는 식의 소설이 시점에 대한 이론 중심의 학습이 이루어지지 않도록 유의한다. 이러한 이론들을 배우는 것은 중학교 학생들에게 불필요할 뿐만 아니라, '문학작품은 온갖 이론을 배워야 하기 때문에 어렵다'는 오해를 불러일으켜 학생들을 문학작품과 떼어 놓는 원인이 될 수 있기 때문이다. 화자, 서술자, 시점을 아는 것도 작품 이해에 도움을 줄 수 있지만, 그보다는 개별 작품에서 말하는 이의 특징과 효과를 말해 볼 수 있게 지도하는 것이 좋겠다.

8. 대단원 평가 계획

문학의 평가는 자신의 느낌과 생각을 말과 글로 표현하는 수행평가를 실시하는 것이 좋다. 교과서의 학습 활동 자료를 수행평가 자료로 충분히 이용할 수 있을 것이다.

1) 말하는 이에 대해 배우기 시작할 때에는 이미 배운 작품을 제시해 주고, 말하는 이가 누구인지이야기해 보게 한다.
2) 학생들이 말하는 이에 대해 어느 정도 익숙해진 다음에는 배운 적 없는 작품을 다양하게 제시해 주고, 이 시에 나타난 말하는 이가 누구이며 어떤 상황에 있는지, 글쓴이는 왜 이러한 말하는 이를 내세웠을지 등에 대해서 구체적으로 직접 말이나 글로 설명할 수 있는지를 평가한다.
3) 말하는 이에 대해 배우기 전에 작품에 대한 감상문을 써 보게 하고, 다 배운 후에 또 써 보게 하여 이 단원을 학습함으로써 작품에 대한 감상능력이 어떻게 달라졌는지 학생이 스스로 점검해 볼 수 있게 평가한다.

이에 따른 평가의 초점은 다음과 같다.

- 누가 작품을 전달하고 있는지 알고 있는가?
- 글쓴이가 이러한 말하는 이를 내세운 이유와 효과를 말할 수 있는가?

Ⅱ. 학생 실태조사

1. 조사 대상

1) 대상

○○중학교 2학년 10반 33명

2) 평소 학습 능력 및 수업 태도 관찰 내용

(1) 평소 학습에 적극적으로 참여하는 편이며 수업 시간에 높은 집중력을 보임
(2) 모둠별 상호작용이 활발하고 모둠활동에 적극적인 편임

2. 실태조사 내용과 시사점

1) 국어 교과에 대한 인식

(1) 국어 과목이 얼마나 중요하다고 생각하는가?

기준	인원(명)	백분율(%)
매우 중요하다	13	39.4
중요하다	15	45.5
보통이다	5	15.1
중요하지 않다	0	0
매우 중요하지 않다	0	0

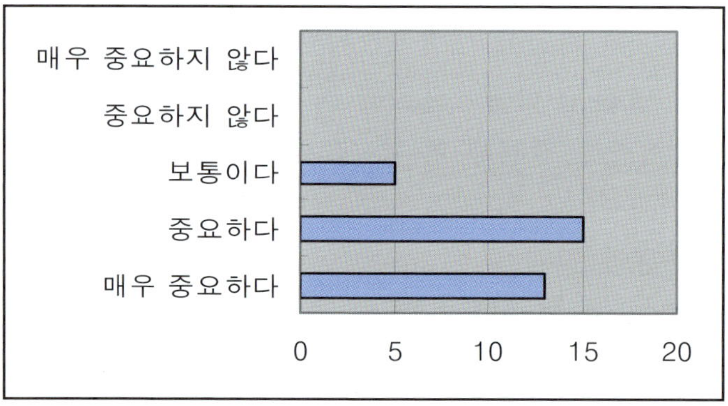

국어 과목에 대해 매우 중요하다고 인식한 학생들의 반응이 39.4%, 중요하다고 인식한 반응이 45.5%, 보통이라는 반응이 15.1%로 대부분의 학생들이 국어 과목의 중요성을 인식하고 있으며 긍정적인 인식을 가지고 있는 것으로 나타났다.

(2) 국어 과목에 대한 흥미도는 어느 정도입니까?

기준	인원(명)	백분율(%)
매우 재미있다	2	6.1
재미있다	14	42.4
보통이다	16	48.5
재미없다	1	3
매우 재미없다	0	0

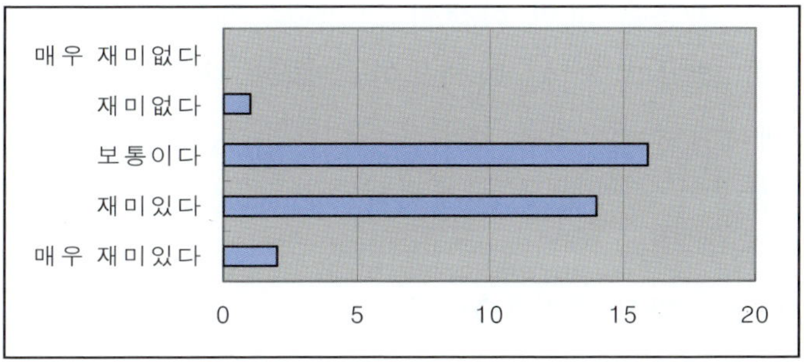

국어 과목에 대해 매우 재미있다는 반응을 한 학생은 6.1%, 재미있다는 반응을 한 학생은 42.4%, 보통이라고 반응한 학생은 48.5%로 대부분의 학생이 국어 과목에 대해서 보통 이상의 흥미도를 가지고 있는 것으로 나타났다. 이는 위 (1) 문항의 국어 과목에 대한 중요도 인식과도 관련 있음으로 판단된다.

2) 문학 제재에 대한 흥미도

(1) 문학에 대한 흥미도는 어느 정도입니까?

기준	인원(명)	백분율(%)
매우 재미있다	9	27.2
재미있다	12	36.4
보통이다	7	21.2
재미없다	4	12.2
매우 재미없다	0	0

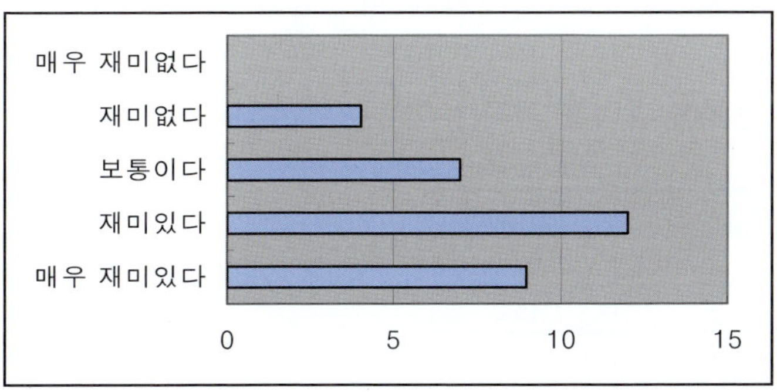

문학에 대해 매우 재미있다는 반응을 보인 학생이 27.2%, 재미있다는 반응을

보인 학생이 36.4%, 보통이라는 반응을 보인 학생이 21.2%로 재미없다는 반응을 보인 12.2%의 학생보다 월등히 많았다. 이는 학생들이 문학에 대한 흥미도가 높음을 나타내는데, 본시 수업에서 문학을 다룰 것임을 감안할 때, 수업 제재에 대한 흥미도가 높고 적극적인 참여가 기대됨을 시사한다.

(2) 문학의 종류 중에서 어떤 것이 가장 흥미롭습니까?

기준	인원(명)	백분율(%)
시	3	9.1
소설	27	81.9
수필	3	9.1
희곡	0	0

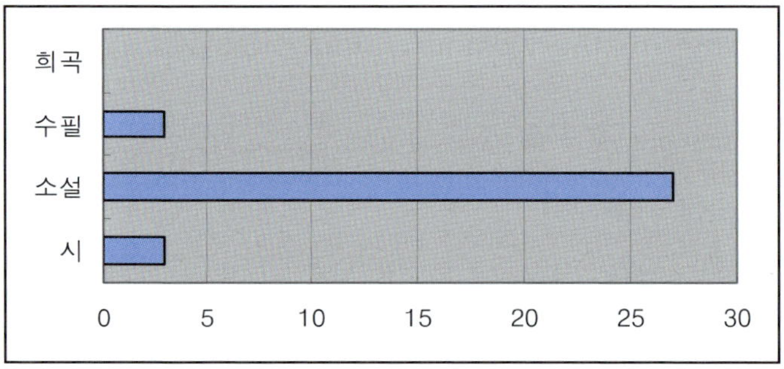

문학의 여러 장르 중에서도 소설에 대한 흥미도가 81.9%로 다른 장르에 비해 압도적인 우위를 차지했다. 이는 본시 수업에서 다룰 소설에 대한 학생들의 관심이 높고, 이에 따라 학생들의 흥미를 자극시키기에 타당함을 시사한다.

(2)-1. (2)에서 선택한 글의 종류에 흥미를 가지는 이유는 무엇입니까?

기준	인원(명)	백분율(%)
재미있어서	26	78.8
감동적이어서	5	15.2
내용 이해가 쉬워서	1	3
깨달음을 주어서	0	0
기타	1	3

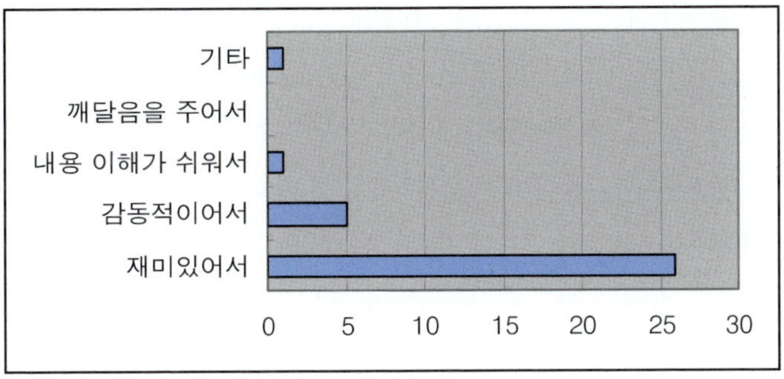

문학 장르에 대해서 흥미를 가지는 이유에 대해 재미있어서란 답변이 78.8%로 감동적이어서란 답변, 내용 이해가 쉬워서란 답변, 깨달음을 주어서란 답변에 비해 월등히 많았다. 이 결과를 볼 때, 국어 수업 시간에 학생들의 흥미, 동기를 유발하기 위해 학생들이 재미있어 하는 작품들을 예로 들어 설명하면 유리할 것으로 보인다. 그러나 문학 장르를 하나의 흥밋거리로 여기기보다는 감동, 깨달음의 요소로 인식하는 것도 학생들의 정서발달에 도움이 되기 때문에 교사는 수업 시간에 감동적이고 깨달음을 주는 문학작품들을 종종 예로 들어서 학생들의 정서 고양에 힘쓸 필요가 있을 것으로 보인다.

(3) 문학작품을 읽은 후에는 어떻게 합니까?

기준	인원(명)	백분율(%)
감상문 작성	2	6.1
친구들과 대화	7	21.2
메모나 만화 그리기	3	9.1
아무것도 안 한다	20	60.6
기타	1	3

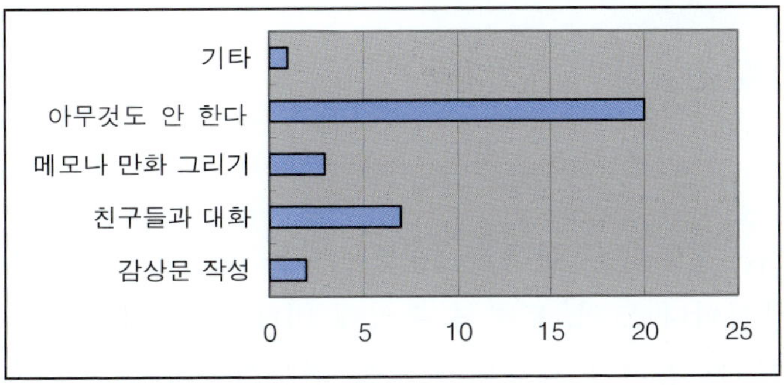

문학작품을 읽은 후 감상문을 작성하는 학생은 6.1%, 친구들과 대화를 나누는 학생은 21.2%. 메모나 만화 그리기를 하는 학생은 9.1%인데 비해서, 아무것도 안 하는 학생은 60.6%로 높게 나타났다. 대부분의 학생이 문학작품을 읽은 후 아무런 활동도 하지 않고 넘어가는 경우가 많은데 이는 (2) 문항에 나타난 문학을 단순히 재미있는 요소로만 여기는 학생들의 인식과도 연관이 있는 것으로 보인다. 학생들에게 문학을 통해 감동과 깨달음을 제공한다면 학생들은 그 감흥을 간직하기 위해 문학 감상 후 보다 적극적인 활동들을 할 것이라고 생각한다. 교사는 문학작품을 읽은 후 감상문을 작성하든, 메모를 하든 여러 가지 방법을 통해 자신의 문학 감상의 결과를 남기면 그 여운이 오래가고 정서적으로 고양되고 이후 학습에도 도움이 될 수 있음을 수업 시간에 인식시킬 필요가 있다.

3) 수업 방법

(1) 국어 시간에 어떤 형태로 수업하는 것이 가장 좋겠습니까?

기준	인원(명)	백분율(%)
강의식	8	24.2
질의응답식	4	12.1
토의, 토론식	1	3
모둠 협동학습	10	30.3
조사발표식	2	6.1
단원에 따라 다른 형태	8	24.2

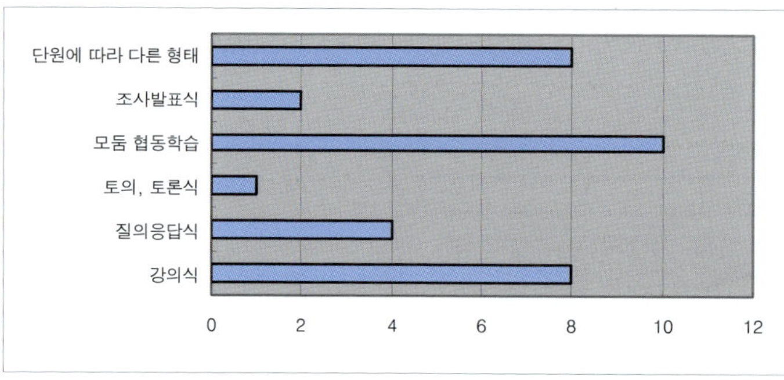

국어 시간에 강의식 수업을 선호하는 학생은 24.2%, 모둠 협동학습을 선호하는 학생은 30.3%로 질의응답식이나 토의, 토론식 수업에 비해 그 수치가 높게 나타났다. 따라서 교사는 학생들이 참여가 요구되는 모둠 협동학습이든, 교사의 역

할이 중요시되는 강의식이든 이를 한쪽에만 치우쳐서 활용할 것이 아니라 적절히 조화시킬 필요가 있다. 단원에 따른 다른 형태의 수업을 요구하는 학생도 24.2%로 높게 나타났듯이 교사는 그 단원의 성격에 맞게 강의식과 모둠 협동학습식의 수업을 적절히 조화시켜 교사의 설명이 필요한 부분은 강의식으로 수업을 하여 지식을 전달하고, 학생들의 다양한 반응이 요구되는 부분에서는 모둠 협동학습을 통해 학생들의 참여도를 높일 필요가 있다. 이러한 조사 결과를 토대로 할 때, 본시 수업은 학생의 참여와 교사의 설명이 조화된 수업으로 보인다.

4) 매체 활용에 대한 흥미도

(1) 수업 시간에 매체 활용에 대해 어떻게 생각하십니까?

기준	인원(명)	백분율(%)
학습에 도움이 되고 매우 재미있다.	11	33.3
학습에 도움이 되고 재미있다	17	51.5
학습에 도움도 안 되고 별로 재미없다.	4	12.1
집중도가 떨어지고 오히려 학습에 방해가 된다.	1	3

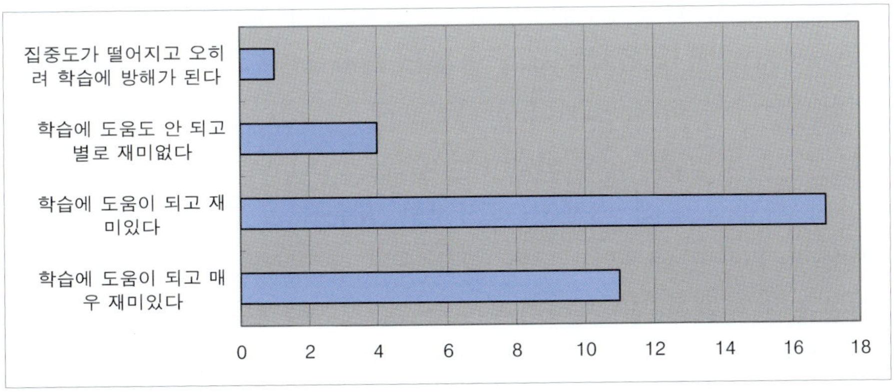

매체 활용에 대해 학습에 도움이 되고 매우 재미있다, 재미있다는 반응을 보인 학생은 84.8%로 수업 시간의 매체 활용에 대해 부정적인 인식을 가진 학생들보다 월등히 많았다. 이는 학생들이 과거의 교과서와 칠판 위주의 수업을 더 이상

선호하지 않음을 시사한다. 학생들의 수준과 흥미를 고려한 다양한 매체 활용을 통해 학습에 도움이 되고 학생들에게 흥미도 제공하는 수업이 선호된다고 볼 때 본시 수업은 적절하다고 본다. 그러나 한 가지 유념할 것은 지나치게 매체 활용을 지향하다 보면, 학생들이 자극적인 매체 자체에만 집중할 뿐, 수업 시간을 통해 무슨 내용을 학습했는지를 인식하지 못할 우려가 있다는 점이다. 매체 활용은 수업의 진행 상황 속에서 활용도, 효율성이 높을 때에 적절히 사용하는 것이 필요할 것이다.

설문 조사 결과 2학년 10반 학생들은 국어 과목의 중요성에 대한 인식이 높고 수업에 대한 흥미도도 매우 높은 것으로 나타났다. 특히 문학 장르 중에서도 소설에 대한 학생들의 관심이 높은 만큼 소단원 (2)의 제재 설정은 잘되었다고 본다.

한편, 교사는 수업에 대한 학생들의 만족도를 높이고 국어수업에 대한 긍정적인 인식을 지속시킬 수 있도록 교사 자신의 역할이 매우 중요하다는 사실을 인식하여야 한다. 이에 따라서 학생들이 선호하는 강의식, 모둠 협동학습식 수업을 적절히 활용하여 교사와 학생 간의 상호작용이 활발한 활동을 해야 할 것이다. 말하는 이의 개념, 어린 말하는 이의 설정 효과에 대한 지식적 내용은 교사의 설명을 활용하고, 어린 말하는 이의 설정 효과를 학생들이 이해하기 위한 활동(다양한 말하는 이 입장에서 일기 쓰기)이나 말하는 이의 특징 찾는 활동 등은 학생들이 모둠별로 협동해서 활동을 실시할 수 있도록 해야 할 것이다. 학생들의 모든 활동에 교사는 안내자, 보조자로서의 역할을 해야 하며 적절한 보상과 피드백을 제공해서 학생들이 흥미를 느끼며 학습목표에 도달할 수 있도록 도와주어야 할 것이다.

또한 학생들이 매체 활용에 대해서 긍정적인 반응을 보이는 경우가 많았으므로 수업 시간에 PPT나 만화 자료 등을 활용하여 학생들이 국어 수업에 집중할 수 있도록 수업을 진행해야 할 것이다.

끝으로 본교 학생들의 국어수업, 특히 문학수업에 대한 높은 흥미를 바탕으로 작품 속에서 말하는 이를 찾고 말하는 이의 설정 효과에 대해서 이해하는 본시 수업내용을 다른 작품에도 일반화하여 적용시켜 평소 문학작품 감상 시에 활용할 수 있다면 지속적으로 문학작품에 대한 관심을 지닐 수 있고 학습에도 도움이 될 수 있으므로 이를 설명하면 유용할 것이다.

Ⅲ. 본시 수업 계획

1. 본시 수업의 주안점

- 학생들이 문학작품을 감상할 때, 작품에서 말하는 이를 직접 찾고 말하는 이의 효과를 생각해 보는 활동을 다양한 작품감상에 적용시킴으로써 가치를 내면화하는 단계까지 도달할 수 있도록 지도한다.
- 전반적인 수업의 흐름은 교사가 이끌어 나가고 있지만, 교사의 주도가 아닌 학생 주도의 참여가 이루어지도록 하고 학생들의 다양한 사고를 이끌어 줌으로써 창의적인 수업이 이루어지도록 한다.

2. 본시 수업의 설계 전략

1) 동기유발 전략

(1) 어린아이의 시각이 잘 드러난 만화를 통해 학생들의 흥미를 유발하고 수업과의 관련성을 높인다.

(2) 다양한 인물의 입장에서 일기를 직접 작성하는 활동이 학생들의 호기심을 자극한다.

(3) 활동 각각에 일정한 시간적 제약을 가하는 타이머를 활용하여 주어진 활동에의 집중도를 높인다.

(4) 발표에 적극적으로 참여하였을 경우 칭찬도장이라는 보상을 제공하여 학생들의 흥미를 높인다.

2) 상호작용 촉진 전략

(1) 다양한 학생들이 발표할 수 있는 기회를 제공한다.

(2) 학습지의 답안을 채워가면서 어려움을 겪는 학생의 경우 동료끼리 도와가면서 학습할 수 있도록 한다.

(3) 모둠별 활동의 경우 교사의 개입을 최소화하고 동료끼리의 적극적인 상호작용을 유도하되, 활동의 어려움을 겪는 모둠의 경우에는 교사가 약간의

개입을 하여 조력자로서 도와줄 수 있다.

(4) 모둠별 활동의 경우 한 학생의 주도적인 참여는 지양하고, 다양한 학생들의 참여를 유도하여 다양한 의견이 나올 수 있도록 한다.

(5) 활동결과를 친구들이 발표할 경우, 집중해서 듣도록 지도한다.

(6) 모둠별 활동을 발표할 경우, 다른 모둠의 발표내용에 대해서 학생들이 적극적으로 상호 평가를 할 수 있도록 자연스럽고 편안한 분위기를 조성한다.

(7) 교사는 학생들의 답변에 대해서 비판하고 한 가지 답을 요구하기보다는 다양한 의견을 수용하는 태도를 취한다.

3) ICT 활용 교수 학습전략

(1) 동기유발과 집중도를 높이기 위한 그림 자료를 이용한다.

(2) 파워포인트 자료를 지나치게 화려하게 준비하면, 학생들이 그 매체자료 자체에 집중하느라 중요한 학습내용을 놓칠 수 있기 때문에 유의한다.

(3) 타이머를 활용하여 활동 시간의 제약을 가하여 활동에 집중할 수 있게 한다.

4) 평가 전략

(1) 모둠별 활동을 할 때 교사는 여러 모둠을 돌아다니면서 학생들의 활동 참여도나 태도, 적극성 등을 평가한다.

(2) 자신의 모둠 외에 다른 모둠이 발표할 경우, 또는 개별 활동을 한 후 다른 학생이 발표할 경 우, 학생들은 개별 평가지를 통해 내용 및 태도를 상호 평가한다.

(3) 형성평가를 통해 학습목표에 도달 유무를 확인한다.

(4) 모둠별 활동 결과물을 통해 과제 수행능력을 평가한다.

3. 수업의 흐름

수업 시작

⇩

전시 학습 확인

⇩

동기 유발

⇩

학습목표 제시

⇩

활동 실시

⇩

발표, 정리, 피드백

⇩

학습 내용 정리 및 가치화

⇩

형성평가

⇩

차시 예고

⇩

수업 종료

4. 본시 교수·학습 과정안

교과명	국어	학년·학기	2학년 1학기	대단원	6. 작품 속의 말하는 이
소단원	(2) 사랑손님과 어머니			학습주제	• 작품 속에서 말하는 이의 특징 찾기 • 말하는 이의 설정 이유와 효과 파악하기
차시	4/5	교과서쪽수	69~83쪽	교실환경	2-10 교실
학습목표	• 작품 속 말하는 이의 특징을 말할 수 있다. • 말하는 이를 어린아이로 설정하여 얻을 수 있는 효과를 말할 수 있다.				

단계	교수·학습과정	교수-학습활동		수업 형태	수업 자료	지도상 유의점
		교사	학생			
도입 6분	인사	• 인사, 출석확인	• 인사			
	전시학습	• 말하는 이의 개념, 역할에	• 말하는 이의 개념, 역할에	전체	PPT	

	확인	대한 내용을 확인한다.	대한 내용을 떠올리며 대답한다.	학습		
	동기유발	• 만화를 제시하고 만화를 감상하도록 한다.	• 제시된 만화를 감상한다.	전체 학습	PPT (만화)	• 만화의 초점을 잘 파악하도록 유도
		• 만화 속 어린아이가 마지막 말과 같은 반응을 한 이유에 대해서 묻는다. • 학생들의 대답에 대해 피드백하며 오늘 배울 내용과의 관련성을 설명한다.	• 만화 속 어린아이가 마지막 말과 같은 반응을 한 이유에 대해서 대답한다. 예) 어린아이가 파란 사과를 본 적이 없기 때문, 파란 사과에 대해서 잘 모르기 때문 등			
	학습목표 제시	• 학습목표를 제시하고 큰 소리로 읽게 한다.	• 학습목표를 확인한 후, 큰 소리로 읽고 인지한다. -작품 속 말하는 이의 특징을 말할 수 있다. -말하는 이를 어린아이로 설정하여 얻을 수 있는 효과를 말할 수 있다.	전체 학습	칠판 PPT	
	본시수업 안내	• 학습목표 달성을 위한 수업의 흐름을 안내한다. -활동 1 : 소설 속 말하는 이 찾고 특징 파악하기 -활동 2 : 재미를 느낄 수 있는 장면 선정하기 -활동 3 : 다양한 말하는 이 입장에서 일기 쓰기 -정리 : 말하는 이를 어린아이로 설정한 이유와 효과 파악하기	• 학습목표 달성을 위한 수업의 흐름을 인지한다.	전체 학습	칠판	
전개 34분	소설 속 말하는 이 찾고 특징 파악하기	• 활동 1 : 소설 속 말하는 이 찾고 특징 파악하기 • 모둠 학습지를 배부하고, 모둠별로 말하는 이의 특징을 찾고, 말하는 이의 얼굴을 그리는 활동임을 안내한다.	• 모둠활동지를 받고, 모둠원들이 분담하여 모둠활동을 한다.	모둠 학습	교과서 학습지 타이머 PPT	• 교사는 순회지도 • 타이머로 활동의 집중 유도 • 너무 소란스럽지 않은
		• 말하는 이의 특징에 대해 질문한다.	• 말하는 이의 특징에 대한 답한다.	전체 학습		

		• 학생들이 답한 내용을 피드백하고 PPT 화면을 통해 정리한다.	• 말하는 이의 특징을 이해한다.			분위기 조성
		• 말하는 이의 얼굴에 어떤 특징을 담아서 그렸는지 묻는다. • 학생들이 그린 말하는 이의 얼굴에 대해 피드백하며 교사가 그린 말하는 이의 얼굴을 보여준다.	• 말하는 이의 얼굴에 어떤 특징을 담아서 그렸는지 대답한다. • 교사가 그린 말하는 이의 얼굴을 보며 모둠별로 그린 것과 비교해본다.			
	재미를 느낄 수 있는 장면 선정하기	• 활동 2 : 재미를 느낄 수 있는 장면 선정하기 • 개별 학습지를 배부하며, 작품 속 재미를 느낄 수 있는 장면을 선정하는 활동임을 안내한다.	• 재미를 느낄 수 있는 장면을 선정 하여 학습지에 기록한다.	개별 학습	PPT 교과서 학습지	• 학생들의 발표 기회 골고루 제공 • 발표자의 발표 경청 유도
		• 발표할 학생을 선정한 후, 발표하도록 한다.	• 발표자가 발표한다. -발표자 이외의 학생은 발표자의 발표내용과 태도를 평가한다.	전체 학습		
		• 발표 내용을 정리하고 피드백한다. -발표자에게 칭찬 도장 제공	• 말하는 이로 인해 재미를 느낄 수 있는 장면을 이해한다.			
	다양한 말하는 이 입장에서 일기 쓰기	• 활동 3 : 다양한 입장에 따라 일기 쓰기 • 모둠별로 말하는 이를 달리 제시하고 주어진 제시문을 읽고 말하는 이 를 바꾸어 일기를 써보는 활동임을 안내한다. -1, 2 모둠 : 옥희 어머니 3, 4 모둠 : 아저씨 5, 6 모둠 : 사춘기 옥희 • 학생들의 이해를 돕기 위해 간단한 예시를 제시하고 설명한다.	• 모둠별로 말하는 이를 확인하고, 활동을 이해한다. • 제시된 예시를 이해한 후, 모둠원들이 분담하여 모둠활동을 한다.	모둠 학습	PPT 학습지 타이머	• 너무 소란스럽지 않은 분위기 조성 • 타이머로 활동의 집중 유도 교 사 는 순회지도

		• 활동한 것을 발표할 모둠을 선정한 후, 발표하도록 한다.	• 모둠별 발표자가 발표한다. -발표자 이 외의 학생은 발표 내용과 태도를 평가한다.	전체 학습		• 학생들의 다양한 표현 수용
		• 발표 내용을 정리하고 피드백한다.	• 말하는 이를 다양하게 설정해 본 결과, 작가가 말하는 이를 어린아이로 설정한 이유에 대해 이해한다.			
	말하는 이를 어린아이로 설정한 이유와 효과 파악하기	• 정리 : 말하는 이를 어린아이로 설정한 이유와 효과 파악 • 말하는 이를 어린아이로 설정한 이유와 효과에 대해 정리하게 한다.	• 말하는 이를 어린아이로 설정한 이유와 효과에 대해 학습지에 정리한다.	개별 학습	학습지	
		• 학습지 정리 결과에 대해 질문한다.	• 학습지 정리 결과를 대답한다.	전체 학습		
		• 대답 내용을 피드백하며 PPT 화면을 통해 정리한다.	• 학습지에 보충하여 정리한다.		학습지 PPT	
정리 5분	학습내용 정리 및 가치화	• 학습 내용을 제시하여 정리한다.	• 학습 내용을 떠올리며 정리한다.	전체 학습	칠판	• 활동과 학습목표 연계하여 설명
		• 오늘 학습한 것을 다른 작품에도 적용시켜 작품 감상 시에 활용할 수 있도록 유도한다.	• 다른 작품을 감상할 때에도, 말하는 이를 찾고 말하는 이의 선정이유와 효과를 염두에 두고 감상할 것임을 내면화한다.		PPT	
	형성평가	• 형성평가 문제를 제공하고 풀게 한다.	• 형성평가를 풀고 답을 말한다.	전체 학습	PPT	• 학습목표 도달 유무 확인
	차시예고	• 다음 시간에 보충 심화를 배울 것임을 예고한다.	• 다음 시간에 배울 내용을 확인한다.	전체 학습	PPT	
	수업종료	• 인사	• 인사			

5. 모둠 구성 및 좌석 배치

모둠	모둠원
1	○○○, ○○○, ○○○, ○○○, ○○○, ○○○
2	○○○, ○○○, ○○○, ○○○, ○○○, ○○○
3	○○○, ○○○, ○○○, ○○○, ○○○, ○○○
4	○○○, ○○○, ○○○, ○○○, ○○○, ○○○
5	○○○, ○○○, ○○○, ○○○, ○○○, ○○○
6	○○○, ○○○, ○○○, ○○○, ○○○, ○○○

모둠 학습을 위해 한 모둠을 5~6명으로 구성하였다. 구성원의 수가 지나치게 많으면 소외되는 학생이 발생하거나 몇 명의 학생만이 활동에 참여할 수 있다. 또한 지나치게 소란스러워서 제대로 된 활동이 행해지지 않을 우려가 있다. 그렇다고 구성원의 수가 너무 적으면 다양한 의견 교환이 이뤄지지 않는다.

모둠원은 1학기 중간고사 성적결과를 바탕으로 하여 이질 집단으로 구성하되, 문학에 대한 흥미 및 감상 능력을 고려하여 이질 집단으로 구성하였다. 평소 문학에 대해 흥미를 가지고 적극적으로 참여하는 학생과 다소 소극적으로 참여하는 학생들을 적절히 섞어 구성하면 모둠별로 학생들의 활동 참여도가 지나치게 차이가 나는 것을 줄일 수 있기 때문이다.

5~6명의 모둠원 중 소외되는 학생이 없기 위해서는 모둠원의 역할을 정하는 것이 중요한데, 5명의 모둠원으로 구성된 모둠의 경우는 모둠 전체의 활동을 이끌어 나가는 이끔이, 모둠활동의 결과를 기록하는 기록이, 학습에 필요한 자료를 배부하고 거두는 나눔이, 시간이나 규칙, 발언의 순서 등을 환기시켜 주는 지킴이, 모둠 전체의 활동을 이끌어 나가는 이끔이를 도와주는 도움이로 구성하였다. 6명의 모둠원으로 구성된 모둠의 경우, 모둠 전체의 활동을 이끌어 나가는 이끔이를 도와주는 도움이를 한 명 더 추가적으로 구성하였다.

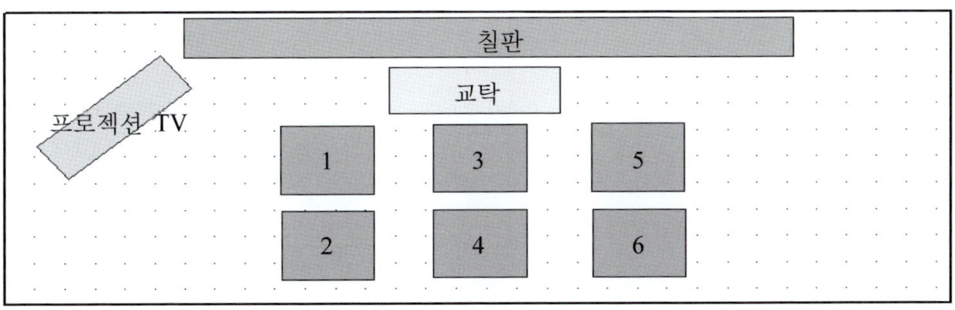

6. 교수 · 학습자료

1) 모둠 학습지

국 어	2학년 반	모둠명 : 모둠원 :

6. 작품 속의 말하는 이	〈학습목표〉 ① 작품 속 말하는 이의 특징을 말할 수 있다. ② 말하는 이를 어린아이로 설정하여 얻을 수 있는 효과를 말할 수 있다.

<활동 1> '사랑손님과 어머니'에서 말하는 이 특징 파악하기

'말하는 이를 찾습니다.' •이름 : •나이 : •성별 : •가족 관계 : •좋아하는 음식 : •특징 ⇒ 아저씨에 대한 ( )을 가지고 있음 ⇒ 아저씨와 어머니 사이의 감정 상태를 ( )	얼굴을 그려볼까요?

<활동 3> 다양한 말하는 이 입장에서 일기 쓰기

※ 왼쪽의 <보기>를 보고 모둠별로 말하는 이를 바꿔서 그의 입장에서 일기를 써 봅시다.

〈 보기 〉	〈 입장 바꾸어 일기 쓰기〉
☺ 말하는 이-어린아이 '옥희' ☺ 어느 토요일 오후였습니다. 아저씨는 나더러 뒷동산에 올라가자고 하셨습니다. 나는 너무나 좋아서 가자고 그러니까, 아저씨가 "들어가서 어머니께 허락 맡고 온." 하십니다. 참 그렇습니다. 나는 뛰어 들어가서 어머니께 허락을 맡았습니다. 어머니는 내 얼굴을 다시 세수시켜 주고, 머리도 다시 땋고, 그러고 나서는 나를 아스러지도록 한 번 꼭 껴안았다가 놓아주었습니다. "너무 오래 있지 말고, 응." 하고 어머니는 크게 소리치셨습니다. 아마 사랑 아저씨도 그 소리를 들었을 거예요.	< 의 일기> ○월 ○일 ○요일 날씨 : ✎
☞ 어머니와 아저씨의 내면 심리가 직접적으로 제시되어 있지 않다.	

2) 개별 학습지

국 어	2학년 반 번	이름 : 모둠명 :

6. 작품 속의 말하는 이	〈학습목표〉 ① 작품 속 말하는 이의 특징을 말할 수 있다. ② 말하는 이를 어린아이로 설정하여 얻을 수 있는 효과를 말할 수 있다.

<활동 2> 재미를 느낄 수 있는 장면 선정하기

※재미를 느낄 수 있는 장면을 선정하여, 그 장면 속 상황을 간단히 설명해 봅시다.

✎

※ 발표를 들으며 그 내용을 정리하고 태도와 내용을 평가해 봅시다.

발표자	발표 내용	평 가					
		태도			내용		
		상	중	하	상	중	하
		상	중	하	상	중	하
		상	중	하	상	중	하
		상	중	하	상	중	하
		상	중	하	상	중	하

<활동 3> 다양한 말하는 이 입장에서 일기 쓰기

※ 모둠별 발표를 들으며 그 내용을 정리하고 태도와 내용을 평가해 봅시다.

발표 모둠	발표 내용	평 가					
		태도			내용		
	말하는 이 :	상	중	하	상	중	하
	말하는 이 :	상	중	하	상	중	하
	말하는 이 :	상	중	하	상	중	하

〈정리〉 말하는 이를 어린아이로 설정한 이유와 효과 말해보기

옥희는 어린아이이기 때문에 아저씨와 어머니의 사랑에 대해 알지 못한다.

↓

① 옥희 어머니와 사랑손님의 뻔한 사랑 이야기를 (　　　)하고, (　　　) 묘사함.

② 옥희의 천진난만한 생각과 행동이 (　　　)을 유발함.

③ 어린아이의 관점과 이해력의 한계로 독자로 하여금 (　　　)하고 (　　　)하는 재미를 느끼게 함.

3) 파워포인트 자료

중학교 2-1

6. 작품 속의 말하는이

(2) 사랑손님과 어머니

지난 시간에

글쓴이 ⇨ 말하는이 ⇨ 독자

말하는이의 역할은?

글쓴이가 말하려는 내용을 효과적으로 전달함

들어가기 전에

오늘 배울 내용에 대해 생각하면서 다음 만화를 봅시다.

학습목표

작품 속 말하는이의 특징을 말할 수 있다.

말하는이를 어린 아이로 설정하여 얻을 수 있는 효과를 말할 수 있다.

활동 1 (모둠활동)

소설 속 말하는이 찾고 특징 파악하기

말하는이 특징

< 나 : 옥희 >

* 아저씨에 대한 (호감)을 가지고 있음
* 아저씨와 어머니 사이의 감정 상태를 (알지 못함)

저는 옥희입니다.

활동 2

재미를 느낄 수 있는 장면 선정하기

활동 3 (모둠활동)

다양한 말하는이 입장에서 일기 쓰기

- 1, 2모둠 : 옥희 어머니
- 3, 4모둠 : 아저씨
- 5, 6모둠 : 사춘기 옥희

'옥희'의 시점

꽃을 들고 냄새를 맡고 있던 어머니는 내 말이 끝나기가 무섭게 몹시 놀란 사람처럼 화닥닥하였습니다. 그러고는 금시에 어머니 얼굴이 그 꽃보다 더 빨갛게 되었습니다. 그 꽃을 든 어머니 손가락이 파르르 떨리는 것을 나는 보았습니다.

'어머니'의 시점

어머니 → 나 / 나 → 옥희

나는 꽃을 들고 냄새를 맡다가 옥희의 말을 듣고 깜짝 놀랐다. 이 꽃이 바로 사랑손님이 나에게 보내 온 사랑의 정표라고 생각하니 부끄러움으로 얼굴이 빨갛게 달아올랐다. 너무 긴장하고 흥분한 나머지 꽃을 들고 있는 내 손이 파르르 떨렸다.

정리

말하는이를 어린 아이로 설정한 이유와 효과 파악

말하는이를 어린 아이로 설정한 효과

1. 옥희 어머니와 사랑손님의 뻔한 사랑이야기를 (순수)하고 (아름답게) 묘사

말하는이를 어린 아이로 설정한 효과

2. 옥희의 천진난만한 생각과 행동이 (웃음)을 유발함

말하는이를 어린 아이로 설정한 효과

3. 어린아이의 관점과 이해력의 한계로 독자로 하여금 (상상)하고 (추측)하는 재미

오늘 어떤 활동들을 했나요?

- 작품 속 말하는이를 찾고 특징 파악
⇩
- 재미를 느낄 수 있는 장면 선정
⇩
- 다양한 말하는이 입장에서 일기쓰기
⇩
- 말하는이를 어린 아이로 설정한 이유와 효과 파악

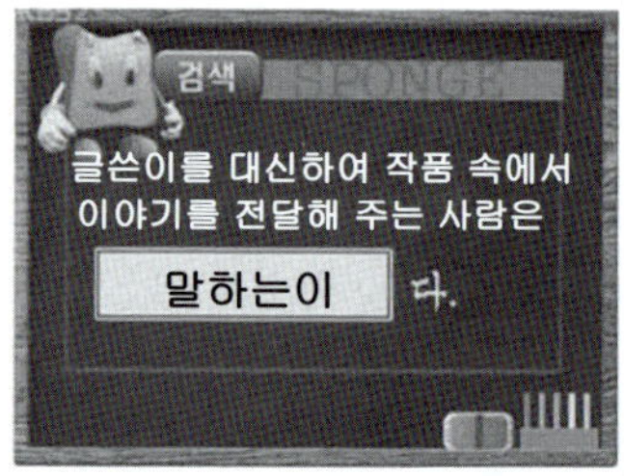

함께 풀어봐요.

이 소설에서 '말하는이'에 대한 설명으로 옳지 않은 것은?

① 어린 아이의 순수한 시각을 잘 드러낸다.
② 주인공의 행동이나 사건을 관찰한다.
③ 어머니와 사랑 손님의 매개적 인물이다.
④ 말하는이가 작품 속에 드러나 있다.
⑤ 어른들의 심리를 이해하고 잘 반영한다.

함께 풀어봐요.

이 소설의 '말하는 이'가 어린아이이기 때문에 얻을 수 있는 효과로 알맞은 것은?

① 사건의 흐름을 정확하게 전달함
② 주제를 선명하게 전달함
③ 주인공의 내면 심리를 자세히 분석함
④ 등장 인물들의 성격과 미묘한 감정 변화를 순수하고 꾸밈없이 전달함
⑤ 인물의 언어와 동작을 작품 밖에서 객관적으로 제시해 줌

다음 시간에는요

* 자기 점검 하기

* 보충 · 심화

참고문헌

강기수(1995). "Rousseau 자연인의 교육본질론적 이해", 부산교육대학교 논문집, 제1호.

강기수(1996). "Pestalozzi 아동 교육론에의 접근", 한국교육사상연구, 제5집, 한국교육사상연구회.

강기수(1998). "실존주의 교사관에의 접근", 한국교육사상연구, 제7집, 한국교육사상연구회.

강기수(1999). 교육사상사, 세종출판사.

강인수 외(1995). 교권확립을 위한 법률, 서울 : 한국교원단체총연합회.

강영삼(1983). "교직의 전문성", 서울시교육위원회(편), 교직과 사도.

거고출판부(1982). 전영창전집 제1권.

고재천 · 강원근 · 고전 · 권동택 · 김은주 · 박경묵 · 박상완 · 박영만 · 서명석 · 이정선 · 정혜영(2007). 초등학교 교사론, 서울 : 학지사.

교육과학기술부(2011). 교육공무원 관련 법령 모음집.

교육부(1997). 전교조 결성과정과 주요활동 -전교조 관련 종합자료집-.

교육부(1998) 교원단체관련 자료 모음집.

권상혁 외(1996). 교사론, 서울 : 교육출판사.

권영성(1988). 헌법학원론, 서울 : 법문사.

김기석 · 남강 · 이승훈(1964). 서울 : 현대교육총서출판사.

김기태 · 조평호(2003). 미래지향적 교사론, 서울 : 교육과학사.

김낙운(1975). 교육공무원인사법요론, 서울 : 교학사.

김봉수(1993). 초등교사론, 서울 : 형설출판사.

김성열(1993). 학교의 조직론적 특성, 교육행정학 연구회(편), 교육행정의 발전과 전망, 과학과 예술사.

김신일(2009). 교육사회학, 서울 : 교육과학사.

김영돈(1974). 교원의 제문제, "교직윤리", 서울 : 한국교육학회.

김영자(1968). 우리 나라 초등학교 교사양성의 제도적 변천에 관한 역사적 연구, 춘천교육대학논문집, 제4집.

김재복(1998). "교육개혁과 초등교사 양성기관의 발전과제", 한국사교육 제15권 제1호, 한국교원교육학회.

김정환(1975). 페스탈로치의 교육사상, 서울 : 고려대학교 출판부.

김정환(1976). 민족과 교육, 서울 : 박영문고.

김정환(1979). "쉬프랑거의 교육본질론에 있어서의 각성의 개념분석", 고려대학교 사대논집, 제4집.

김정환(1983). 전인교육론, 서울 : 세영사.
김정환(1992). 교육철학, 서울 : 박영사.
김정환(1997). 인간화교육 어떻게 할 것인가, 서울 : 내일을 여는 책.
김진환(2009). 교직실무, 서울 : 학지사.
김정휘 외(2006). 교사의 직무스트레스와 탈진 : 교육 위기, 서울 : 박학사.
김종서(1983). "교사의 전문성", 서울시교육위원회(편), 현대사회와 교원.
김종서 외(1994). 최신교사론, 서울 : 교육과학사.
김철수(1993). 헌법학개론, 서울 : 박영사.
나동진(1998). 교직의 전문성 개발을 위한 교사양성 교육과정, 한국교사교육 제15권 제1호, 한국교원교육학회.
노종희(1982). 교원현직교육의 발전방향과 과제, 한국교육개발원.
박경묵(1991). 초등교사의 자질모형 정립에 관한 연구, 한국교원대학교 대학원 박사학위 논문.
박경묵(2007). 교사의 자질과 교직윤리, 고재천 외, 교사론, 서울 : 학지사.
박덕규(1983). "소련과 서독의 교사교육", 교사교육소식지.
박용헌(1988). 학교와 지역사회, 서울 : 교육출판사.
박천오·강제상·권경득·조경호·조성한·박홍엽(2010). 현대인사행정론, 서울 : 법문사.
서남수(1997). 영국 교원 양성제도의 개혁동향, 교육연구.
서울대학교연구소(편)(1998). 교육학대백과사전 1, 하우동설.
서정화 외(1994). 교원의 권위와 교직윤리 확립방안 연구, 홍익대학교교육연구소.
손인수(1985). 한국 개화교육 연구, 서울 : 일지사.
손인수(1992). 한국교육사 I, II, 서울 : 문음사.
신득렬(1987). 교육사상가 연구, 계명대학교출판부.
신채호(1955). 한국상고사, 서울 : 종로서원.
심성보(1998). 한국교육의 새로운 모색, 서울 : 내일을 여는 책.
심성보(1990). "한국교육운동약사", 한국교육의 성격과 교직원노동운동, 서울 : 도서출판 푸른나무.
심진구(1996). 초등교사론, 서울 : 교육과학사.
안병욱(1966). 민족의 스승 도산 안창호, 서울 : 홍사단본부.
안상원(1991). 한국 서양교육사 신강, 서울 : 형설출판사.
안인희(1981). 현대 교육고전의 이해, 교육고전 문헌연구회(편), 서울 : 이대출판부.
안인희(1990). Rousseau의 교육론, 서울 : 양서원.
안창선(1999). 교사론, 서울 : 교육과학사.
연세대학교(1969). 연세대약사, 연세대학교출판부.
오석홍(2009). 인사행정론, 서울 : 박영사.

오천석(1953). 한국교육사, 서울 : 현대교육총서.
우재구(1997). 새교육, "조선교련-대한교련-한국교총".
유민봉 · 임도빈(2007). 인사행정론. 서울 : 박영사.
윤종건 외(1993). 교사론, 서울 : 정민사.
이규환(1990). "세계교원노조운동의 동향", 한국교육의 성격과 교직원노동운동, 서울 : 도서출판 푸른나무.
이돈희 외(1999). 교육철학, 서울 : 한국방송대학교출판부.
이병진(1998). 현장교사론, 서울 : 양서원.
이윤식 외(2007). 교직과 교사. 서울 : 학지사.
이영덕 외(1976). 국가발전에 대한 교육의 기여(1945-1975), 한국교육개발원.
이종재(1983). "교권과 교사의 자율성", 교직과 사도, 서울특별시 교육위원회.
이종재 · 정태범 · 권상혁 · 노종희 · 정진환 · 정영수 · 서정화 · 이군현(2003). 교사론, 서울 : 교육과학사.
이찬교 외(1996). 교직과 교사, 서울 : 한국방송통신대학출판부.
이칭찬(1996). 교사론, 서울 : 동문사.
이홍우 외(역)(1994). William Boyd, 서양 교육사, 서울 : 교육 과학사.
임채현(편저)(1998). 유아교사론, 세종출판사.
장상호 역(1992). 인간주의교육, C. H. Patterson(저), 서울 : 박영사.
전국교사협의회(1988). 교사와 교원단체, 서울 : 미래사.
정범모(1962). "교직의 전문성", 오천석(편), 교직과 교사, 서울 : 현대교육총서출판사.
정보주 외 7인 공저(2004). 교육대학교 학생들의 교직윤리 및 도덕성 함양 프로그램 개발. 교사교육프로그램 개발과제 2004-21, 교육인적자원부.
정우현(1996). 교사론, 서울 : 배영사.
조용태(1989). "Rousseau의 자연주의 교육론에서 인간관 및 자연관," 대구 · 경북 교육학회, 교육논총.
주삼환 외(2006). 학교경영의 이론과 실제, 서울 : 학지사.
진쾌현 외(1995). 교육사 교육철학신강, 동아대학교 출판부.
최관경(1995). "영원한 스승 도산 안창호의 교육사상," 한국교육사상연구, 제4집, 한국교육사상연구회.
최희선(2004). 학교 · 학급경영, 서울 : 형설출판사.
한국교원단체총연합회(1994). 중등교육의 양성 · 임용제도 개선방안, 한국교원단체총연합회정책연구.
한국교원단체총연합회(1995). 주요국의 교원보수제도 비교연구.
한국교원단체총연합회(1999). '99당면교육정책개선방안, 정책자료 제66집.
한국교원대학교교육과정개정위원회(1997). 교육과정 개정관련 교원대책.

한국교육연구소(1999). 교육개혁과 교원노조의 역할.
한국교육행정학회(1996). 교육제도론.
한국사회연구소(편)(1990). 사회과학사전, 서울 : 풀빛.
한기언 외(1981). 한국의 교사상, 서울 : 창지사.
한기언(1994). 교사의 철학, 서울 : 양서원.
허병기(1997). 장학의 본질이탈 : 개념적 혼란과 실천적 오류. 교육학연구 35(3), 181-212.

Brent, A.(1978). *Philosophical Foundation for the Curriculum*, London : George Allen & Unwin, Ltd.
Brookover, W.(1964). *A Sociology of Education*, New York : American Books.
Brubacher, J. S.(1966). *A History of the Problem of Education*, McGraw Hill, Inc.
Flexner, A.(1965). *Is social work a profession? in Proceeding of the National Conference of Charities and Correction,* Chicago : Hilelman Printing Co.
Havighurst, R. J.(1977). & Neugarten, B. L., *Sociaty and Education*, Boston : Allyn and Bacon, Inc.
Hessong, R. F. and Weeks.(1987). *Introduction to Education*, New York : Macmillan Publishing Company.
Hook, S.(1967). *Education for Modern Man*, New York : Alferd A. Knopf.
Hoyle, E.(1969). *The Role of Teacher*, New York : Humanities Press.
Liberman, M.(1956). *Education As a Profession*, N. J. : Prentice-hall.
Mayer, F.(1967). *The Great Teacher*, New York : The Citadel Press.
Morrison, A., Mcintyre, D.(1984). *Teacher and Teaching,* New York : Penguin Books.
OECD(1998). Education at a Glance : OECD Indicators.
Pestalozzi, J. H.(1932). *Die Abendstunde eines Einsiedlers*, Pestalozzi Sämtliche Werke hrsg. von E. Spranger, Bd., 1, Berlin &Leipzig : Verlag von Walter de Gruyter.
Pestalozzi, J. H.(1944). *Meine Nach über den Gang der Natur in der Entwicklung des Menschengeschlecte*, Pestalozzi Sämtliche Werke hrsg. von E. Spranger, Bd., 12, Berlin & Leipzig : Verlag von Walter de Gruyter.
Pestalozzi.(1944). *Zweck und Plan einer Armenerziehungsansalt*, Pestalozzis Werke hrsg. von P. Baumgartner, Bd., 8, Zürich : VerlagRotapfel.
Plato.(1976). *The Republic*, translated by F. M. Conford, Londen : Oxford University Press.
Reedle, F., Wattenberg, W. W.(1981). *Mental Hygiene in Teaching,* New York :

Harcourt, Brace and Co.

Rousseau, J. J.(1974). *Emile*, Translated by Barbara Foxley, New York : E. P. Dutton and Company Inc.

Sills, D. L.(1968). *International Encyclopedia of the Social Science*, V. 13, New York : The Macmillan Company & The Press.

Smith, S.(1979). *Ideas of the Greek Education*, New York : Barnes & Noble Books.

Ulich, R.(1950). *History of Educational Thought*, New York : American Book Co.

Wilson, B. R. et al.(1971). *Der Lehere in Schule und Gesellschaft*, R. Piper & Co. Verloag München.

Webb, R. B.(1981). *Schooling and Society*, New York : MacMillian Publishing Co., Inc.

Weber, M.(1947). *The Theory of Social and Organization*, Translated by H. H. Gerth and C. W. Mills, New York : Oxford University Press.

저자 소개

강기수

부산교육대학교 졸업

동아대학교 대학원 졸업(교육학박사)

현재 동아대학교 교육학과 교수

김희규

부산교육대학교 졸업

고려대학교 대학원 졸업(교육학박사)

현재 신라대학교 교육학과 교수

저 자
인 지

교직실무 · 실습의 길잡이 최신교사론

초판 1쇄 발행 / 2012년 4월 20일
초판 2쇄 발행 / 2015년 8월 31일
초판 3쇄 발행 / 2018년 8월 31일
초판 4쇄 발행 / 2023년 3월 20일

공저자 / 강기수 · 김희규
발행인 / 이 중 수
발행처 / **동 문 사**

서울특별시 서대문구 홍제원 1길 12
(홍제동 137-8)
Tel : 02)736-3718(대), 736-3710, 3720
Fax : 02)736-3719
등록번호 : 제9-17호
등록일자 : 1974년 4월 27일
가격 : 18,000원

ISBN : 978-89-8251-517-0(93370)
E-mail : dong736@naver.com
Homepage : www.dongmunsa.com